JN074544

テキストブック
租税法

[編] 水野忠恒

[執筆] 赤松　晃
　　　　阿部雪子
　　　　加藤友佳
　　　　小泉めぐみ
　　　　坂巻綾望
　　　　芳賀真一
　　　　濵田　洋
　　　　水野惠子

第3版

中央経済社

は し が き

　本書は，租税法全般に関する概説書である。大学の専門科目の受講生を主たる対象として書かれている。執筆者は，全員，一橋大学大学院で私が論文指導をして，博士学位を取得した方々にお願いした。2022年に，第3版を出版することとなった。

　私は，2015年12月に『大系租税法』を刊行したが，それまでの旧著『租税法』をより専門的にする方向で改訂，執筆したのと連動して，学生の教科書として『テキストブック租税法』を執筆することを出版社より依頼された。しかしながら，金子宏・清永敬次他『税法入門』をはじめとして，多くの入門書や概説書がすでに一般に出版されている。そこで，横一線にならぶ教科書に対して，本書をどのように執筆して，特色を出すかという難しい問題について考えこんだ。教科書は業績にならないという方は少なくないが，20名で分担したようなものは論外であるが，研究業績になるかどうかは，その著者の記述にどのような個性がみられるかということに尽きると思われる。

　本書は，共同執筆であるが，その目的は教科書の分担であるとともに，プロジェクトのように，各々の執筆者の博士論文をはじめとする専門領域の蓄積に応じて，各人の研究業績ともなりうるように，個性を生かして執筆されることを期待したものである。いわば，通論というよりも，共同研究の分担のように，執筆者各自にある程度自由に執筆いただくことをお願いした。第3版についても同様である。実際，どの論文も，一般の教科書としても使用できるものであるが，執筆者の方々の個性が担当部分にあらわれていると思う。最近は，わかりやすくという広告が目につくが，わかりやすい分，レベルを下げても意味はなく，このテキストブックについては，学生が読みながらわからないところがあり，学生が，主体的に，自ら調べ，自ら考えたうえで，質問に来るような教科書であることが望ましい。

　かつて，私が東北大学在職中，他の出版社から，コンパクトな教科書の執筆

の依頼を受けたことがあった。当時の東北大学法学部では，応接室という名称の談話室で雑談する機会に恵まれたが，民法の大家であった鈴木禄弥先生（のち学士院会員，故人）と，行政法の藤田宙靖教授（のち最高裁判所判官）から，消極的な意見を述べられ，とくに，藤田教授からは，そういう入門書は，憲法の小嶋和司先生（故人）のように，体いっぱいたくさんの知識の蓄積を持った方が書くものだといわれた。他方で，何年も時間をかけて，体系書である法律学全集『契約法』の研究・執筆をしながら，ようやく，版を組んだ後になって，「こんなのはだめだ。」と仰って，さらに執筆しなおした来栖三郎先生（学士院会員，故人）のような孤高で，清貧な先生を持ち出すのもおこがましいことであるが，通常の研究者としては，自分に自信がなかったら，逆に，依頼のあった時に執筆するのが進歩の契機となると私は考えたい。原稿に自信ができたら執筆するといいながら，一部の原稿を寝かしたまま，目立った業績もないまま定年を迎えるリスクは大きい。とくに，若い研究者には，執筆を重ねてゆくうちに，自信もつき，余裕もでてくると考えるのが有益であると思われる。要するに，自分の大学の紀要や雑誌のみではなく，学外の執筆の機会を重ねてゆくのが一般的な研究者には重要であると考えたい。

　時代が変わり，体系書を執筆する研究者がめっきり減少し，他方で，数人の共著で，入門書や教科書であふれる感じがしたが，ある出版社の編集部長に，そういうのは「寄せ集めのようではないか」と話したところ，気分を害され，共著でも，編集会議で，話し合っているからそんな寄せ集めではないと強くいわれた。しかし，60歳を優に超える年齢になって考えると，複数の研究者で執筆する以上，だれが書いても使える，共著の一般書というのは面白みがなく，また，学生が簡単にわかるようでは，学生のためにもならないように思われる。「この授業は，教科書を読んでいるだけだ。」といわれるものよりも，ところどころわからないという疑問や不安を与えることが有益であると思われる。

　そこで，基礎的な記述を前提として，さらに，各自の個性を生かした論述がなされているほうが価値があると思い，各執筆者には，基本的には，体裁は整えつつも，好きなように書いていただくこととした。その結果，例として，第1章から数式がでてくるが，もともと，経済学を専攻してきた当該執筆者（小泉めぐみ氏）には，それもひとつの在り方だと考えた。また，第8章「国際課税」では，最新の課題についても記述されている。国際課税は，この数年，非

常に多くの改正があり，基礎的なところの改正もなされている。全体として，共著でも，ほかの方が執筆した教科書は，基本的考え方が違うから，あまり使いやすいものではないので，基本的に理解してもらいたいことだけは記述していただくように努めた。要するに，本書は，テキストブックであるが，内容はそれぞれの執筆者の自由な思考で記述していただいたものである。

私事ながら，私は60歳で，一橋大学から明治大学に移り，お世話になってきたが，一橋大学の退職年齢になった平成27年，「一橋法学」に，高橋滋教授，山田洋教授を中心に，私の一橋大学名誉教授授与記念号を出版していただいた。その折，私の大学院で指導した今回と同じ方々が，締切日までに原稿をだしてくださり，たいへんありがたく感じた。一年の猶予もなく，テキストブックの執筆をお願いしたが，今回も，締切りをほとんどの方が守ってくださった。執筆者の方々の努力のおかげである。感謝申し上げたい。

今回の執筆者の多くは，30代であり，テキストブックの執筆につづいて，さらに，論文の執筆に励んでいただきたい。

以上は，本書の初版の「はしがき」を修正したものであるが，今回の改訂にあたっては，執筆者それぞれの方が研究・教育の経験を深め，さらに本書の意義を高めていただいたと感じている。各々ご自身の研究や教育，さらには大学行政の仕事などに追われる中，こうした共同執筆や翻訳などをお願いすることには申しわけない思いもあるが，そう長いこと機会があるとは思えないので，お許しいただきたいと思う。

本書の改訂にあたっては，また，中央経済社の露本敦編集長にご高配いただいた。厚く，御礼を申し上げたい。

2021年12月
　冬至に

水野　忠恒

目　　次

略語一覧

〔法令・通達〕

移転価格事務運営指針　移転価格事務運営要領の制定について（事務運営指針）

外国居住者等所得相互免除法　外国居住者等の所得に対する相互主義による所得税等の非課税等に関する法律

会社　会社法

関税　関税法

行訴　行政事件訴訟法

憲　日本国憲法

国外送金等調書法　内国税の適正な課税の確保を図るための国外送金等に係る調書の提出等に関する法律

国健保　国民健康保険法

国犯　国際犯則取締法

雇保　雇用保険法

財基通　財産評価基本通達

実特法　租税条約等の実施に伴う所得税法，法人税法及び地方税法の特例等に関する法律

実特則　租税条約等の実施に伴う所得税法，法人税法及び地方税法の特例等に関する法律の施行に関する省令

商　商法

消基通　消費税法基本通達

消税　消費税法

消税則　消費税法施行規則

消税令　消費税法施行令

所基通　所得税基本通達

所税　所得税法

所税則　所得税法施行規則

所税令　所得税法施行令

信託　信託法

生活保護　生活保護法

税徴　国税徴収法

税通　国税通則法

相基通　相続税法基本通達

相税　相続税法

相税則　相続税法施行規則

相税令　相続税法施行令

租特　租税特別措置法

租特則　租税特別措置法施行規則

租特通　租税特別措置法関係通達

租特令　租税特別措置法施行令

地税　地方税

地方法人税　地方法人税法

法基通　法人税基本通達

法税　法人税法

法税則　法人税法施行規則

法税令　法人税法施行令

民　民法

民執　民事執行法

民訴　民事訴訟法

〔判例集〕

行集　行政事件裁判例集

時報　裁判所時報

シュト　シュトイエル

ジュリ　ジュリスト

訟月　訟務月報

事例集　国税不服審判所裁決事例集

税資　税務訴訟資料

判時　判例時報

判タ　判例タイムズ

民集　最高裁判所民事判例集

〔体系書〕

金子　金子宏『租税法〔第24版〕』（弘文堂，2021年）

水野　水野忠恒『大系租税法〔第3版〕』（中央経済社，2021年）

第1章
租税法の基本原則

第1節　租税の意義

1　租税の目的と機能

　国家は，国民に警察，裁判，消防等の多くの公共サービスを提供しており，その費用の多くは税金によって賄われている。一般に，公共サービスは誰でも利用できるものであり，フリーライダーを排除することができない点で，民間による提供を期待できないことから，これらのサービス提供は国家の任務とされ，その財源として租税が徴収されている[1]。

　しかし国家が公共サービスを提供するための資金調達方法は租税以外にも考えられる[2]。たとえば，資源の強制的調達や労務の賦役という方法である。しかし国が直接，企業や個人に対して強制的な資材徴発や賦役を求めれば，市場がかく乱され，効率的な資源配分が失われる。また無秩序に国公債や貨幣の発行による資金調達を行えば，国の財政基盤や経済安定性に悪影響を及ぼしかねない。さらに近年では公益事業として展開する動きが活発化してきているが，公益事業として成立していくためのハードルは決して低いものではない。これに対して，租税による資金調達は，効率性や中立性を維持し，経済の安定性を保ち，さらには負担の公平性を達成し得るようにデザインすることが可能であると考えられている。

　租税がもつ機能の一つに富の再配分がある。自由経済の下で，国家が富の分配に介入すべきではないとする考え方がある一方で，日本国憲法は29条で財産権を保障しつつも，25条で生存権を保障しており，今日では偏在した富を是正するための再配分は国家の役割であると考えられている。再配分の方法としては最低賃金制等があるが，租税は富裕層からより多くの租税を徴収し，それを各種の社会保障給付に充てるという点で，市場経済への摩擦が少なく，かつ社

---

[1]　最大判昭和60・3・27民集39巻2号247頁，最判平成18・3・1民集60巻2号587頁参照。
[2]　水野2頁参照。

会のすべての構成員に再配分の効果をもたらす最も適切な方法であると考えられている。

　租税のもう一つの機能に，景気調整機能がある[3]。景気の後退期には，税率引き下げ等により国民の税負担を軽減させ，民間の可処分所得の増加を図ることによって景気回復を図り，逆に景気の過熱期には税負担の増加ないし減税規模の縮小によって民間の可処分所得を圧縮し，過度な景気上昇を抑えることができる。

Column

キャプロー・シャベル定理

　ハーバードロースクールのキャプロー教授とシャベル教授は，富の再配分は租税政策を通じてのみ実現すべきものであり，他の法的政策は適当でないとする論文を発表した。

　紛争を効率的に解決するルールをR_e，当事者の財産を考慮して再配分を行う非効率なルールをR_iとする。ここでR_iの実現する富の再配分を，所得税制度を通じて実現させるための新しい租税制度をT'とすると，国はT'に効率的な法的ルールR_eを組み合わせることによって，非効率ルールR_iと同レベルの富の再配分を可能とし，さらに非効率ルールR_i採用時に発生していた社会的損失を国の歳入に転換することができる，とする考え方である。

　すなわち，租税法以外の法的ルールを設定する際には，ルールの効率性のみを考慮すべきであり，租税法以外の分野のルールを通して富の再配分をした場合には，必然的に社会全体の厚生を減少させる結果を招くことを証明した。この論文は，その後の研究や公共政策のあり方に関しても大きな影響を与えた。

〔参考論文〕

Louis Kaplow & Steven Shavell, *Why the Legal System Is Less Efficient than the Income Tax in Redistributing Income*, 23 The Journal of Legal Studies, 667-681 (1994)

　3）累進税率を適用している場合には，景気の自動調整機能を持つ。

2 租税の性質

租税には次の五つの性質がある。

〔図表1：租税の五つの性質〕

公益性	租税は公共サービスの提供に必要な資金を調達するための手段であり，たとえば罰金・過料等のような違法な行為に対する刑事的・行政上の制裁の性質をもつ金銭給付とは区分される。
権力性	租税は国民の財産を強制的に国家に移す手段であり，国民の財産権を侵害するものである。この点で，租税は一方的・権力的な性質を有する。
非対価性	納税者は公共サービスの受益者ではあるが，その関係は直接的なものではないことから，租税は反対給付の性質を持たない。
一般性	租税は特定関係者ではなく，広くすべての国民に課されることから一般性を要する。
金銭給付	例外的に物納が認められる場合もあるが，金銭給付を原則とする。

3 租税の基本原則

租税原則とは，どのような租税をどのような理念に基づき課すべきか，といった税制の準拠すべき一般的基準であり，従来からさまざまな租税原則が提唱されてきた。

（1）アダム・スミスの租税原則

アダム・スミスは，租税は国民の受ける公共サービスの対価であるという租税利益説に立ち，つぎの図表2のとおり4原則を明らかにした[4]。

〔図表2：アダム・スミスの租税原則〕

公平の原則	政府を維持するために支出される租税の対象は，できる限り各個人の能力に応じてなされるべきであること。言い換えれば，国家の保護の下に享受する利益に比例すべきこと。
確実性の原則	各個人の支払うべき租税は確実で，恣意的であってはならないこと。つまり支払時期・方法・金額が明白で，平易なものであること。

---

4) Adam Smith, "An Inquiry into the Nature and Causes of the Wealth of Nations" (1776), 水田洋監訳・杉山忠平訳『国富論（4）』132頁以下（岩波書店，2000）。

支払の便宜の原則	すべての租税は支払者にとって，もっとも便宜な時期と方法によって徴収されるべきであること。
最小徴税費の原則	すべての租税は，国民の財布から取り出す場合も，政府にとっても，できる限り少ない費用でなされなければならないこと。つまり徴税費は少ないほど良い（徴税費最小）こと。

（2）アドルフ・ワグナーの租税原則

　アドルフ・ワグナーは，国家は個人を超えた存在であり，国民は国家の費用を各自の能力に応じて負担すべきであるという租税能力説に立ち，累進課税の制度を発展させた。ワグナーの租税原則（4大原則・9原則）は下記のとおりである[5]。

〔図表3：アドルフ・ワグナーの租税原則〕

財政政策上の原則		
	課税の十分性	財政需要を満たすのに十分な租税収入があげられること。
	課税の弾力性	財政需要の変化に応じて租税収入を弾力的に操作できること。
国民経済上の原則		
	適正な税源の選択	国民経済の発展を阻害しないよう正しく税源の選択をすべきこと。
	適正な税種の選択	租税の種類の選択に際しては，納税者への影響や転嫁を見極め，国民経済の発展を阻害しないで，租税負担が公平に配分されるよう努力すべきこと。
公正の原則		
	課税の普遍性	負担は普遍的に配分されるべきこと。特権階級の免税は廃止すべきこと。
	課税の公平性	負担は公平に配分されるべきこと。各人の負担能力に応じて累進課税を適用すべきこと。

5）Adolf Wagner, 'Three Extracts on Public Finance', in "Classics in the Theory of Public Finance", edited by Musgrave & Peacock（1883）.

租税行政上の原則		
	課税の明確性	課税は明確であり，恣意的課税であってはならないこと。
	課税の便宜性	納税手続は簡便であるべきこと。
	最小徴税費	徴税費が最小となるよう努力すべきこと。

（3）マスグレイヴの租税原則

　現代を代表する租税原則としてマスグレイヴの租税原則があげられる。マスグレイヴは課税による効率的な民間市場経済への介入を最小化するとともに，租税を景気調整や安定成長のために積極的に活用すべきことを主張している。

〔図表4：マスグレイヴの租税原則〕

公平の原則	租税負担の配分は公平であるべきこと。
中立性の原則	経済的諸決定に対する干渉を最小にするような税が選択されるべきこと。
政策手段としての租税政策と公平の調整	投資意欲促進手段としての租税政策は租税体系の公平への干渉を最小にすべきこと。
経済の安定と成長の原則	租税構造は経済安定と成長のための財政政策を容易に実行できるものであるべきこと。
明確性の原則	租税制度は公正かつ恣意的でない執行を可能にし，かつ納税者にとって理解しやすいものであるべきこと。
費用最小の原則	税務当局および納税者の双方にとっての費用を他の目的と両立し得る限り，できるだけ小さくすべきこと。

　このように，租税原則は経済社会の構造変化に伴って変わってきているが，「公平・中立・簡素」の三要素はいずれの説においても重視されており，この三つの原則が税制を考える上での基本であることが理解される。

4　公平・中立・簡素

（1）公平性

　「公平」の原則とは，支払能力に応じた負担を求めることを指し，租税の基本原則の中で最も重要なものである。しかし支払能力に応じた負担を求めるというだけでは，公平の内容が明確にならないことから，担税力が同等な者を課

税上平等に扱うこと（水平的公平）と，担税力の異なる者の応能負担課税（垂直的公平）が区別されている。

　等しい負担能力のある人には等しい負担を求めるという水平的公平は，もっとも基本的な要請である。垂直的公平とは個人の担税力に応じた負担を求める，すなわち負担能力の大きい人にはより大きな負担をしてもらうということである。かつて，所得格差の大きい時期には，垂直的公平を個人所得課税などの強い累進性により確保することが適当であるとの考え方が支配的だったが，近年では，所得水準の上昇と平準化を背景に，累進性を緩和させる方向で税制の見直しが行われてきた。

　また最近では異なる世代に着目して，世代間の負担の公平性および受益と負担のバランスを保つ，いわゆる世代間の公平が重視されてきている。少子・高齢社会においては，相対的に人数が少なくなる勤労世代に税負担が集中すると，その負担が過重となり経済社会の活力を阻害する結果となるので，高齢者であっても個々人の経済事情・負担能力に着目し，それに見合った負担を求めるものである。さらに現世代が公的サービスを賄うための十分な租税を負担せず，その財源を国公債の発行に過度に依存すると，それが世代間の公平を損なうことからも，その重要性が認識されてきている。

（2）中立性

　租税は，公共サービスの提供の資金として個人や企業が経済活動から得た富の一部を強制的に徴収していくものであるから，税制が経済社会に対して何らかの影響を与えることは避けられないが，「中立」の原則とは，税制ができるだけ個人や企業の経済活動における選択を歪めることがないようにするというものである。近年では，企業活動の多様化に伴い，企業形態に対して中立的な税制を構築していくことや，国民のライフスタイルの多様化の中で就業形態，労働供給と余暇との選択，消費選択などに対する税制の中立性を確保していくことが求められるようになってきている。

（3）簡　素

　「簡素」の原則とは，税制の仕組みをできるだけ簡素なものとし，納税者が理解しやすいものとすることである。個人や企業が経済活動を行うにあたって，税制は常に考慮される要素であることから，納税側にとっても執行側にとっても，納税（執行）コストを最小にすることは重要な要請となっている。

　このように「公平・中立・簡素」は重要な原則であるが，これらはつねに同時に満たされるものではなく，一つの原則を重視すると他の原則をある程度犠牲にせざるを得ないというトレード・オフの関係に立つ場合もある。たとえば個人所得課税において，公平の観点から各種控除などによって個人の担税力を調整すると，制度が複雑化し，簡素性が損なわれるという事態を招きかねない。したがって税制を構築していく上では，税制全体として公平・中立・簡素の基本原則に則しているかという視点をもつことが重要である。

　また租税特別措置は税制を通じて，特定の政策目的の実現に向けて経済社会を誘導しようとするものであるが，租税特別措置自体は「公平・中立・簡素」という租税原則に反するという指摘も多く，そのあり方が見直されてきている。

5　企業戦略としてのタックス・ストラテジー

（1）概　念

　租税は，公共サービスの提供の資金として個人や企業に強制的に課せられるものであるから，企業が経営戦略を策定するにあたって租税の存在を無視することはできない。元来，企業は利益最大化を追求する組織である。経営指標として一般的に用いられているROE（株主資本利益率）は当期純利益を株主資本で除して求められることから，企業が最大化すべき利益とは「税引後利益」を指すと考えてよい。経営指標として，税引前利益が用いられる場合もあるが，企業にとっては税引前ベースでいくら利益をあげても，税金部分については手元には残らない。また株主にとっても，配当可能原資は税引後利益から生み出されることを考えれば，企業が最大化を目指すべき対象は，税引前利益ではなく，税引後利益であり，タックス・ストラテジー（税務戦略）をビジネス・ストラテジー（企業戦略）の一部として捉え，適切なプランニングを策定することの重要性が高まってきている[6]。

（2）考え方

　税引後利益を π，税引前利益を Π，税負担をTAXとして，タックス・ストラテジーの概念を式で表すと，次のようになる[7]。

$$\pi = \Pi - \text{TAX}$$

6）Myron S. Scholes, Mark A. Wolfson, Merle M. Erickson, Edward L. Maydew, Terrence J. Shevlin, "Tax and Business Strategy", ch.1 （Prentice Hall, 2008）
7）渡辺智之『税務戦略入門』8頁（東洋経済新報社，2005）参照。

　タックス・ストラテジーの目的はMAX（π），すなわち税引後利益の最大化であるが，ここで注意しなければならないのは，πは一時点の利益ではなく，将来にわたったキャッシュフローの現在価値となる点である。なぜなら企業が取り得るタックス・ストラテジーは一般的に，短期的な視点ではなく，中長期的な視点から策定されるものであるため，中長期的な税引後利益の動きを評価していく必要があるからである。

　このように考えれば，現実的なタックス・ストラテジーは中長期にわたる企業活動の中で，持続的な工夫を重ねることによって，その目的を実現しようとするものであるといえる。上式を用いれば，あるタックス・ストラテジーを実施する前後の税引後利益の動きである$\Delta \pi$を比較し，それが0より大きくなるような工夫を継続的に行っていくことがタックス・ストラテジーの基本的な考え方であるといえる。

　従来，企業における税務担当者の役割は，企業の全般的な活動を所与として税務に関する専門的な立場から税負担を最小化することにあると考えられる場合が多かった。しかし「税引後利益の最大化」と「支払税額の最小化」を同じものと捉え，「支払税額の最小化」のみを極端に遂行しようとすれば，赤字経営を続けることが最善の方法になってしまう。租税は企業活動と密接に結び付くものであるから，タックス・ストラテジーをビジネス・ストラテジーの一つとして位置付け，他部門との調整を行いながら，慎重に進めていくことが重要である。

　たとえば投資戦略との関係でみれば，投資対象資産，その資産の所在国やその資産を保有する組織形態，さらにその資産を保有する組織の事業経緯，その組織が持つ他の資産の収益率またその組織の個人オーナーの属性等によって，課税上の取扱いが異なることがある。同様に資金調達戦略との関係においても，資金調達の手段（株式か，債券か），引受先，発行体の組織形態，発行国によって課税関係が変わり得る[8]。

　タックス・ストラテジー策定における，もう一つの重要な視点は「多角的アプローチ」（multilateral approach）である[9]。これは，個々の納税者は対課税当

---

8) Scholes, et al., *supra* note 6, at 2.

9) Scholes, et al., *supra* note 6, at 3.

Column

タックス・ストラテジーの効果

タックス・ストラテジーが税引後収益に与える影響を評価するために,

(a)　債券に投資した場合

(b)　年金投資を行った場合

における各々の税引後収益の累積額を比較する。

【設定】
手持ち資金：	100万円
投資運用期間：	20年間
限界税率：	35%
投資に係る税引前収益率：	10%

(a)　債券投資

　資産運用にデイ・トレーディングのような株式運用を選択する。デイ・トレーディングにおいて株式が1カ月以上保有されることはないため, 課税の繰延べはない。この場合の税引後収益の累積額は次のように計算される。

$$¥1,000,000\ [1+0.1(1-0.35)]^{20}=¥3,523,645$$

(b)　年金投資（タックス・プランニング投資）

　年金への掛け金は損金算入が可能であり, かつ投資期間にわたり課税は繰り延べられるから, 税引後収益の累積額は次のように計算される。

$$\frac{¥1,000,000}{(1-0.35)}(1+0.10)^{20}(1-0.35)=¥6,727,500$$

　このように両者の税引後収益累積額には2倍近い開きがあり, タックス・ストラテジーが納税者に与える節税効果は小さいものではない。

局という枠組みではなく，課税に関する複数の取引当事者，課税当局との関係として多角的な視野に基づく税務戦略の策定を重視するものである。たとえば納税者Aと納税者Bが何らかの取引を行った場合，

$$\pi_i = \Pi_i - TAX_i \qquad (i = A, B)$$

納税者Aはπ_A，納税者Bはπ_Bを最大化しようとし，課税当局はTAX_A ＋ TAX_Bを最大化しようとする。また企業が資金調達を行う場合，株式発行によるべきか，他の金融手段によるべきかの決定にあたっては，資金供給者である株主や銀行が受けとる株式配当や貸付利息に係る課税関係を検討しなければならない。このように企業が最小コストで効率的な事業経営を行うためには，事業に係る契約当事者全員に関する現在ならびに将来におけるタックス・ポジションを多面的に分析することが重要になる。

第2節　租税法の基本となる諸原則

1　租税法律主義
（1）意　義
　租税法律主義とは，租税の賦課と徴収は，必ず国会で定められる法律の根拠に基づかなくてはならないという原則である（憲84条）。

　租税法律主義は，立憲主義や自由主義，民主主義，とくに議会制民主主義の形成に深く関わっている。租税法律主義の起源は，1215年のイギリスのマグナカルタにあると言われている。貴族たちは，評議会の同意なしに税を課さないことを国王に受け入れさせた。また，アメリカ独立戦争時には，「代表なくして課税なし」というスローガンが唱えられた。イギリスの植民地であったアメリカの人々は，自らの代表者を送りこんでいないイギリス本国の議会によって課された税金に不満をもっていた。

　租税法律主義は，二つの考え方に基づいている。第一は，租税のルールは，国民が自ら作ることが望ましいという考え方である。第二は，租税は，国民に予測できるものであることが望ましいという考え方である。行動の結果として生じる税負担を予測できなければ，国民の行動が制約されてしまう。
（2）課税要件法定主義
　課税要件法定主義とは，納税義務が成立する要件，すなわち課税要件は必ず

Column

遠い親戚からのクリスマスプレゼント，牛の重さを正確にあてる人々

　国民が自ら租税のルールを作ることが望ましいと考えられている理由を，どのように説明することができるだろうか。

　一つめの説明は，国民の利益になるルールを作ろうとする動機を最も強く持つのは，国民自身だからというものである。店員に服を選ばせると，客にもっとも似合う服ではなく，店の売りたい服を選ぶかもしれない。

　二つめの説明は，何を国民が望んでいるかをもっともよく知っているのは，国民自身だからというものである。経済学者のワルドフォーゲルは，クリスマスプレゼントを贈られた人に，そのプレゼントの価値を聞くアンケートを行った。「いくらならそのプレゼントを買いますか？」「いくらならそのプレゼントを売ってくれますか？」。その結果，贈られた人にとってのプレゼントの価値は，贈った人が購入するために支払った金額より10〜30%ほど低いことが分かった。さらに，同居している親からもらうプレゼントよりも，同居していない遠い親戚からもらうプレゼントのほうが，価値が大きく下がることが分かった（*Joel Waldfogel, The Deadweight Loss of Christmas, American economic review* vol.83 no.5, 1328-1336（1993））。

　三つめの説明は，国民が集団として持つ情報や能力，すなわち集合知は，どんな専門家の持つ情報や能力よりも優れているからという説明である。統計学者のフランシス・ゴルトンは，牛の市場で800人あまりの人間に牛の重さをあてさせるゲームを行い，民衆が愚かであることを証明しようとした。ゴルトンは，800人の民衆の予測の平均値がまとはずれなものになると予測していた。しかし，実際の牛の重さと1ポンドしかずれていなかった（ジェームズ・スロウィッキー著，小高尚子訳『「みんなの意見」は案外正しい』（角川文庫，2006））。

　四つめの説明は，自ら租税のルールをコントロールできるという意識自体が，国民に幸福感を与えるというものである。心理学者のエレン・ランガーは，ある種のクジにおいて，人々は，確率が同じであるにもかかわらず，自分がカードを選べるクジのほうを，カードがランダムに配られるクジよりも，高く評価することを発見した（*Journal of Personality and Social Psychology*, vol.32 no.2, 311-328（1975））。

法律によって定められなくてはならないという原則である[1]。行政府による立法は許されない。

　ただし，法律によって具体的・個別的な委任があるときには，行政による立法，すなわち委任立法が許されることがある。租税法においては，技術的・細目的事項が多いこと，経済社会の変化に迅速に対応しなくてはならないことなどから，法律ですべてを定めることは困難であるからである。委任立法は，委任の目的・内容と程度が明らかにされているときにのみ認められる[2]。一般的・白紙的な委任は許されない。

（3）課税要件明確主義

　課税要件明確主義とは，課税要件についての定めはなるべく一義的で明確でなければならないという原則である[3]。租税法規が一義的で明確でないときには，納税者は自らの行動の結果として生じる税負担を予測できなくなってしまう。また，租税の執行において行政に判断の幅を与えてしまい，結果として行政による立法を認めることと同じことになってしまうからである。

　ただし，法の趣旨・目的からその意義を明確に解釈できる場合で，不確定概念を使うことに必要性と合理性があれば，不確定概念を使うことも許されるものと考えられている[4]。具体的な事情を考慮して公平な課税を行うためには，抽象的・多義的な概念，すなわち不確定概念を全く使わないというわけにはいかないからである。

2　租税公平主義

　租税公平主義とは，租税負担は人々の間に公平に配分されなければならないという原則である[5]。その根拠は，憲法14条の法の下の平等にある[6]。公平ではない租税法規は，たとえ国民の多数が望んでいたとしても，無効となる。

　ただし，どのような租税が公平であるか，人々の意見は一致していない。所得税の最高税率が45％であるのと，75％であるのとでは，どちらが公平だろうか。所得の大きさに応じて課税するのと，財産の大きさに応じて課税するのと

1 ）水野11頁。
2 ）大阪高判昭和43・6・28行集19巻6号1130頁，東京高判平成7・11・28行集10=11号1046頁，大阪高判平成12・10・24訟月48巻6号1534頁。
3 ）金子84頁。
4 ）最判昭和53・4・21訟月24巻8号1694頁，仙台高判昭和57・7・23行集7号1616頁，最判平成18・3・1民集60巻2号587頁。
5 ）金子88頁。
6 ）水野13頁。

では，どちらが公平だろうか。勤労学生に控除を行い，学生ではない若者に控除を行わないのは，公平だろうか。

　また，租税法律主義では，租税の内容について，国民が選んだ国会による立法に委ねている。これは，租税立法においては，政策的判断，すなわち対立する利益を天秤にかけることが必要であり，専門的・技術的な判断も必要であるからである。裁判所は，こうした判断を行うのに適していないと考えられている。

　そのため，租税法における区別は，その立法目的が正当であり，その区別が目的との関連で著しく不合理であることが明らかでない限り，憲法14条1項に違反しないものとされている（最判昭和60・3・27民集39巻2号247頁（大島訴訟））。

Column

租税公平主義と租税法律主義のバランス

　たとえ国民の多数が望んでいたとしても，公平ではない租税法規は無効とされる。公平の原則にこのような強い力が与えられているのは，なぜだろうか。

　それは，多数決が必ずしも良い解決をもたらすとは限らないからである。政治哲学者のマイケル・サンデルが用いた臓器移植の問題を使って，多数決の問題について考えてみよう。5人の患者がおり，それぞれ心臓，肺，腎臓，肝臓，膵臓に病気があるとする。そこに，1人の健康な男が健康診断に来る。1人の健康な男の命を奪って，5人の患者に臓器移植を行うことは許されるだろうか。政治哲学の議論はさておいて，もし当事者6人で多数決を行えば，健康な男の命は奪われてしまうだろう。仮に健康な人間が殺されなければあと50年生きることができ，5人の患者がそれぞれ3年ずつしか延命できないとしても。多数決は，多数の人の小さな利益のために，少数の人の重大な利益を奪うかもしれない。

　ただし，裁判官が租税法規を不公平だと判断して無効とするときには，国民に彼らが望まないルールを押し付けることになるかもしれない。遠い親戚からのクリスマスプレゼントになってしまうかもしれない。このバランスが難しい。

第3節　租税法の解釈

　租税法を具体的な事実に適用するためには，租税法の解釈が必要である。法は，多くの事象にあてはまるように，一般的・抽象的に書かれていることが多く，そのままでは具体的な事実に適用することはできない。そこで，法の意味を明らかにするために，解釈をしなくてはならない。租税法においても，その適用の前に，解釈によって租税法の意味内容を明らかにしなくてはならない。たとえば，眼鏡の購入代金が医療費として控除の対象となるか判断するためには，医療費の意味内容を明らかにし，医療費の範囲を確定しなくてはならない[1]。

　法律の解釈は，まず，文言の通常の意味を考えて行う。文言の通常の意味では明らかにできないときや妥当な結論を導き出せないときには，立法の趣旨・目的を踏まえて解釈する。過去の裁判例との整合性や他の法規との整合性を考慮に入れることもある。そのときの社会情勢が影響することもあれば，事後の社会的影響を考えて解釈することもある。

　租税法については，とくに文言の通常の意味から解釈を行うべきであるとされる[2]。租税法については，国民の財産を侵害する侵害規範であるため，厳格な解釈が要求されるからである。租税法律主義の趣旨からも，法律の条文における文言から大きく外れた解釈はすべきではないとされている。

第4節　租税法の体系

1　租税法律関係—租税権力関係説と租税債務関係説

　わが国の租税法は，国税は，国税通則法，国税徴収法，所得税法，法人税法，相続税法，消費税法等，さらに，地方税法として，事業税，固定資産税，住民税など，個別の，さまざまな法律・条例より構成されている[1]。

　この租税法の研究がわが国において本格化したのは，第二次世界対戦以後で

　1）東京高判平成2・6・28行集41巻6＝7号1248頁。
　2）最判平成22・3・2民集64巻2号420頁。
　1）米国では連邦税は，基本的にすべて，1954年内国歳入法典（The Internal Revenue Code of 1954）に規定されている。

あり，従来，納税する人口が少規模で，しかも税負担が低い時代には租税争訟が少なく，租税法を権利の体系として研究する必要に欠けていたが，近年では，租税負担の増加などから租税法の重要性は著しく増加している現況[2]にある。

　このため租税法律関係の性質が検討されることになる。すなわち，租税を負担する国民と租税を課す国家の関係がどのような法律上の関係にあり，その特徴を検討することが重要となっている。

　まず具体的な租税法律関係への理解として，ドイツの行政法の創始者とされるオットー・マイヤー（O. Meyer）は，租税法律関係を権力関係，公権力の行使により形成される法律関係であると位置付けた（租税権力関係説）[3]。すなわち，租税法律関係を，国が納税者に命令をし，納税者はそれに応じて租税を支払うという権力関係と捉え，課税関係を中心とした権力関係であり他の行政法分野と類似しているものと考えていた[4]。

　これに対して1910年代の終わりに，異を唱えたのがヘンゼル（A. Hensel）であり，租税法律関係は債務関係であると主張された（租税債務関係説）。

　この租税債務関係説とは，法律の定めた要件の充足により租税債権（債務）が成立し，それに基づき国家は，租税債権を有し，納税者による租税債務の履行により完結するという説[5]である。

　つまり，民法における債務の履行に類似し，課税要件の成立要件は，民法709条の不法行為の法律要件等と同様に，国家の命令ではなく，租税法律主義の要請を反映して法律上の要件を満たすことにより成立するものと考えたのである。ヘンゼルの説は，租税法律関係を，従来の行政一般にみられた権力作用を基礎とするのではなく，民事法の法律関係に近づけて考えようとする新しいアプローチと考えられ，この議論の進展により，租税法律関係がたんなる国からの命令により課税されるものではなく，厳格な法律により納税義務の成立要件（課税要件）が定められ，その充足により，行政の命令によることなく，納税者は，当然に履行する義務が成立するということが明らかにされた[6]。

　しかし留意すべきは，現実に租税が納められなかった場合，国家が強制力的に介入することが必要となる。たとえば未申告のとき，現行法では，税務署長

２）金子24頁。
３）塩野宏『オットー・マイヤー行政法学の構造』（有斐閣，1962），金子25頁参照。
４）金子26頁。
５）水野20頁。
６）水野20頁。

は税額を決定する決定処分（税通25条）を行って，租税を納付させる。さらに，実際に納付がなされない場合には，課税庁は自力執行権を行使して，徴収手続に進み，督促→差押→換価→充当の手続によって強制徴収の処分（滞納処分）を行うことになる。つまり，租税法律関係は租税権力関係説と租税債務関係説の一方に依拠することは困難であり，権力関係と債務関係の両面から構成されるものと考えることが妥当だろう[7]。

　しかし，このような租税法律関係の性質論争によって，行政法の一部として理解されてきた租税法を，民法や商法などの私法の領域に近づけ，課税要件研究や，租税法と私法との関係が重視されるなど，租税法研究の方向に重要な影響を及ぼしたと歴史的に評価される[8]。

2　租税法と私法

（1）独立説と統一説

　この租税法律関係を私法の領域に近づける議論の進展に伴い，租税法と他の法律との関係の論点の一つとして，租税法と私法をどのような関係と捉えるかという問題，すなわち「租税法と私法」論が発生した[9]。

　この関係性について大別すると，租税法は民法・商法から独立しているという説（独立説）と租税法と民法・商法は統一的であり，法的一体性を確保するため，租税法においても民法・商法と同一の概念を意味するとする見解（統一説）が存在している。ただし，現在では，租税法は法の一部であり法的安定性や予測可能性が重要視され，原則として，統一説が有力と考えられる。

　しかしながら「租税法と私法」論の展開において，独立説でも統一説においても，常に例外は認められてきたのであり，租税法研究において重要な点はこの例外を明らかにすることであり「租税法と私法」論の独立説から統一説への推移は，一般的傾向をいうにとどまると考えられている[10]。

（2）借用概念の解釈

　さらに「租税法と私法」の問題の中には租税法が民法・商法から借りている概念である「借用概念」の解釈をどのように行うべきかという問題が含まれる。

　具体的には，「利子」，「配当」，「住所」などが借用概念にあたり，対して所

7）水野20頁。
8）水野22頁。
9）水野忠恒『所得税の制度と理論』1頁以下（有斐閣，1979）。
10）水野・前掲注9）38頁。

得税における「所得」など，租税法独自の概念は，固有概念とよばれる。

　この借用概念の解釈においても独立説と統一説との対立が生じることになる。

　解釈における独立説とは，租税法の解釈にあたり，民法や商法の概念を借用したものであっても，その解釈は租税法独自に行うべきであるとする考え方であり，統一説は，法秩序の一体性と予測可能性から考えて，租税法の解釈において，民法や商法からの借用概念が問題になる場合には，民法や商法と統一して解されるべきとするのである[11]。

　この両見解に対しても今日では，予測可能性や法的安定性のためには，統一説が有力である[12][13]。ただし公平負担の観点等から例外も存在することになる。

　なお，実際には，借用概念解釈の問題は，租税法と私法との歴史的優劣関係のみでなく，解釈論のレベルでも，単純ではなく，民法や商法で使っている用語を租税法で使うときに使用方法が異なり，事実認定・法適用の相違等の問題の発生類型も相違している上に借用概念には私法において必ずしも意義が明らかになっていないものも存在しており[14]，たんに租税法と私法の関係のみではその意義は確定し得ない場合があることには留意が必要である。

Column

相続税法における「住所」

　相続税法において，「住所」の意義が問題となった事例がある。平成12年以前においては，国外財産の贈与を受ける者の住所が日本にないときには，贈与税が課されていなかった。そこで，国外資産を長男に贈与するときに，長男を海外に住まわせて，日本の贈与税を逃れようとした。

　裁判所は，相続税法にいう住所については，民法における住所と同じ意義に解すべきであるとした。そして，住所とは生活の本拠のことであり，生活の本拠については客観的な事実から判断し，居住の意図や租税回避の意図など主観的な要素は判断に影響しないとした（最判平成23・2・18判時2111号3頁（武富士事件））。

---

11) 水野23頁。
12) 水野・前掲注9）37頁。
13) 借用概念の解釈に関する判示については，金子127頁以下参照。
14) 水野24頁。

　相続税法における住所を民法と同じ意義に解釈することで，納税者は予測しやすくなり，また課税庁の裁量を排除しやすくなる。

　一方で，相続税法はこれまで蓄積した資産に課税するものであるのに，一時的に住所を移すだけで課税を逃れることができてしまうことは，望ましいことではないかもしれない。民法における住所は，主に債務の履行地や訴訟の管轄を決めるためのものである。この目的からすれば，いま住んでいる場所だけが問題になり，過去に住んでいた場所も将来に住むつもりでいる場所も関係ない。しかし，贈与税の負担を配分する目的からすれば，これまで財産を蓄積した場所や将来に行政サービスを受ける場所は，重要かもしれない。

　もちろん，民法と同じに解釈すると不都合があるならば，立法すればよいという意見も成り立つ。

（3）租税回避と仮装行為

①　租税回避の発生

　租税法の課税要件は，私法の規律する私的活動等を要件としたものであり，「租税法と私法」論においては，当事者が選択した法形式が租税法においても尊重されるか，あるいは否認されるかという点も問題となる。

　すなわち，私法の分野では，私的自治の原則・契約自由の原則により，当事者は，経済的成果を実現するため，どのような法形式を採用するかということは基本的に当事者の自由となる。対して租税法の観点からは，どこまで選択を当事者の自由に認めて良いのか，つまり私法上の選択可能性の自由を利用して租税負担を軽減するために，法形式の濫用すなわち租税回避が発生する[15]。このような租税法のループホール（抜け穴）を利用して租税負担を回避するような行為の発生は，租税負担の公平性の観点からも問題であり，租税法研究においても重要な課題となっている。

②　租税回避の否認と仮装行為

　このような私法上の法形式の濫用を否認する方法としては下記の二つの類型がある。

15）水野26頁。

①　租税回避の否認
②　取引の真実性の否認（仮装行為）

　前者は，租税回避と認定される取引を否認し，租税回避，つまり法形式を濫用して不当に租税負担を軽減したり，事業目的もなく，たんに租税負担の軽減のみを目的として，通常用いられない取引を形成することは許されないとする考え方であり，後者は，取引そのものが仮装であり，真実ではないとする考え方である[16]。なお前者は，当該取引の租税法における効果が否認されるのであって，私法上の取引が無効となるものではなく，逆に後者は，当該行為は法律行為として無効とされることになる。

　具体的には親が子供に金銭を与えるため，通常の贈与ではなく消費貸借（お金の貸付け）の形で実行した場合を考えてみよう（贈与の場合は贈与税が発生する）。この行為を否認する場合には，前者では，消費貸借契約であることは認めるが，税負担を不当に減少させているので租税法上，認められないとして否認する。後者では消費貸借という形式をとっているが，これは消費貸借を仮装した贈与に他ならないとして否認するものである。

　このような租税回避と仮装行為について，前者は，一般に，個別的否認規定がないと否定できないと考えられる[17]。これはどのような理由が考えられるだろうか。租税法律主義の観点から検討してみよう。たとえば後述する移転価格税制やタックス・ヘイブン対策税制等が租税回避行為の否認のための個別的否認規定である。ただし，近年の租税回避取引の多様化・国際化もふまえて租税回避につき網羅的に対応する一般的否認規定の議論も行われつつある。

　なお，これに対して，後者の仮装行為とは，民法では虚偽表示に当たる。親と子供の消費貸借の例では，返済の可能性等の事実の評価によりその取引の真実性が問われ，真実性を欠く場合にはその取引は否認されることになる（たとえば返さなくてもよいとした場合を考えてみよう）。ただし，実際の取引においては，租税回避行為と仮装行為とはきわめて接近した取引である（区分が困難）ことは留意されなければならない。

16）水野26頁。
17）水野26頁。

Column

租税回避と節税，脱税

　新聞報道等で企業の課税に関するニュース等を見たことはあるでしょうか。よく見るとその報道では多くの場合「申告漏れ」という表現を使用しています。なぜ脱税や節税，あるいは本文にあるような租税回避という表現を用いないのでしょうか。

　本文にあるように，租税回避は法形式の濫用行為と考えられています。しかしながら，何をもって濫用と判断するかは必ずしもその基準が明らかではなく，見解が分かれます。

　また，この租税負担の回避という点で類似している行為概念が脱税と節税であることは異論がありませんが，しかしながら，これらの概念はどのようにして区別されるのでしょうか。

　理論上，節税とは，租税法規が予定している範囲で税負担の減少を目的とする行為であり，租税回避は租税法規が予定しない異常な法形式を用いて取引を行い，租税負担を回避する点で相違があります。

　また，脱税が課税要件の充足を全部または一部を秘匿する行為であるのに対して租税回避はそもそもの課税要件を充足することを異常な法形式を利用することで回避するものです[18]。

　以上のように理論上分類は行うことは可能ですが，実際のところ上記仮装行為と同様にそれらは隣接していますので明確な区分には詳細な事実関係の評価が必要であり，実際のところ困難です。

　このような点が一因となって上記のような姿勢になっているものと考えられます。

　以上のように，租税法と私法の関係において租税負担が飛躍的に増大する今日，租税負担を考慮外においた取引は想定しがたい。それどころか私法上の選択可能性を利用して租税負担の回避を図るアグレッシブな租税回避行為も行われ，租税回避商品が販売され，後述するように金額的に数百億円規模のものも

---

18) 金子・135頁。

少なくない[19]。このような状況下では従来の租税法を民法や商法の劣位に置くといった位置付けでは理解が困難であり，民法や商法の規定そのものが租税法の影響を受けざるを得ない。今後はこのような状況の変化に鑑みた租税法と私法の関係や租税回避の否認規定・手法が問われていくことになるだろう。

3　わが国の租税体系

（1）わが国の租税制度

　租税負担の標識としては一般的に，所得・資産・消費の三つが存在する。わが国における実際の租税制度は，国・地方公共団体の区分に応じてこれら標識が混合する，tax mixの体制が取られている。いいかえれば単一の税だけに着目することはバランスを欠くと考えられている。

　具体的にわが国の租税体系は図表5のように構成されている。

〔図表5：租税体系の構成と比率〕

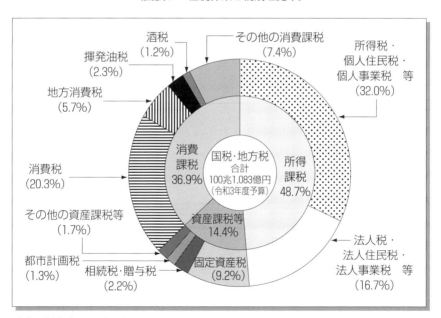

出典：財務省ウェブサイト
　　　http://www.mof.go.jp/tax_policy/summary/condition/001.pdf

19）近年の代表的なものとして最判平成18・1・24民集60巻1号252頁，東京高判平成26・11・5訟月600巻9号1967頁，東京高判平成27・3・25訟月61巻11号1995頁。

（2）直間比率

　租税制度上，tax mix の体制が上記のように取られているが，わが国では図表6のように直間比率の体制が欧州の体制と異なり，直接税に拠る収入調達の構造となっている。他国と比べてどのような印象をもつだろうか。この比率は消費税法の改正，法人税率の変更等によって一定の変更が想定されているものの，所得税や法人税のような景気変動の影響を受けやすい直接税がわが国の租税収入の根幹をなしていることになる。

〔図表6：直間比率の国際比較〕

	日　本	アメリカ	イギリス	ドイツ	フランス
直間比率	68：32	76：24	57：43	55：45	55：45

出典：財務省ウェブサイト http://www.mof.go.jp/tax_policy/summary/condition/015.pdf

（3）多様な租税

① 　普通税と目的税

　目的税とは，特定の歳出に充てることを目的とする租税であり，個別の租税法上に，その使途が特定されているものである。対して，個別の租税法においてその使途を特定されていないものを普通税という。

　この目的税は，一般に，使途が限定され，特別会計として環境対策やエネルギー財源として，一定の目的のために徴税が行われる租税である。この目的税は，その使途がある一定の枠に制限されているために，税収を他に活用できず，ムダを発生させる等の財政の硬直化を招く危険性がある。しかし，政府による予算配分への信頼性が揺らいでいる場合は，使途が特定されているため，導入に対する政治的ハードルは低い場合もある（たとえば，消費税と社会保障目的税，どちらが賛同しやすいだろうか）。

② 　地方税と法定外地方税

　地方税制度は，国税と比較して応益性が強調された租税制度となっており，地方自治体に対する課税自主権の観点から，住民税や固定資産税等，一般的な地方税に加えて，地方分権一括法により，法定外税が認められるものとなっている。ただし，無制限に地方自治体の課税権が認められるものではなく，地方自治体によって税率等が異なる状況は自治体間のバランスに欠けるため，一定の制限が地方税法によってかけられている（たとえば標準税率と超過税率）。

法定外税（普通税・目的税）については，かつては，自治大臣の許可が必要であったが，現在では，総務大臣の同意が要件とされ緩和されている。ただし，国税または他の地方税と課税標準を同じくする場合などはその法定外税は無効とされる[20]。具体的には核燃料税，産業廃棄物税，宿泊税（ホテル税），連絡橋利用税，狭小住戸集合住宅税など，多様な租税が各地方自治体の実像にあわせて制定されている。自分たちの住んでいる自治体がどのような租税を制定しているのか一度調べてみよう。

③　環境税

また，目的税や法定外税でも制定されているが，近年，注目を浴びている租税として環境税がある。

たとえば地球温暖化対策のため，温室効果ガス排出量を規制する目的である租税（炭素税）が代表例である。これは，排出者に対して負担を課すことで環境汚染という外部不経済を抑制することを目的としているものである。その他にも税制のグリーン化としてガソリン等の化石燃料を課税対象とする石油石炭税，揮発油税なども存在している。

また，地方自治体によっては，地域の環境を保全するため，水資源を守るための目的税や廃棄物税などを制定し，地域における環境保全活動の資金をまかなっている場合も多い。

このように，従来環境税の対象は温室効果ガスの排出など国際的なあるいは国家レベルを超えた環境問題に対するものが中心であったが，近年では裾野を拡大し，身近な地域の環境問題もその対象として課税する傾向にある。

20）最判平成25・3・21判タ1391号113頁。近年では神奈川県臨時特例企業税は国税との関係から無効とされ，企業に600億円以上が返還されている。

第2章

納税義務の確定手続

第1節　概　説

　税額の確定のためには，行政庁においては納税者の協力を得ることが要求される一方で，基礎となる事実に関する情報の量と適正が必要となる。税額の確定手続についてとくに重要なのは，この情報の収集の問題であり，適正な情報を確保することが租税手続の課題である。公平な課税という租税法の目的を達成できるかどうかは，現実には，租税法の規定の執行の可能性に依存するのであり，確定申告の様式をはじめとして，適正な情報を収集して，税額を確定する手続が整備されているかどうかが重要である。

　本章では，適正な情報の収集方法と，それに基づく税額の確定手続を中心とした租税行政について概観する[1]。

第2節　納税義務の成立と確定

1　納税義務の成立

　納税義務は，その成立のために必要な要件である課税要件が充足された時に，法律上当然に成立する。国税通則法では，納税義務の成立時期について，図表1のように規定している（税通15条2項）。

2　納税義務の確定

　成立した納税義務について，履行がされ，もしくは履行の請求がなされるためには，つねに，その前提として納税義務が確定されなければならない（税通15条1項）。納税義務の確定が税制上必要であるというのは，租税法の規定する課税要件について，税額の算定の基礎となる課税標準の金額や数量の認定が必ずしも容易ではなく，税額の計算も複雑である場合が多く，さらには適用さ

1）本章で論ずる租税行政全般については，水野40頁以下参照。

〔図表1：納税義務の成立時期〕

所得税	暦年の終了の時
源泉徴収による所得税	利子，配当，給与，報酬，料金その他源泉徴収をすべきものとされている所得の支払の時
法人税	事業年度の終了の時
相続税	相続または遺贈（死因贈与を含む）による財産の取得の時
贈与税	贈与による財産の取得の時
消費税等	課税財産の譲渡等をした時もしくは特定課税仕入れをしたときまたは課税物件の製造場からの移出もしくは保税地域からの引取りの時

れる租税法の規定の解釈についても見解が分かれることがあり，これらの事情によって，課税標準や税額の算定が明確になされるとは限らないからである。
　これに対する納税義務の確定の方式は以下の三つに区分される。

① 　納税義務者自身による確定―**申告納税方式**（税通16条1項1号）
② 　行政庁による確定のための方式―**賦課課税方式**（税通16条1項2号）
③ 　納税義務者または行政庁により特別の手続がなされることなく，納税義務の成立と同時に，納税義務が確定される方式―**自動的確定方式**（税通15条）

第3節　申告納税制度

1　申告納税
（1）意　義
1　申告納税とは，納付すべき税額が納税者の申告により確定することを原則として，申告がない場合または申告にかかる税額が行政庁の調査したところと異なる場合に限って，行政庁の処分（更正または決定）によって税額を確定する方式のことである（税通16条1項1号）。租税法の複雑化するなかで，適正な情報の確保の手段としては，イ）申告納税による情報の提示であり，そのために，ロ）納税者の記帳制度を定着させ，あるいは，ハ）情報申告，さらには，

源泉徴収制度が考えられる。そして，ニ）納税者の協力が得られない場合には，質問検査権という，いわば，強制的な情報の収集制度が認められている。

2　申告納税制度では，租税行政に対する納税者の信頼と協力（compliance）が必要である。申告納税制度は，大多数の納税者の協力により真正な税額の確定がなされ，それにより省かれた行政の労力を，一部にある不正の発見に努めることを可能とするものでなければならない。

そのため，納税者自身に適正な情報の提供を促す制度が存在する。納税者自らに，会計記録を保持する能力を向上させることを奨励し，これにより納税者からの情報の信頼性を確保していく制度がある。青色申告制度である。

（2）申告手続

納税申告においては，通常，課税標準および税額の申告書を提出する。ただし，純損失や，欠損金の繰越控除および繰戻還付を受けるためにも，申告をしなければならない（所税70条・123条・140条，法税57条・58条・74条・81条）。納税申告は要式行為であるとされるが，その書式は，現在法定されていない。

申告は法定申告期限内に行わなければならない。これを，期限内申告（税通17条）という。法定申告期限後の申告も，税務署長による決定がなされるまでは認められる（期限後申告：税通18条）。主たる租税の法的申告期限は，各個別の税法により定められている（図表2）。

（3）記帳義務

わが国の納税者の記帳慣行を奨励するために，シャウプ勧告に基づき，青色申告制度が導入されたが，青色申告者以外の白色申告者については，記帳や帳簿書類の保存が義務付けられておらず，税務調査に基づいた推計課税がなされる機会が多かった。昭和59年度税制改正により，納税環境の整備として，一般

〔図表2：法定申告期限〕

所得税	翌年の3月15日（所税120条）
法人税	事業年度終了の日から2月を経過する日（法税74条）
相続税	相続の開始があったことを知った日の翌日から10月を経過する日（相税27条）
贈与税	翌年の3月15日（相税28条）
消費税	課税期間終了の日から2月を経過する日（消税45条）

の事業者に対しても，一定の記帳義務が規定された（所税232条以下）。

　ａ）その年において事業所得，不動産所得，山林所得を生ずべき業務を行う者について，その前年等の所得金額が300万円を超えるものは，取引に関して受領した金額に関して，総収入金額および必要経費に関して，財務省令で定める簡易な方法により記録・書類の保存義務を負う。ｂ）その年において事業所得，不動産所得，山林所得を生ずべき業務を行う者について，その年の総収入金額が2,000万円を超えるものは，財務省令で定めるところにより，総収入金額報告書を税務署長に提出しなければならない（所税233条）。

　さらに，近年の情報技術の進展により，それほど困難を伴わず記帳ができることになっていることや，課税庁は行政手続法の規定に基づき処分の理由を示すこと（いわゆる「理由附記」）とされたこと等を踏まえ，ｃ）平成23年12月の改正において，すべての個人事業所得者等に対して記帳義務および記録保存義務を課すこととされた（所税232条１項，所税則102条）。その年の前々年の所得金額が300万円以下等の所得金額の要件をなくし，記帳義務や記録保存義務のない事業所得者等に対して，新たに記帳義務を課すことになった。すべての個人事業所得者等は，その年の取引のうち総収入金額および必要経費に関する事項を簡易な方法により記録し，かつ，帳簿代用書類を含む帳簿を一定期間保存しなければならないこととされた。

2　青色申告制度

（1）青色申告の必要性

　青色申告制度は，シャウプ勧告により採用された制度である。納税者自らに，記帳して帳簿書類を作成する能力を発達させることを奨励し，その帳簿書類を備え付けて，それに基づいて納税申告を行うことが重要である。それとともに，行政庁による調査が，納税者を信頼し，帳簿書類に限定される。

（2）青色申告の対象

　青色申告は，法人税，ならびに，個人所得税のうち，不動産所得，事業所得，山林所得を生ずる業務について，選択をすることが認められる（所税143条，法税121条）。青色申告によらない申告は白色申告とよばれる。法人の事業活動については，当然，会計慣行に従い帳簿書類を備えることは当然の要請である。

（3）青色申告の特典

　青色申告制度により記帳および帳簿書類の備付けの慣行を促すため，青色申告を選択する納税者には，さまざまの特典が認められている。たとえば，ａ）

青色申告者に対する更正は，その帳簿書類を調査し，その調査により所得金額の計算等に誤りがあると認められる場合に限ってすることが許される[1]。青色申告に対しては推計課税が許されない。ｂ）青色申告者に対する更正通知書には，理由の付記が要求されている（所税155条，法税130条）。その趣旨は，①行政庁が更正処分をするにあたり慎重を期することにより，手続的公正を担保するとともに，②納税者に，処分理由を知らしめることにより，不服申立て，さらに訴訟を行うかどうかの判断の機会を与えることにある（最判昭和49・4・25民集28巻3号405頁等）。

（4）青色申告の承認・取消し

青色申告の承認を受ける資格を有するのは，記帳能力とその意思があり，かつ納税協力につくす者でなければならない。そこで，税務署長が青色申告の承認を行うにあたっては，①帳簿書類の備付け，記録または保存が財務省令に従って行われているかどうか，②備え付けられた帳簿書類に，取引の全部または一部の隠ぺいまたは仮装その他不実の記載があると認められる相当の理由がないかどうか，③青色申告の承認の取消しの通知を受け，または，青色申告の取りやめの届出書の提出をした日以後1年以内にその申請がなされていないかどうかが考慮される（所税143条以下，法税121条以下）。実際には，青色申告の承認は簡単に認められ，現実に，要件を満たさない場合に，青色申告の取消しがなされる。

3　加算税

加算税とは，申告納税制度の定着と発展をはかるため，申告義務が適正に履行されない場合に課される税である（税通65条以下）。加算税により，自発的な申告や源泉徴収義務の履行を促しているのである。そこで，正当な理由のある場合には，これらの加算税は課されないことにされている。

①　過少申告加算税

期限内申告書が提出された場合において，修正申告書の提出，または更正がなされたときは，その修正申告または更正に基づき納付すべき税額に10％の割合を乗じて計算した金額に相当する金額を課される税である。しかし，修正申

1）所得税法，法人税法，さらに租税特別措置法において，青色申告の承認を受けた納税者に限り認められる特典が少なくない。たとえば，引当金の必要経費算入（所税52条以下），純損失の繰戻しによる還付（所税140条），繰越欠損金の控除（法税57条）や欠損金の繰戻しによる還付（法税81条）等である。

告書の提出があった場合において，その提出が，更正を予知してされたものであるときは正当理由は認められないとされる（税通65条）。

② 無申告加算税

法定申告期限内に申告がなされなかった場合に，期限後申告書の提出があっても，更正または決定により納付すべき税額に15％の割合を乗じて計算した金額に相当する金額を課される税である（税通66条）。

③ 不納付加算税

源泉徴収等の国税を法定納期限までに完納しなかった場合に，源泉徴収の徴収納付義務者に対して，納付すべき税額に10％の割合を乗じて計算した金額に相当する金額を課される税である（税通67条）。

④ 重加算税

納付すべき税額の計算の基礎となる事実の全部または一部の隠ぺいまたは仮装を行い，その隠ぺいし，または仮装した事実により納税申告書の提出のあった場合には，過少申告加算税に代えて，納付すべき税額に35％の割合を乗じて計算した金額に相当する金額を課される税である。不納付加算税についても，隠ぺいまたは仮装があったときには，同様に，35％の重加算税が課される（税通68条1項）。また，納付すべき税額の計算の基礎となる事実の全部または一部の隠ぺいまたは仮装し，その隠ぺいし，または仮装したところにより，法定申告期限までに納税申告書を提出せず，または法定申告期限後に納税申告書を提出していたときは，無申告加算税に代えて，納付すべき税額に40％の割合を乗じて計算した金額に相当する金額を課されるものとされる（税通68条2項）。

なお，平成28年度税制改正により，加算税制度について，悪質な行為をさらに防止し，申告のコンプライアンスを高める観点から，過去5年以内に無申告加算税または重加算税を課された者が，再び，無申告または「仮装・隠蔽」による修正申告を行った場合には，それぞれの加算税を10％加重する措置を導入した。ただし，期限後申告書もしくは修正申告書の提出が，その申告に係る国税についての調査があったことにより当該国税について更正または決定があるべきことを予知してされたものでない場合は除外される（税通66条4項・68条4項）[2]。

4　第三者からの情報収集（情報申告）

　納税者の情報を確保するものとしては，半面調査といわれる取引先に対する調査の他，納税義務者以外の第三者からの情報の収集がある。このことについては，個人情報保護法に注目される。第三者情報としては，いわゆる支払調書という情報申告といわれる仕組みも重要である。さらに，源泉徴収においても，第三者が納税者に対して支払う利子・配当や給与等の所得の一定割合を，あらかじめ所得税額として国に納付させることにしている（所税182条・183条・220条等）。わが国では，源泉徴収制度が発達しており，利子所得，配当所得，給与所得，退職所得，公的年金等に加えて，報酬，料金等のように，事業所得についても，一定の所得については源泉徴収がなされるものとされている。これは，第三者からの情報収集をより強化したものである[3]。なお，平成18年度の改正により，給与所得者に対する源泉徴収票等の交付については，電子交付制度が認められるに至っている。

第4節　更正・決定

1　概　説

　納税申告書の提出があった場合において，その課税標準等または税額等の計算が法律に従っていなかったとき，その他調査したところとことなるときは，税務署長は，申告書にかかる課税標準等または税額等を更正することにされている（税通24条）。納税申告書の提出をする義務があると認められる者が申告書を提出しなかった場合には，決定処分をする（税通25条）[1]。

2　更正・決定等の期間制限

（1）除斥期間

　除斥期間とは，賦課権（確定権）のような確認行為については時効の進行を中断するという作用が考えられない場合の定めである。処分等の期間制限は，

　3）利子・配当については，源泉分離課税がなされる場合，通常，支払調書の提出が免除される（租特3条・8条の4）。

　1）ここでいう調査が，後述する質問検査権に基づく調査と同一であるかどうか，国税通則法のこれらの規定を根拠に，税務署長は質問検査権を行使することができるかどうかは争いのあるところである。更正・決定は，各々更正通知書，決定通知書を送付して行う（税通28条）。更正通知書，決定通知書の発せられた日の翌日より1月以内に，納税者は納付しなければならない（税通35条2項2号）。

5年と定められている。この期間の起算点は，賦課権を行使することができるようになってからとしないと不合理であるので，起算点は以下のように定められている（税通70条）。

---

① 申告納税方式による租税にかかる更正・決定については法定申告期限

② 賦課課税方式による租税にかかる賦課決定については課税標準申告書の提出期限

③ 申告書の提出不要な租税については，納税義務の成立の日

（2）徴収処分と時効

① 徴収権と時効

国税通則法では，「国税の徴収を目的とする国の権利」を「徴収権」とよび，徴収権の消滅時効を定めている（税通72条）。地方税法においても，「地方団体の徴収金の徴収を目的とする地方団体の権利」を「徴収権」とよんでいる（地税18条）。

② 時効の起算日

時効の起算日は，法定申告期限（法定納期限）の翌日とされる。国税通則法では，時効制度について民法の規定を準用するとされるが（税通72条3項），民法上の消滅時効の起算日は，「権利を行使することができる時」である（民166条1項）[2]。納税義務の消滅時効については，援用を要せず，かつ，時効の利益を放棄することはできないとされる（税通72条2項）。納税義務については，画一的，公平に取り扱うために，このような規定がおかれているのである。

（3）総　括

以上のような税額の確定方式の意義について考えてみると，確定手続の問題は，税額の算定にかかわる行政庁と納税者との間における，時間および負担の配分の問題であるということができる。納税者の協力をどれだけ期待しつつ，社会全体の利益を追求するかというシステムの問題である。マイ・ナンバー制度が導入され，情報化・電子化が進むにつれ，納税者のみならず，納税者以外

2）「権利を行使することができる時」とは，納税義務の確定のための賦課権が行使できる日（法定申告期限）であるから，徴収権が行使できないとしても，a）法定納期限が過ぎれば，賦課権に続いて，徴収権も行使できるのであるし，b）課税関係を簡潔にするには，納税義務の確定する日を基準にすればよいと考えられる。

からの情報の収集も増大していくので，租税行政も，それに対応していかなければならない[3]。

第5節　徴収納付制度（源泉徴収制度）

1　概　観

　源泉徴収の占める割合は，国税である所得税収において，85％にのぼっている。なかでも給与所得に対する源泉徴収のみで所得税の収入の75％を占めている。本来の納税義務者の支払うべき税額の納付について，所得の支払者である第三者により一定の税額を法定申告期限前に納付させるものが源泉徴収制度（徴収納付制度）である。

　①給与所得の支払者については，その給与等について所得税を徴収し，その徴収の翌月の10日までに，国に納付しなければならないとされている（所税183条）。給与所得については，年末調整が規定されており（所税190条），年末調整により通常の給与所得者については納付が完結する。また，②利子所得（所税23条）に規定する利子の支払をなす者，配当所得（所税24条）に規定する配当等の支払をなす者は，その支払の際，その利子・配当等について所得税を徴収し，その徴収の翌月までに，国に納付しなければならないとされている（所税181条）。さらに，わが国では，③事業所得である一定の報酬・料金等に関して支払をなす者等についても，その支払の際，その報酬もしくは料金等について所得税を徴収し，その徴収の翌月までに，これを国に納付しなければならないとされている（所税204条）。また，地方税についても，個人住民税については，源泉徴収がなされるが，地方税では，特別徴収とよばれる（地税1条）。

　源泉徴収制度の根拠としては，イ）徴税の便宜として，租税を徴収する意味をもつが，ロ）たとえば，かつての，特別地方消費税のように，納税者が多数に上り，かつ，個々の納税者の税額が少ない場合には，行政庁のコストの問題ばかりでなく，納税者の便宜からも，支払を受ける一定の事業者を徴収納付義務者として源泉徴収を採用する意味がある。

3）納税義務の履行と消滅については，『納税義務の消滅』日税研論集32巻（1995）参照。時効による納税義務の消滅については，水野忠恒「時効等による納税義務の消滅」前出同論集32巻17頁以下。

2　源泉徴収の手続と法律関係

1　もともと，所得税のうち，源泉徴収は，支払時に納税義務が成立し，同時に，特別の手続を必要とすることなく，納付すべき税額が確定するとされている（自動的確定方式）。源泉徴収に係る租税については，課税標準が明確であり，税額の計算も容易であると考えられているからである。しかし，源泉徴収の必要なホステス収入か，芸能人かが争われた例もある（最判平成22・3・2民集64巻2号420頁）。法定納期限までに徴収納付が行われない場合には，国から徴収納付義務者に対して納税告知が行われる（税通36条）。

2　徴収納付義務者は，徴収手続において，この納税告知を訴訟で争うことができる。しかし，本来の納税義務者である者は，この納税告知を争えるかどうかが問題となる。源泉徴収に係る法律関係では，①国と徴収納付義務者との間には法律関係が成立し，また，②徴収納付義務者と本来の納税義務者との間にも法律関係が成立するとされるが，③国と本来の納税義務者との間には，法律関係は成立しないとされているからである。一般には，源泉徴収税額を過大に徴収されてしまった本来の納税義務者は，どのようにしてその返還を求めうるかという問題が議論される。この点につき，最高裁判所は，通説に従って，国と本来の納税義務者との間では，直接，法律関係は生じないのであるから，本来の納税義務者は，徴収納付義務者に対して不当利得返還請求を行えばよいと判断している（最判昭和49・3・8民集28巻2号186頁）。

第6節　質問検査権

今まで述べたような情報確保の制度は，納税者側の協力を得て行われるものであったが，納税者自身の協力が期待できない場合には，強制的な情報収集によらざるをえない。これが質問検査権または税務調査とよばれる調査（税通74条の2等）である[1]。

1　質問検査権の法的根拠

更正・決定の規定については，税務署長は，その調査により，当該申告書にかかる課税標準等または税額を決定するとしている。以前は，個別の所得税法，法人税法等において，質問検査権を規定していたが，現在では，国税通則法に

1）質問検査権に関する文献として，北野弘久編『質問検査権の法理』（成文堂，1974）。

統一されている（税通74条の2）。調査といっても，さまざまの段階が想定され，納税者やその取引先である第三者の住居や事業所においてなされる調書がありうる。租税法の規定する質問検査権は，強制調査ではなく，一般の刑事捜査や脱税犯の犯則調査（税通135条）におけるように，私人（納税者）の反対を押し切って調査物件を手にすることは認められてはいない。ただし，質問検査を拒否する者には，義務違反として罰則が課されており，その限りで，質問検査権は間接的な強制力をもっている（税通128条）。処罰の対象とされるのは，具体的には，質問に対して答弁せず，もしくは偽りの答弁をし，または，検査を拒み，妨げ，もしくは忌避した者，検査に関し偽りの記載をした帳簿書類を提示した者である。

2　質問検査の要件

1　質問検査は，調査の必要があるときに限られる。この必要性の判断は，行政庁の自由裁量ではないとされる。

　質問検査が，対象とされる納税者の税額確定のための資料収集に限定されるか，それとも，青色申告の承認の取消等の処分を行う場合についても認められるかどうかは，論議がある。予定納税の減額の承認の申請に対する処分の場合には調査を認めているが（所税113条），青色申告の承認の申請については調査の規定がないのである。判例は，質問検査権の行使は，税額の確定には限られないとしている（有名な荒川民商事件とよばれる最決昭和48・7・10刑集27巻7号1205頁）。

2　申告納税方式の租税の場合，法定申告期限後の調査（事後調査）に限られるか，それとも事前調査も認められるかという論点がある。自主申告を尊重する立場を取るならば，事後調査に限定されると思われるが，判例は，公平な課税を行うためには，事前調査も認められるとする（前掲最決昭和48・7・10）。

3　質問検査の相手方

　質問検査の相手方として，納税義務者，支払調書や源泉徴収票の提出義務のある者，銀行等の納税義務者の取引の相手方に対して，質問検査を行うことを認めている（税通74条の2）。上述の判例では，法定申告期限，さらには納税義務の成立以前であっても，調査を行うことを認めている。

　租税法が第三者に対する質問検査（反面調査）を認めていることは，納税者の社会的信用からみてかなり大きな負担である。それにより，行政庁は，納税者の自主的な調査への協力を期待するものである。反面調査は，本人調査によ

り十分な情報が得られない場合にできるだけ限定すべきである。先の荒川民商事件判決において、最高裁は、本人調査によって十分な資料収集ができなかった場合の他、とくに必要と認められる場合には、本人調査を経ないで反面調査を行うことを認めている。

Column

アメリカにおける強制的調査

　アメリカにおいては、強制的な召喚状（summonses, subpoena）の制度があり、事前に裁判所の承認を受ければ、納税者は、そこに定められた日時に、指定された帳簿書類をもって、指示された場所（通常は税務署）に出頭しなければならないとされている。わが国の税務調査においては、納税者の検査拒否と非協力のため、推計による更正・決定がなされた後、裁判の審理の段階で、納税者が帳簿を提出し、実額が更正・決定における推計税額と異なる反証を行おうとする事例が顕著になりつつあるが、このような調査における非効率性と納税者とのトラブルを回避するために、質問検査権の行使の手続を明確化して、それに応じて、合衆国における召喚状のような手続による、納税者の帳簿・会計記録等の強制的な提出義務を検討していくことも意義があるのではないかと考えられる。

4　質問検査の手続

1　わが国では、任意調査と質問検査との区別が不明確であるが、その大きな理由は、質問検査の手続自体が不明確であることによる。質問検査の手続としては、税務職員が質問検査を行う場合には、身分を示す証明書の携帯と、関係人に要求された場合にその提示を義務付けられているのみである。

　実務上は、質問検査に向かう税務職員は、身分証明書とともに、税務署長による調査証を持参するものとされている。前出最高裁判例によれば、法令の定めに違反する質問検査は当然違法であり、納税者には、応答義務や検査の受忍義務は生じないものと解されている。しかしながら、質問検査の要件である質問検査の必要性が相手に示されるわけではなく、また、そのことを示す文書による通告も義務付けられてはいないため、調査の現場における調査の必要性をめぐる紛争を引き起こすことが十分ありうるのであった。

2　質問検査を行うにあたり，実務上は，納税者の便宜や税理士の立ち会い等の必要性から，その日時が事前に通知されることが通例とされてきたが，法令上にはその義務付けはなされてはいなかった。実際には，国側にとっては，税務調査から犯則調査に進む事件もあるわけであるから，重要書類の隠匿を防止するために，あえて，すべての案件について，事前通知が義務付けられるのでは不合理な場合も十分考えられる。最高裁判例では，質問検査を行うにあたり，あらかじめ裁判官の発する令状が要求されていないことは，憲法35条の令状主義に違反するものではないとしている（最大判昭和47・11・22刑集26巻9号554頁（川崎民主商工会事件））。しかしながら，納税者とのトラブルを防止するとともに，行政の透明性のために，質問検査の手続を整備していくことが望ましいとされた。

　そこで，平成23年12月の国税通則法の改正により，従来から，国税庁長官の事務運営指針で検討されていた手続が法律上整備された。①事前通知（税通74条の9第1項），②納税者との協議（税通74条の9第2項），③調査結果の説明（税通74条の11第2項），④官公署等への協力要請等（税通74条の12）についてである。

第7節　推計課税

1　概　説

　申告納税制度のもとでは，納税者が自主的に自らの情報データによって税額を算出し，納税義務を確定するのが原則である。これを，いわば，実額課税とよんでいる。しかしながら，①納税者の帳簿等が不備であったり，②納税者に協力の意思があっても，その技術が未熟であり，十分な帳簿を備えることができない場合もあり，さらに，③納税者の協力が得られない場合には，他の何らかの方法によって，税額を確定しなければならない。とくに，青色申告の承認を受けていない，いわゆる白色申告者の場合には，税務署長が，何らかのデータをてがかりに，税額を確定しなければならない。これを推計課税という。

2　推計課税の根拠

　推計課税については，所得税法156条，法人税法131条等，個別の租税法において，その根拠規定がおかれているが，明文がなくても，公平な課税を実現するために，推計課税は認められるとされている。帳簿等の所得を認識すること

ができる資料がないからといって，公平の観点からみて，課税を放棄することはできないからである。そうした推計課税を実額課税ができない場合の代替と考えるか，あるいは，推計課税といえども，実額課税の一つであり，ただ，帳簿のような直接な証拠資料が乏しいため，何らかの間接的な証拠により，税額を認定するものであると考えるかという問題がある。

従来，推計課税とは実額課税とは異なるものであるという考え方が強かったが[1]，最近は，実額課税であることには変わらないという裁判例もある[2]。税務署長が，間接的な証拠に従って税額を認定するものであり，推計課税を行うのは当然のことであり，租税法の法律的な根拠の有無を問わないとされる。わが国では，納税義務の立証責任が，税務署長等の行政側にあるため，推計課税を行うためには，①合理性の認められる要件や，②適正な推計課税の方法が用いられなければならない。

3　推計課税の要件

推計課税の要件については，各税法の推計課税の規定（所税156条）等に定められているわけではないが，帳簿等の直接の証拠資料によることができないことが必要であると考えられる。そこで，推計課税の要件としては，①帳簿書類の不備の場合，②帳簿書類の記載内容に，正確性や信憑性が認められない場合，③納税者または当該納税者の取引先が調査に協力せず，必要な資料を入手できない場合が挙げられる[3]。

もっとも，①や②の場合のように，帳簿書類に依存できない場合であっても，納税者の売上伝票や仕入れ伝票等の原始記録や，取引先に対する反面調査によって，直接の証拠を収集することができる場合も考えられる。したがって，推計課税の方法によるためには，これらの情報をもってしても，直接の証拠に基

1）たとえば，京都地判平成7・6・16訟月44巻3号376頁では，推計課税とは，真実の所得を事実上の推定によって認定するものではないから，推計の結果は，真実の所得と合致している必要はなく，実額近似値で足りるとする。

2）大阪高判平成2・5・30訟月38巻2号320頁。納税者が，売上金額や売上原価により実額反証してきた事案において，納税者が帳簿書類を提示せず，また，調査に協力しないため，やむをえず，真実の所得額に近似した額を間接資料により推計した場合には，特段の反証のない限り，推計の方法により算定された額を真実の所得額と認定できるとしている。

3）東京地判昭和52・4・27行集28巻4号375頁。また，釧路地判平成6・6・28行集45巻5＝6号1407頁においては，税務署長が入手しまたは容易に入手し得る推計のための基礎事実および統計資料等を用いて，納税者の実際の所得額にもっとも近づくことができる推計方法を採用することを期待しているとされる。

づいて，税額等を確定しえない場合であることが必要である。

4　推計課税の方法

　推計課税を，間接証拠により，真実の所得の近似値を求めるものであると考えるならば，推計課税の方法は，合理性のあることが必要である。具体的には，①資産増減法，②同業者比率法，③効率法が例示されている（所税156条）。

　①　資産増減法とは，資産・債務の増減により，純資産の増減を算定し，所得を推計するものである。ほとんどの経済取引の決済は，金融機関を仲介して行われると思われるので，マイ・ナンバー制度のもとでは，有力な方法になると思われる。

　②　同業者比率法とは，当該納税義務者の収入，支出，生産高，販売高の判明した数値について，同業種・同等・同規模の企業を選別し，その同業者比率等に基づいて，所得を推計するものである。この方法では，同規模の業者の選別と，それらの比較対象企業の実名をめぐり，紛争となることが多いが，裁判例では，比較対象企業の実名を明らかにする必要はないとされている[4]。

　③　効率法とは，従業員数，電力消費量など，間接的な数値について，1単位あたりの収益を統計的に導き，それに基づいて所得金額を推計するものである。たとえば，クリーニング業であれば，使用水道料により，同規模の事業者の使用水道料と所得金額との対応関係を統計的に推計し，それに基づいて所得を算出するものである。

5　実額反証の問題

　問題とされることが多いのは，納税者等が調査に協力しないため，税務署長が，推計による課税により更正・決定を行った後，納税者が出訴して，訴訟の審理の過程で，税額を確定するための直接の証拠を提出する事例である。

　裁判例では，納税者が，帳簿書類などの直接資料を提出せず，税務調査に協力しないため，課税庁に推計課税を余儀なくさせた場合には，納税者が，実額反証において推計課税の違法性を立証するために，その主張する売上金額等が，真実の所得額に合致することを立証する必要があるとするものがある[5]。納税者が，必要経費の実額のみを主張する場合が少なくないが，納税者の主張する収入金額が，それ以上には存在しないという立証責任を負担させる裁判例がみられる。納税者が，認定資料により収入金額および必要経費をともに実額反証

　4）たとえば，浦和地判昭和58・4・15税資130号1頁，大津地判平成2・2・26税資175号713頁。

をした場合には，反証が認められるとする裁判例もある[6]。

　あるいは，納税者が，調査段階では協力せず，訴訟の審理段階において，帳簿書類等により実額反証をすることは信義則に反するのではないかという考え方もあるが，否定されている裁判例がある[7]。また，時機に遅れた攻撃防御であるとして，実額反証を斥ける考え方もありうるが，裁判例にはみられない。

5）大阪高判平成2・5・30前掲注2）。また，東京高判平成6・3・30行集45巻3号857頁では，推計課税は，間接的な資料を用いて所得を認定するものであり，直接資料を用いて所得を認定する実額課税に代わるものであるが，所得の実額の近似値を求める概算課税の性質を有するとしている。また，京都地判平成3・12・20税資187号450頁では，実額反証を主張する納税者は，売上および経費の双方につきもれなく総額を主張・立証しなければならないとして，売上金額のみ実額が，課税庁の主張より少ないことを主張することはできないとしている。

6）広島地判昭和57・7・29税資127号562頁，横浜地判平成6・6・29税資201号668頁。

7）仙台地判平成5・5・25税資195号458頁。判決では，税務署長の信義則の主張は認められなかった。

第3章
納税義務の履行・消滅

第1節　概　要

　納税義務の履行は，民法上の債務の弁済にあたるが，租税法においては，納付とよばれる。税額の納付義務は，現金納付が原則であるが，例外的には，その他の納付が認められる。とくに，コンピュータの発達した現代では，コンビニ納付など，納付が多様化している。

　納税義務者は，通常，課税要件を充足した者であるが，国税通則法や国税徴収法では，歳入を確保するため，納税義務者を拡大し，連帯して納付責任を負わせたり，納税義務者に特殊関係のある者に第二次納税義務を負わせたりすることを規定している。なお，平成27年に導入されたマイ・ナンバーの利用により，税制上も，納税義務を確定するための情報が把握されやすくなると思われる。

第2節　納税義務を負う者

1　本来の納税義務者と納付義務の承継者

　租税を納付する義務を負う者は，通常，課税要件を充足した納税義務者本人である。相続があった場合には，相続人は，被相続人に課されるべき租税，または，その被相続人が納付し，もしくは徴収されるべき租税を納める義務を承継する（税通5条）。また，法人が合併した場合には，合併後存続する法人，または合併により設立した法人は，被合併法人にかかる租税の納付義務を承継する（税通6条）。

2　連帯納付義務者

1　国税通則法では，①共有物，共同事業または当該事業に属する財産に係る租税について，その納税者が連帯して納付する義務を負うとされている（税通8条・9条，地税10条）。また，②相続税（相税34条）については，同一の被相

続人から相続または遺贈により財産を取得したすべての者は，その相続または遺贈により取得した財産に係る相続税について，当該相続または遺贈により受けた利益の価額に相当する金額を限度として，たがいに，連帯納付の責に任ずるとされている。租税を連帯して納付する義務については，民法の連帯債務の規定が準用される。

　組織再編成税制においてみられるように，法人分割に関する規定（法税2条の2）が制定されたことに伴い，③分社型分割以外の分割承継法人（法税2条の3）にも，分割法人の租税について，分割法人から承継した財産の価額を限度として，連帯納付の責めを負うとされる（税通9条の2）。さらに，連結納税制度が採用されたことにより，④連結法人グループの法人（子法人）には，親法人の納付する税額について，連帯納付義務が課されることとなった（法税81条の28）。

2　平成23年12月に，連帯納付義務の見直しの改正がなされ，相続税の連帯納付義務について，申告期限から5年を経過した場合，納税義務者の納付すべき相続税額に係る相続税について，申告期限から5年を経過する日までに税務署長がその相続税に係る連帯納付義務の納付通知書を出していない場合には，その納付すべき相続税額に係る相続税の連帯納付義務を負わないこととされた（相税34条1項1号）。

第3節　第二次納税義務者

1　第二次納税義務の性質

　本来の納税義務者が，税額の納付を行わない場合，当該納税義務者と特定の関係のある者に，租税の納付義務を負わせるものとされている（税徴33条以下，地税11条以下）。これを第二次納税義務者とよんでいる。租税法独自の制度である。本来の納税義務者の納付義務が，納税義務の確定手続（賦課手続）におけるものであるのとは異なり，第二次納税義務者は，徴収手続における納付義務であるとされる[1]。

　本来の納税義務者と第二次納税義務者との間には，特殊な関係が認められ，

　1）第二次納税義務に関する研究として，三木義一「第二次納税義務」租税法研究15号57頁以下（1987），吉国二郎＝荒井勇＝志場善徳郎編『国税徴収法精解〔令和3年改訂〕』315頁以下（大蔵財務協会，2021）。

具体的には, a）私法上の保証人や無限責任社員と同様な法律関係とみられる
ものと, b）本来の納税者の財産, あるいは, 納税者の財産であったものが,
何か法律で定める特殊な移転がなされたとみられるものとに分類される。最判
平成18・1・19民集60巻1号65頁では,「第二次納税義務制度は, 本来の納税
義務者との間に実質的な一体性を肯定しても公平に反しないような利害共通の
関係がある第三者に補充的に納税義務を負担させるものであ」るとしている。

　第二次納税義務者が納付義務を負うのは, ①本来の納税義務者の財産に対し
て, 滞納処分しても, なお, 徴収すべき税額に不足すると認められる場合に限
られる。第二次納税義務は, 本来の納税義務者の財産によって徴収できないと
考えられる場合に, その不足見込額を限度として, 認められる。民法の保証債
務に類似した付従性があるとされている。②本来の納税義務者に対して, 実際
に滞納処分を執行することが必要であるかどうかが問題となるが, 第二次納税
義務者の財産の換価は, その財産の価額が著しく減少するおそれがあるときを
除き, 本来の納税者の財産を換価に付した後でなければ, 行うことができない
とされている（税徴32条）。実際に, ③税務署長は, 納税者の租税を第二次納
税義務者から徴収しようとするときは, その者に対し, 徴収しようとする金額,
納付の期限その他必要な事項を記載した納付通知書により告知しなければなら
ないとされる[2]。

　したがって, 本来の納税義務が, 納税義務の消滅原因により消滅した場合に
は, 第二次納税義務も消滅すると考えられる。しかし, 本来の納税義務者と第
二次納税義務者との間には, 特殊関係があり, 一体とみられる場合が少なくな
いので, 仮に, 本来の納税義務が時効により消滅したからといって, 第二次納
税義務についても, その付従性により消滅するとするのは, 不合理であると思
われる。したがって, 第二次納税義務者には付従性が認められるからといって,
担保権の付従性とは異なる点が少なくないと思われる。

　前掲最判平成18・1・19は,「主たる納税義務が主たる課税処分によって確

2）最判平成15・12・19民集57巻11号2292頁では, 国税徴収法24条2項による告知は, 譲
　渡担保財産から納税者の国税を徴収することができる場合に, 譲渡担保権者にとって不
　意打ちとならないようにするため, あらかじめ同項所定の事項を通知しようとするもの
　であるとしつつ, 告知書の発出の時点で譲渡担保権者が譲渡担保権を実行することを納
　税者とあらかじめ合意することは, 譲渡担保財産として存続するものとみなすこととする
　る同条5項の適用を回避しようとするものであり, この合意の効力を認めることはでき
　ないとした。権の代物弁済に充てることなどを内容とする効力を認めることはできない,
　と判示した。

定されるときには，第二次納税義務の基本的内容は主たる課税処分において定められるのであり，違法な主たる課税処分によって主たる納税義務の税額が過大に確定されれば，本来の納税義務者からの徴収不足額は当然に大きくなり，第二次納税義務の範囲も過大となって，第二次納税義務者は直接具体的な不利益を被るおそれがある。他方，主たる課税処分の全部又は一部がその違法を理由に取り消されれば，本来の納税義務者からの徴収不足額が消滅し又は減少することになり，第二次納税義務は消滅するか又はその額が減少し得る関係にあるのであるから，第二次納税義務者は，主たる課税処分により自己の権利若しくは法律上保護された利益を侵害され又は必然的に侵害されるおそれがあり，その取消しによってこれを回復すべき法律上の利益を有するというべきであ〔り〕，主たる課税処分につき国税通則法75条に基づく不服申立てをすることができるものと解するのが相当である」とされている。

2　第二次納税義務の態様

　第二次納税義務は，歳入を確保するための納付義務の拡張であり，人的担保（保証）に類似するが，本来の納税義務者と特殊な関係があり，第二次納税義務者に対して，納付を請求しても相当と考えられるような場合が規定されている。以下に列挙する。

a）無限責任社員の第二次納税義務（税徴33条，地税11条の2）

b）清算人等の第二次納税義務（税徴34条，地税11条の3）

c）同族会社の第二次納税義務（税徴35条，地税11条の4）

d）実質所得者等の第二次納税義務（税徴36条，地税11条の5）

e）共同的な事業者の第二次納税義務（税徴37条，地税11条の6）

f）事業を譲り受けた特殊関係者の第二次納税義務（税徴38条，地税11条の7）

g）無償または著しい低額の譲受人等の第二次納税義務（税徴39条，地税11条の8）

h）人格のない社団等に係る第二次納税義務（税徴41条，地税12条の2）

3　第二次納税義務の手続

1　納付通知書を受けた第二次納税義務者が，その租税を納期限までに完納しないときは，税務署長は，繰上請求（税通38条）による請求をする場合を除き，納付催告書によりその納付を督促しなければならない。納付催告書は，別段の定めがあるものを除き，納期限から50日以内に発するものとされる（税徴32条2項）。

2　第二次納税義務者の財産の換価は，その財産の価額が著しく減少するおそれがあるときを除き，本来の納税者の財産を換価に付した後でなければ，行うことができないとされている（税徴32条4項）。

3　第二次納税義務者は，本来の納税義務者に対して求償権を行使できる。第二次納税義務者に対する納付告知は，更正処分等により確定した本来の納税義務に対する徴収手続上の処分であるから，第二次納税義務者は，本来の納税義務の処分が不存在または無効でない限り，本来の納税義務の存否または数額について争うことはできないとされる（最判昭和50・8・27民集29巻7号1226頁）。

第4節　租税の納付

1　金銭納付
（1）金銭納付の原則

租税の納付は，①金銭によることが原則である（税通34条1項）。金銭納付の原則に代えて，②税務署長は，納付に必要な納付書により金融機関に送付の依頼があった場合には，納付が確実と認められ，かつ，その依頼を受けることが租税の徴収上有利と認められるときに限り，その依頼を受けることができる（口座振替納付，税通34条の2）。コンビニ納付も含まれる。また，③「証券をもってする歳入納付に関する法律」により，証券で納付することが認められている（証券納付）。さらに，④登録免許税のように，印紙で納付すべきものとされる租税は，法律の定めに従い，税額に相当する印紙をはることにより納付するものとされる（印紙納付，税通34条2項）。

（2）相　殺

かつては，公法の優位性を根拠に，公法上の債権は，私法上の債権とは対等の法律価値をもたないとして，相殺を否定していた。しかし，その後，納税義務は，金銭債務であることには変わりがないとして，納税義務といえども，他の債権とは何ら性質を異にするものではないとして，相殺の適用を認める裁判例があらわれた。

今日では，①納税義務は，多数の納税者と多数の分立した国の行政組織との間で生ずる問題があること，②国の財政・会計上，歳入と歳出とを混同するおそれがあること，③大量に生ずる納税義務について，国に対する反対債権の有無を確認しなければならないことにすると，徴収の簡易・迅速性に欠けること

になるとして，立法により，相殺は禁止されている（税通122条）[1]。

2　物　納

　物納は，現在，相続税についてのみ認められる（相税41条，税通34条3項）。かつては年貢に象徴されたように，物納は，通常の形態であったともいえる。今日の貨幣経済のもとでは，租税の定義として，租税とは金銭給付であるとされている。実際には，土地の下落期においては，相続財産の時価が，その課税価格を下回り，財産を処分しても相続税額を支払うことのできない事態も生じる。そこで，相続税に限り，一定の要件のもとで，物納を認めている。

> **Column**
>
> ### 物　納
>
> 　税務署長は，納税義務者について，納付すべき相続税額を，延納によっても金銭で納付することが困難であると認める場合には，納税義務者の申請により，納付の困難な金額を限度として，物納を許可することができる（相税41条1項）。物納に充てることができる財産は，納税義務者の課税価格計算の基礎となった財産で，国内にあるもののうち，①国債および地方債，②不動産および船舶，③社債および株式ならびに投資信託の受益証券である（相税41条）。税務署長は，物納申請があった場合には，金銭納付を困難とする税額，およびその事由の有無の調査に基づき，当該申請を，許可し，または却下するとされる（相税42条2項）。物納財産の収納価額は，課税価格計算の基礎となった当該財産の価額によるとされるが，収納の時までに当該財産の状況に著しい変化を生じたときは，収納のときの現況により，財産の収納価額を定めることができる（相税43条1項）[2]。

1）志場喜徳郎＝荒井勇＝山下元利＝茂串俊『国税通則法精解〔平成31年改訂〕』1320頁（大蔵財務協会，2019）。

2）物納については，参照，新井隆一「物納制度」日税研論集27巻1頁以下（1994）。

<h1 style="text-align:center">第5節　徴収手続</h1>

1　概　観

　租税が，納税義務者により納付されない場合には，強制的な徴収手続，つま
り滞納処分に進む。租税の大きな特色は，行政庁に，一般債権者と異なり，自
力執行権が認められていることである。

　国税徴収法は，国税の徴収に関する手続について必要な事項を定めつつ，私
法秩序との調整をはかり，納税義務の適正な実現を通じて歳入を確保すること
を目的とする。かつては，このような行政庁の自力執行権は，国家権力から当
然のように考えられていたが，昭和34年の国税徴収法の改正のおりには，租税
には，私法上の債権とは異なり，司法裁判所に委ねられない特別の政策的配慮
が必要であると議論された[1]。

2　租税と他の債権との調整

（1）租税優先の原則

　租税は，納税者の総財産について，原則として，私的債権に先立って徴収す
る（税徴8条，地税14条）。また，租税の滞納処分費は，換価代金につき，他の
国税，地方税その他の債権に優先する（税徴10条，地税14条の3）。なお，国税
通則法の定める強制換価の場合の消費税等の規定（税通39条）等により徴収す
る消費税等およびその滞納処分費は，差押先着手による国税の優先等の原則に
かかわらず，他の国税，地方税その他の債権に先立って徴収される（税徴11条，
類似の規定，地税14条の4）。

（2）国税および地方税の調整

　国税と地方税，もしくは，国税相互間においては，優先・劣後の関係にはな
く，①差押先着手，または，②交付要求先着手による（税徴12条，地税14条の
6）。差押先着手による租税の優先が認められ，他の租税の交付要求に優先す
る。また，租税の複数の交付要求があったときは，先にされた交付要求が，後
の交付要求に優先する（税徴13条，地税14条の7）。

（3）租税と被担保債権（担保付債権）との調整

　租税と担保付私債権との優劣については，①一般的には，法定納期限以前に

---

1) 国税徴収法全般については，志場喜徳郎＝荒井勇＝山下元利＝茂串俊『国税徴収法精
　解〔平成31年改訂〕』（大蔵財務協会，2019）。

設定された被担保債権は，租税に優先する（税徴15条）。②抵当権，不動産質権，不動産賃貸の先取特権のように，登記の可能な担保権については，登記の時期によるものとする。租税の優先権と担保付債権との関係について，ⅰ）租税には先取特権があり，ただ，被担保債権がある場合には劣後するという考え方と，ⅱ）租税の一般的優先権を，被担保債権の場合には認めないという考え方があるが，私法上の取引の安全の原則や，担保物権における公示の原則を考慮して，その衡量のもとに，国税徴収法は成立していると考えられる。

　①　被担保債権の優越

　担保権を設定することにより私債権について優先的に弁済を受けようとする私法秩序であるから，租税の優先権により，その予測を損ねることは不適当であるので，私債権者からみて，納税義務の存在が明らかである時点で区別するのが妥当であるとされ，ａ）法定納期限により，優先順位を区別する。さらに，ｂ）不動産保存の先取特権のように，当然に，質権や抵当権に優先するもの，留置権，動産質権，動産先取特権のように，登記のできない私債権については，担保債権者は，担保権の証明をしなければならない。登記の可能な担保権についても，登記がなされない限り，租税に優先することはできない。

　②　質権・抵当権との調整

１　納税者の財産に質権・抵当権という約定担保権を設定・登記している場合には，法定納期限等以前に設定されたものであるときは，換価代金につき，被担保債権は，租税に優先する（税徴15条・16条，地税14条の9・14条の10）。

２　譲受前に設定された質権または抵当権については，質権・抵当権の設定された財産を譲り受けたときは，その換価代金につき質権・抵当権により担保される債権は，譲受者および譲渡者の租税に優先する（税徴17条，地税14条の11）。

　③　先取特権との調整

　ⅰ）法定担保権である先取特権のうち，不動産保存の先取特権（民326条）や不動産工事の先取特権（民327条）のように，質権・抵当権につねに優先するものは，先取特権の成立時期が法定納期限の前後であるかどうかを問わず，租税にも優先する（税徴19条，地税14条の13）。ⅱ）不動産賃貸の先取特権（民312条）のように，登記その他により質権・抵当権との優先順位が決まるものについては，法定納期限を基準に優劣が定められる（税徴20条，地税14条の14）。租税に優先するためには，先取特権者が先取特権がある事実を証明しなければならない。ⅲ）質権と同一の順位または優先する順位の動産に関する特別の先

取特権，不動産売買の先取特権，登記をした一般の先取特権等の先取特権については，租税の法定納期限等以前からあるときには，租税に優先する。

④　留置権との調整

留置権には，債権の弁済を受けるまでその占有者に留置する権利があるが，優先的に弁済を受ける権利はない。しかし，留置権が付いた財産を滞納処分により換価したときは，その換価代金につき，その留置権により担保される債権は租税に優先する（税徴21条，地税14条の15）。

⑤　法定納期限後の担保権付財産が譲渡された場合の租税の徴収

納税者が，租税の法定納期限等後に登記した質権・抵当権の付いた財産を譲渡したときは，納税者の財産につき滞納処分を執行しても租税に不足すると認められるときに限り，質権者または抵当権者が，強制換価手続において被担保債権につき配当を受けるべき金額から租税を徴収することができる（税徴22条，地税14条の16）。

⑥　仮登記担保に係る債権との調整

仮登記も担保の一つであると構成され，租税の法定納期限等以前に，納税者の財産につき仮登記担保契約に関する法律（1条）の仮登記担保契約に基づく仮登記・仮登録がされているときは，仮登記により担保される債権が，租税に優先する（税徴23条，地税14条の17）。

⑦　譲渡担保権者の物的納税責任

納税者が租税を滞納した場合において，ⅰ）その者が譲渡した財産で，譲渡担保財産があるときは，ⅱ）その者の財産につき滞納処分を執行してもなお徴収すべき租税に不足すると認められるときに限り，譲渡担保財産から納税者の租税を徴収うることができる（税徴24条，税14条の18）。

⑧　買戻しの特約のある譲渡担保財産の換価の特例等

買戻しの特約のある売買の登記，再売買の予約の請求権の保全のための仮登記・仮登録等がされている譲渡担保財産で，その買戻権の登記等の権利者が滞納者であるときは，差し押えた買戻権の登記等に係る権利，および，差し押えた買戻権の登記等のある譲渡担保財産を一括して換価することができる（税徴25条，地税14条の19）。

3　滞納処分

（1）概　観

租税の納付が納期限までになされない場合には，強制換価手続（滞納処分）

がなされる。徴収職員が，直接，納税者の財産を差し押え，財産の売却または債権の取立てにより，換価代金を租税の納付金額に充当する。滞納処分は単一の行政処分ではなく，督促，差押え，公売，換価代金の充当という，それぞれ独立した処分により構成される。

　一般の私法上の債権については，その給付を求めるには，訴訟による勝訴判決または公正証書が必要であるが，滞納処分は，課税高権とよばれる重要な国家権力の一つであり，自力執行権が認められている。税務署長は，督促に係る租税がその督促状を発した日から起算して10日を経過した日までに完納されない場合や，繰上請求の規定による請求に係る租税がその請求に係る期限までに完納されない場合その他租税徴収法に定める場合には，法律の規定により滞納処分を行うものとされている。

　差押えに続いて，換価，充当・配当の手続がなされる。担保権の実行により民事執行の開始されたものについては，交付要求の手続により，分配を受ける。

（2）財産の差押え

①　差押えの要件

　滞納者が，ⅰ）督促状を発した日から起算して10日を経過した日までに完納しないときには，滞納者の租税につきその財産を差し押える（税徴47条1項，地税68条1項1号）。ⅱ）納期限，または繰上請求（税徴47条1項）がされた租税の請求に係る期限までに完納しない等の場合は，徴収職員は，ただちにその財産を差し押えることができる（税徴47条2項，地税68条1項2号）。

②　超過差押えおよび無益な差押えの禁止

　差押えは，滞納者や利害関係のある第三者の利益を考慮する必要があるため，租税を徴収するために必要な財産以外の財産は，差し押えることができない（税徴48条）。

③　差押財産の選択における第三者の権利の尊重

　超過差押えの禁止につき第三者が有する権利を害さないように努めなければならない（税徴49条）。また，超過差押えか否かは，差押え当時の滞納税額と差押物件の価額とを比較して定めるべきであって，その後の交付要求のあった国税等の税額を判定に加えるべきでないとされる。

④　差押対象財産

　差押対象財産については積極的な規定がないが，講学上，民事執行法と同様に考えられている（税徴75条1項以下）。

⑤　差押えの禁止

a）差押禁止財産　　①滞納者およびその者と生計を一にする配偶者，その他の生計を一にする親族の生活に欠くことができない衣服，寝具等，②生活に必要な3月間の食料および燃料，③自己の労力により農業を営む者に欠くことができない器具，肥料等，④自己の労力により漁業を営む者の水産物の採描または養殖に欠くことができない漁網その他の漁具等，⑤技術者，職人，労務者その他の，自己の知的または肉体的な労働により職業や営業に従事する者の業務に欠くことができない器具その他の物（税徴75条）。

b）給与の差押禁止　　給料，賃金等，およびこれらの性質を有する給与に係る債権について一定の合計額に達するまでの部分（税徴76条）。

c）社会保険制度に基づく給付の差押禁止　　社会保険制度に基づき支給されかつ，第三者の権利の目的となっていないものを提供したときは，差押えをしない（税徴77条）。

d）条件付差押禁止財産　　①農業に必要な機械，器具，農産物等，②漁業に必要な漁網その他の漁具その他の水産物および漁船等，③職業または事業の継続に必要な機械，器具その他の備品および棚卸をすべき資産等については，滞納者がその国税の全額を徴収することができる財産で，換価が困離でなく，かつ，第三者の権利の目的となっていないものを提供したときは，差押えをしない（税徴78条）。

⑥　差押えの手続

徴収職員は，滞納者の財産を差し押えたときは，差押調書を作成し，動産，有価証券，債権，電話加入権，振替社債等の財産については，その謄本を滞納者に交付しなければならない（税徴54条）。

a）動産または有価証券の差押え（税徴56条）

b）第三者の占有する動産　　滞納者の動産または有価証券で親族等の特殊関係者以外の第三者が占有しているものは，滞納者が他に換価が容易で，かつその滞納税額全額を徴収することができる財産を有しないと認めるときに限り，税務署長は当該第三者に対し，期限を指定して当該動産または有価証券を徴収職員に引き渡すべきことを書面により命ずることができる。

c）債権の差押え（税徴62条・62条の2・63条）

d）不動産等の差押え　　不動産，地上権その他不動産を目的とする物権や不動産とみなされる財産等の差押えは，滞納者に対する差押書の送達により行う

（税徴68条）。差押えの登記が送達前にされた場合には，差押えの登記がされた時に差押えの効力が生ずる。送達よりも登記が優先される。最判昭和31・4・24民集10巻4号417頁により，滞納処分についても民法177条の対抗要件の規定が適用されるとされており，所有権の登記をしていない者は，国に対して自己の所有権を主張できない。

e）無体財産権・電話加入権等の差押え（税徴72条・73条）

　⑦　差押えの効力

a）処分の禁止　　差し押えられた財産の処分は禁じられる。差押えは，その後の第三者の目的財産に対する仮処分等の権利行使の行為をも否定，制限する。

b）二重差押え　　滞納処分，強制執行，担保権の実行としての競売の手続等の二重差押えを，同時に，同一不動産に対して執行できない。

c）担保のための仮登記がある財産に対する差押えの効力　　仮登記担保契約に関する法律における強制競売等の場合の担保仮登記（15条）等の規定は，担保のための仮登記がある財産が差し押えられた場合についても（税徴52条の2）同じく取り扱われる。

（3）交付要求

　滞納者の財産につき民事執行法等の強制換価手続が行われた場合には，税務署長は，執行機関に対し，滞納国税につき，交付要求をしなければならない（税徴82条）。

（4）参加差押え

　①税務署長は，差押要件を満たす滞納者の財産で，すでに滞納処分による差押えがされているときは，交付要求書に代えて参加差押書を，滞納処分をした行政機関等に交付することができる。②参加差押えをしたときは，滞納者に通知しなければならない（税徴86条）。

（5）財産の換価

　①　換価する財産の範囲

　ⅰ）差し押えた債権で，その全部または一部の弁済期限が取立てをしようとする時から6カ月以内に到来しないもの，ⅱ）取立てをすることが著しく困難であると認められるもの，ⅲ）生産工程中の仕掛品で，完成品となりまたは一定の生産過程に達しないと価額が著しく低くて通常の取引に適さないものは，換価の制限を受ける（税徴89条）。

　②　買受人の制限

　滞納者は，換価の目的となった自己の財産を，直接間接を問わず買い受けることができない。租税の事務に従事する国税庁等の職員についても同様である（税徴92条）。

　③　換価の手続

　滞納処分においては，どの財産を差し押えるかは執行者の裁量に委ねられると解され，滞納処分が合理的な裁量の範囲を超えはなはだしく不当であるとすべき特段の事情のない限り，公売により滞納者が損害を被るとしても，違法ではないとされる。

第6節　納付税額の還付

1　還付金等の区別―還付金，過納金，誤納金

　租税の納付がなされた後，確定手続に誤りがあったり，更正の請求等により確定した税額に変更があった場合には，そのままでは，国や地方団体が不当に利得したことになるので，納付税額の還付をしなければならない。還付される税額は，いくつかに分類される（税通56条）。

（1）還付金

　還付金とは，租税を還付することが税負担の公平を図るうえで適当であると認められるような場合に，各租税法の規定により，納税者に付与された公法上の金銭請求権であるとされている（所税138条・159条）。

（2）過納金

　過納金とは，違法な確定行為，つまり申告，更正，決定が違法とされることにより，減額された場合の差額税額である。納付または徴収の時には法律上の原因があったが，後に法律上の原因を欠くに至った税額のことである。

（3）誤納金

　誤納金とは，当初から法律上の原因を欠いていた場合の不当利得返還請求にあたるといわれる。たとえば，確定した納付すべき税額を超えて納付があった場合のその超える額は誤納金にあたるとされる。誤納金は不当利得として返還されるべきであるが，現行法では，民法の不当利得の規定の準用はないものと解されている。

　かつては，徴収手続という権力的な公法上の不当利得たる性質を有するから，

私人間の経済的利害の調整を目的とする民法上の不当利得の性質を有するものではないとする考え方があったが，最高裁判所が不当利得返還請求を認めた有名な事例がある（前掲最判昭和49・3・8民集28巻2号186頁）。

2　還付の手続

国税局長，税務署長または税関長は，還付金または過誤納金があるときは，遅滞なく，金銭で還付しなければならないとされている（税通56条）。この規定の趣旨は，①納税義務者は還付請求するというものなのか，それとも，②国は，還付請求によらず，当然に，納税義務者に対して還付する義務を負うというものなのかが問題となる。

第7節　社会保障・税番号制度（マイ・ナンバー制度）

1　概　観

納税者番号制度には，さまざまの論点について議論されてきたが[1]，社会保障制度との共通番号の必要性に対する認識が強くなり，平成23年度にはいわゆるマイ・ナンバー法案として提案され，平成25年5月に「行政手続における特定の個人を識別するための番号の利用等に関する法律」（平成25年5月31日法律第27号）として成立し，広く行政一般の共通番号として用いられることとなった。

個人番号については，市町村長が，住民票コードを変換して得られる番号を指定し，通知カードにより通知する。その利用にあたっては，番号法に規定する場合を除き，他人に個人番号の提供を求めることは禁止されている。法人番号については，国税庁長官が，法務省の有する会社法人等番号等を基礎として指定し，書面により通知する。また，法人等の基本3情報（①商号または名称，②本店または主たる事務所の所在地，および，③法人番号）については，原則として，インターネットを利用して検索・閲覧可能なサービスを提供することとしている。

この共通番号は内閣官房が所管しているが，国税庁では，以下のように説明している（国税庁HP）。

国税分野においては，確定申告書，法定調書等の税務関係書類に個人番号・

1）詳細は，水野81頁以下参照。

法人番号が記載されることから，法定調書の名寄せや申告書との突合が，個人番号・法人番号を用いて，より正確かつ効率的に行えるようになり，所得把握の正確性が向上し，適正・公平な課税に資するものと考えられる。

　他方で，個人番号・法人番号を利用しても事業所得や海外資産・取引情報の把握には限界があり，個人番号・法人番号が記載された法定調書だけでは把握・確認が困難な取引等もあるため，すべての所得を把握することは困難であることに留意することが必要である，とされる。

2　目　的

　「行政手続における特定の個人を識別するための番号の利用等に関する法律（番号法）」により，社会保障・税番号制度が導入される。社会保障・税番号制度は，より公平な社会保障制度や税制の基盤であるとともに，情報化社会のインフラとして，国民の利便性の向上や行政の効率化に資するものであるとされる。

3　社会保障・税番号制度の概要

（1）個人番号・法人番号の通知等

　社会保障・税番号制度の導入に伴い，①住民基本台帳ネットワークシステムを活用した，確定申告手続における住民票の添付省略，②国と地方にそれぞれ提出する義務のある給与・年金の源泉徴収票・支払報告書の電子的提出の一元化などが考えられ，納税者等の利便性の向上が期待できるとされる。

（2）国税庁の取組み

　国税庁では，社会保障・税番号制度導入に伴い，①法人番号の付番機関として，法人番号の指定等を行う「法人番号システム」の構築，②個人番号・法人番号の利用機関として，KSKシステム，e-Taxなどの既存システムの改修など，国税分野での円滑な個人番号・法人番号の利用のための準備を進めている。すでに，確定所得申告書の記載事項として，氏名，住所（国内に住所がない場合には，居所）および個人番号が規定されている（所税則47条・93条）。

ﻟ

第4章

所得税

第1節　所得税の概要・定義・非課税所得

1　位置付けと機能

　所得税とは個人の所得に対する租税である。所得税は1799年にイギリスで導入され，先進国を中心に徐々に普及し，今日では多くの国において，中心的な租税制度の一つとなっている。所得税がこのように重要な位置を占めるには，つぎの三つの理由があるとされる[1]。

　まず一つは多くの税収があがること，つぎに個人の事情を反映した基礎控除等や累進税率の適用により，担税力に即した公平な課税を実現すること，最後に弾力性である。弾力性とは，不景気に所得が減少すると租税も減少し，好景気には所得が上昇すれば歳入も上がり景気の過熱を抑制するという，経済安定の自動調整機能（built-in stabilizer）を指す。

2　現　状

　令和元年度の一般会計税収58.4兆円の内訳をみると，所得税が19.2兆円，消費税が18.4兆円，法人税が10.8兆円と所得税が最も大きな比重を占めている。所得税の最高税率は，かつて70％（課税所得8,000万円超の部分）であったが，サラリーマン世帯の税負担感の軽減等を目的として，引き下げられてきた。その後，再分配機能の回復を図るため，平成27年分以後については，課税所得4,000万円超の部分について45％の税率が創設されている。

3　所得の定義

　所得とは元来，財貨の利用によって得られる効用と人的役務から得られる満足を意味するが，これらの効用や満足を定量化することは困難である。しかし課税の対象とするためには，そのような効果や満足を金銭的価値で表現せざるを得ず，この所得の定義について，いくつかの変遷があった[2]。

　1）水野151頁では，所得税の利点として上記三つの他に「課税の一般性，直接性」を挙げている。

〔図表1：所得税収と所得税最高税率の推移〕

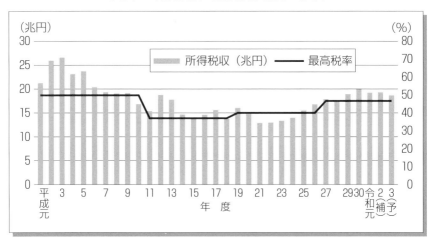

（注）令和元年度以前は決算額，令和2年度は補正後予算額，令和3年度は予算額である。
（資料）財務省公表データから作成。

（1）消費型・支出型所得概念

　もっとも古い所得概念はミル（John S. Mill）やフィッシャー（Irving Fisher）
が提唱した消費型・支出型所得概念である[3]。彼らは，所得を効用そのものと
しては捉えずに，消費されることによって得られる価値，すなわち消費に充て
られた金額であると定義した（消費型・支出型所得概念）。つまり毎年の消費の
現在価値の生涯和は毎年の所得の現在価値の生涯和と等しくなり，生涯支出
（消費）と生涯所得とが均等するという考え方である。

　このような消費型・支出型所得税は公平性の面で利点があると言われている。
所得税では収入のあるいわば働き盛りの世代に租税負担が偏るが，支出税にお
いては消費に応じて課税されるので，若い時から老年にいたるまで，租税負担
は平準化（生涯を通じた課税の公平）される。また所得税における貯蓄の二重課
税について，支出税においては貯蓄や投資には課税されないから，貯蓄・投資
の阻害効果は生じないとされる。

2）金子193頁。
3）John S. Mill, "Principles of Political Economy"（1848），松永茂喜訳『経済学原理
　（5）』46頁（岩波書店，1963）。Irving Fisher, "The Nature of Capital and Income"
　（1906），気賀勘重訳『利子論』第1編第1章「所得と資本」12頁（日本経済評論社，
　1980）。

　しかし所得を消費分で定義するという消費型・支出型所得概念は，所得＝収入とみる一般的な考え方に馴染まないところがあった他，消費に向けられる部分のみに所得税を課し貯蓄部分を除外するという点で富裕層を擁護する税制であるとの批判が多かった。

（2）発生型・取得型所得概念

　所得を消費分で定義するという消費型・支出型所得概念に対して，各人が収入等の形で新たに取得する経済的価値を所得として把握する考えが発生型・取得型所得概念であり，多くの国で採用されている。

　この発生型・取得型所得概念にも所得の範囲をどのように構成するかについて，二つの考え方がある。一つは農地や事業など主に反復継続する一定の所得源泉から生じた利益を所得と把握し，その一定の源泉にあたらないものは課税の対象としない考え方（制限的所得概念）である。もう一方は所得の概念をより包括的に捉えるもの（包括的所得概念）であり，所得とは一定期間の純資産の増減すなわち貯蓄や投資に，消費を合わせたものとして定義されている。

①　制限的所得概念

　制限的所得概念では経済的利得のうち，利子・配当・地代・利潤・給与等の反復的・継続的に生ずる利得のみを所得として観念し，一時的・偶発的・恩恵的利得を所得の範囲から除外する。この考え方は所得源泉説あるいは反復的継続説ともよばれるが，たとえばプレーン（Plehn）は「人間の経済活動はすべて反復的であり，人間の欲望も反復的であるから，それを満足させるための所得についても，反復性をその本質的要素と考えるべきである[4]」と反復的継続説に立ち，課税の対象となり得るのは農作物，給与，事業所得であり，宝くじの当せん金や土地の譲渡益は課税の対象となり得ないとしている。

　アメリカでは，19世紀から20世紀にかけて，たなぼた利益（windfall profit）は課税されないとされ，株式の譲渡所得，土地売却益などは所得の範囲から除外されてきた。またヨーロッパでは最近までこの反復継続説の考え方が強く，キャピタル・ゲインを含む一時的・偶発的利得は長い間課税の対象から除外されてきた。

②　包括的所得概念

　制限的所得概念については，担税力を増加させる利益でありながら課税され

---

4) Carl. Plehn, *The concepts of Income, as Recurrent, Consumable Receipts*, 14 American Economic Review 1 (1924)

ないものがあるのは公平性を欠くとして批判が多かった。これに対して包括的所得概念は，担税力を増加させる純資産の増加はすべて所得として課税する。したがって反復的・継続的利得のみならず，一時的・偶発的・恩恵的利得も所得に含まれ，多くの国で税制改革の目標とされ，多数説となっている。

　包括的所得概念を最初に主張したシャンツ（Schanz）は，各人は担税力に応じて租税を負担すべきであるとの考えから，所得を「一定期間の資産の純増」とする純資産増加説を唱えた[5]。すなわち所得とはすべての純収入，資産の使用の経済価値，金銭価値の第三者への給付，すべての贈与・相続・遺贈，宝くじの当せん金，保険金，あらゆる種類の投機利益を指し，所得を包括的に捉えるものであった。この定義はその後ヘイグ（Haig）[6]，サイモンズ（Simons）[7]に引き継がれ，包括的所得概念として以下の算式とともに今日の通説となっている。

$$I = C + \Delta W = C + S$$

Ｉ：所得，Ｃ：消費，ΔW：純資産の増減額，Ｓ：貯蓄。$\Delta W = S$が成り立つ。

　包括的所得概念が支持された理由は大きく二つある。一つは公平性の観点である。公平負担の原則は，同様の状況にあるものは同様に課税されるべきこと，つまり同一の担税力を有するものは同一に課税されるべきことを要求している。しかし制限的所得概念では，担税力をもつ株式の譲渡所得，土地売却益などが課税の対象から除外され，公平負担の原則に反する結果を招くことになる。そこで包括的所得概念では担税力の増加をきたす利得をなるべく包括的に所得に含めることによって水平的公平を保とうとしたのである。

　また，現行所得税法においては垂直的公平の観点から累進税率が採用されているが，これは所得が大きくなるにつれて担税力が増加するから，担税力に応じた公平な税負担のためには，比例税率ではなく累進税率が望ましいとする考え方である。このように水平的，垂直的公平の観点から所得の範囲を広くとらえる包括的所得概念が支持されてきた。

5）Georg Schanz, *Der Erinkommensbegriff und die Einkommensteuergesetze*, Finanz-
　　Archiv 13. Jahrg., H. 1, （1896），邦訳篠原章『所得概念と所得税法』成城大學経済研究
　　（104）23～66頁（1989）他。
6）Robert. M. Haig, The concept of Income-Economic and Legal Aspects, "The Federal
　　Income Tax", New York: Columbia University Press 1-28（1921）
7）Henry. C. Simons, "Personal Income Taxation", The Univ. of Chicago Press（1938）

　包括的所得概念が支持されたもう一つの理由は，租税のもつ景気調整機能を維持し強化することである。制限的所得概念に基づきある利得が所得の対象から除外され，累進税率の適用の範囲外におかれると，税率の実効的累進度が低下し，所得税の自動景気調整機能を損なう結果になる。さらに包括的所得概念が支持されてきた背景にはその時の経済情勢や時代背景も影響している。当時のアメリカでは石油産業界で大きな富を築いたロックフェラー（Rockefellor）に代表されるような産業資本家層が台頭しており，急速な富の蓄積の源泉となる所得を課税の対象から除外するという説には到底理解が得られなかったと想像される。つまり，産業構造の高度化・金融化に伴い顕在化した富の偏在を租税によって緩和するという社会政策的要請があったものと考えられる[8]。

　わが国は，戦前は所得の範囲が制限された制限的所得概念をとり，戦後はシャウプ勧告の影響で課税対象が広がった。現在では所得をその源泉により10種類に分類した上で，キャピタル・ゲインたる譲渡所得や一時的・偶発的な所得たる一時所得も課税の対象とし，さらにどの所得類型にも属さないものを雑所得として課税していることから，包括的所得概念を採用していると解されている。

（3）最適課税論と二元的所得税

　最適課税論とは課税による資源配分の効率性と所得分配の公平性等を考慮し，両者の調整を図りつつ，望ましい税制のあり方を議論するものである。たとえば効率性を重視する立場からは労働，資本，土地等の生産要素について，それぞれの供給の価格弾力性が異なることを前提として，税率を差別化した分類所得税が望ましいとする立場があり，北欧4国で採用されている二元的所得課税への転換を主張する見解が出てくる。

　二元的所得課税とは，個人の所得を給与・賃金等の「勤労所得」と利子，配当，キャピタル・ゲイン，不動産所得等の「資本所得」の二つに分け，勤労所得には累進税率を課す一方で，資本所得は分離して低い比例税率で課するものである[9]。このように所得を二分する根拠の一つとして，Sorensenは二元的所得税の公平性を挙げている。一般的に，包括的所得に対する課税はライフサイ

8）金子宏「租税法における所得概念の構成」同『所得概念の研究』42頁（有斐閣，1995），藤谷武史「所得税の理論的根拠の再検討」金子宏編『租税法の基本問題』274頁（有斐閣，2007）参照。

9）二元的所得税（dual income tax：DIT）を最初に唱えたのはNielsen（1980）である。

クルで見た場合に，貯蓄の二重課税が発生し水平的不公平が発生することが指摘されている。具体的には包括的所得税の下ではライフサイクルの後期に消費を行う者やライフサイクルの前期に所得を稼ぐ者を不利に扱うというものである。それに対して北欧の二元的所得税では包括的所得税よりも資本所得を軽課するため，稼得と消費に関して異なった時間プロファイルをもつ人々の間の水平的公平を保つのに役立つからである。また効率性の側面からは，包括的所得税は人的資本形成のための投資と比べて金融投資を不利に扱う傾向にあり，勤労所得税に付加税を課すことでこのような歪みを是正することが可能となり効率的であるとしている。

　近年，わが国において金融所得課税一体化に向けた税制改革が進められているが，こうした動きの背景には，北欧諸国で採用された二元的所得税制度への関心の高まりや個人による金融商品への投資をより容易にしていくべきとする社会的要請がある。こうした動きは，複雑な税率構造・多岐にわたる税法上の所得区分（雑所得・配当所得・譲渡所得・利子所得等）・限定的な損益通算を改めて，金融所得に対して均一的な税率構造と損益通算制度を構築することにより，金融所得課税に係る課税の中立性を確保し，リスク資産への投資を促し経済を活性化させることに主眼があるが[10]，この考え方は勤労所得，資本所得それぞれの中では総合課税を目指す一方，勤労所得と資本所得との間ではその性格に応じて税率に差を設けるという意味で，包括的所得概念と最適課税論を折衷する考え方と捉えられている。

（4）最近の動向

　1970年代以降，Andrews教授の論文[11]を端緒に消費型所得税が急速に復活した。1977年のアメリカ財務省のBlue Printは消費型所得税の優位性を検討し，翌78年のイギリスのミード報告書は消費型所得税への移行を支持している。このように消費型所得税の理論が1970年代に復活した最大の理由は，所得税制が著しく不公平化し，複雑化したからであると言われている。所得税では貯蓄に対する二重課税が生じるため，貯蓄に対する中立性を損ね，阻害効果を生じる。さらに税率の引き上げによって各種特別措置が導入され，脱税や租税回避否認

10）税制調査会金融小委員会「金融所得課税の一体化についての基本的考え方」1～2頁（2004）。
11）William D. Andrews, *A Consumption-Type or Cash Flow Personal Income Tax*, 87 Harvard Law Review 1113（1974）

規定が増加し，所得税制度が複雑化した結果，所得税は中立性を失い，経済活動に対する歪みやひずみを生みだしたのである。

　そこで生涯を通じた課税の公平性が担保され，さらに課税のタイミングに対して中立的で，貯蓄の二重課税が発生し得ない消費支出税が有力となりつつある。

Column

消費税の優位性─厚生経済学の観点

　厚生経済学者のAtkinsonとStiglitzが1976年に発表した論文によれば，最適な賃金税が存在し，かつ余暇と財の効用が分離している状況の下で追加的な物品税を課す場合には，すべての財に一律の税率で課す場合に最適となる。これは，一律でない税率を持つ物品税を用いて財の相対的な価格を操作しても，余暇と財の効用が分離しているために，労働供給に対する歪みを減少させることができないからである。

　BankmanとWeisbachは上記の理論を前提とし，税収中立性を確保しつつ，パレート改善をするためには，賃金税と非中立的な物品税の併用を改め，やや高率な賃金税へ移行することを提案している。そして，この理論を所得税と消費税の優劣の議論にあてはめ，貯蓄利子に対して再度課税する資本所得課税は，消費のタイミングが異なると，同じ財であっても適用される税率が異なることから，非中立的な物品税と同様であり，パレート劣位であること，すなわち所得税の劣後性（消費税の優位性）を導いている。

　このような厚生経済学に基づく分析的アプローチの重要性は今後ますます高まっていくことが予想される。

〔参考論文〕

Aktinson, A. B., Stiglitz, J. E., *The design of tax structure : Direct versus indirect taxation*, Journal of Public Economics 6, 55-75 (1976)

Joseph Bankman & David Weisbach, *The Superiority of an Ideal Consumption Tax Over an Ideal Income Tax*, 58 STANFORD LAW REVIEW 1413 (2006)

4　非課税所得

わが国は包括的所得概念を採用しているものの，課税技術上の理由から，あるいは立法上様々な理由から，所得税の課税対象とされていないものがある[12]。

〔図表2：主な非課税所得〕

課税技術上の理由から非課税とされる所得
①帰属所得
②未実現の所得
法令で非課税とされる所得（所税9条他）
①公的給付
②従業員・使用人の受ける付随的な給付
③生活扶助のため支給される金品
④担税力がないとされる資産の譲渡
⑤相続税・贈与税が課とれるもの
⑥預貯金の利子等

（1）課税技術上の理由から非課税とされる所得

①　帰属所得

帰属所得とは，自分の財産や労務から得られる経済的利益であり，たとえば主婦等の家事労働，持家の効用，自分で育てた野菜等の自家消費が挙げられる。所得税法36条は所得を収入金額と捉えているため，帰属所得は課税されない。

②　未実現所得

未実現所得とは土地や株式等の資産の値上益を指し，包括的所得概念においては未実現の利得は所得に含まれると解されているが，現行制度上は未実現の利得は所得税の課税対象から除外されているのが一般的である。最判昭和43・10・31[13]では，「譲渡所得に対する課税は，…資産の値上り益によりその資産の所有者に帰属する増加益を所得として，その資産が所有者の支配を離れて他に移転するのを機会に，これを清算して課税する趣旨のものと解すべきであ

---

12) 横浜地判平成10・7・22税資237号806頁参照。
13) 最判昭和43・10・31訟月14巻12号1442頁。

〔る〕」とする清算課税説をとっている。これは資産の移転により所得の実現する機会に課税するものであり，わが国所得税法は原則として実現主義を採用していると解される。ただしこれは未実現の所得に対する課税を否定するものではない。未実現の所得に対する課税にあたっては値上益を毎年評価することが難しいといった技術的な問題や譲渡所得課税を支払う現金がないという実際的な問題があるため，立法政策として譲渡により対価が支払われ所得が顕在化した時点，つまり所得が実現した時点において課税することで上記の問題を回避していると解されている[14]。

（2）法令で非課税とされる所得

　所得税法9条，租税特別措置法およびその他の法令で非課税所得を定めており，最低生活の保障費用の観点から非課税とされている所得には，遺族の受ける年金・恩給等（所税9条1項3号），雇用保険給付（雇保12条），国民健康保険による保険給付（国健保68条），生活保護による手当（生活保護57条）等がある。また，一定範囲の通勤手当，出張・転勤等の旅費手当や職務上の制服などの給与所得者の受ける付随的給付も非課税とされている[15]。

　さらに学資に充てるため給付される金品であり，給与その他対価の性質を有するもの以外のもの，ならびに，扶養義務者相互間において扶養義務を履行するため給付させる金品（所税9条1項15号），自己またはその配偶者その他の親族が生活の用に供する家具，じゅう器，衣服その他の資産の譲渡による所得（所税9条1項9号），資力を喪失して債務弁済が著しく困難な場合の強制換価手続（税通2条10号）による資産譲渡（所税9条1項10号）の他，相続・遺贈または個人からの贈与により取得するものについては，相続税・贈与税がかかることから所得税は非課税とされている（所税9条1項16号）。

第2節　　所得の分類(1)—基本的仕組み

1　所得分類の意義

　所得税法は，所得を10種類に分けて，それぞれの計算方法と課税方法を定め

14）水野239頁。マッコンバー判決（Eisner v. MaComber, 252 U.S. 189（1920））参照。
15）年俸制を採用する法人において，給与所得者の単身赴任費および通勤費相当額について，非課税所得と認めなかった裁判例として，国税不服審判所裁決平成11・9・27事例集55巻273頁。

ている[1]。所得の種類ごとに性質が異なるので，すべての所得に同じように課税するのは適切ではないと考えられている。税負担能力に応じた公平な課税のため，簡便で確実な徴収を行うため，個人や企業の行動を歪めないため，さまざまな課税方法が採用されている。

　原則的には，所得の計算と課税は，次のように行われる。まず，種類ごとに所得の金額を，収入金額から必要経費を控除して求める（これを「各種所得の金額の計算」という）。ここで，ある種類の所得にマイナス，つまり損失があるときには，その損失を他の種類の所得から控除する（これを「損益通算」という）。つぎに，各種の所得の金額を合算し，これに累進税率を適用する（これを「総合課税」という）。そして，納税義務者が，自ら申告して納税する（これを「申告納税」という）。

　実際には，所得の種類によって，図表3のような例外がある。

　たとえば，一時的・偶発的に生じる所得については，毎年繰り返して生じる経常的な所得よりも，課税を軽減されている。長い年月をかけて形成される所得についても，課税を軽減されている。

　多数の者に生じる所得については，源泉徴収や比例税率，分離課税など，簡便な課税方法をとっていることがある。少額の所得を申告しなくて済むように，特別控除額が設けられている所得もある。

　損失の発生時期を操作しやすい所得については，損益通算が制限されていることがある。

　このように，所得の種類ごとに計算方法が異なっているため，いずれの所得分類に該当するかによって，納税者の納付すべき所得税額が変わってくる。そのため，ある所得がいかなる所得分類に該当するかが，しばしば納税者と行政庁との紛争の原因となっている。

1）水野176頁。後掲図表8の①〜⑩参照。

〔図表3：原則と例外〕

原　則	例　外
①　収入金額から必要経費を除いて所得金額を算出する。	必要経費がない。必要経費を概算で控除する。控除できる支出の範囲が制限されている。特別控除がある。2分の1しか所得に算入しない。
②　損益通算する。	損益通算できない。一部の所得としか損益通算できない。
③　他の所得と合算する。	他の所得と合算しない。2分の1しか他の所得と合算しない。
④　累進税率を適用する。	比例税率を適用する。所得金額の5分の1に累進税率を適用し5倍にして税額を算出する。
⑤　税額控除を行う。	配当税額控除がある。
⑥　自ら申告して納税する。	申告の必要がない。源泉徴収を行う。

2　利子所得

（1）利子所得とは

　利子所得とは，預貯金の利子や公社債の利子などの所得をいう（所税23条1項）。合同運用信託，公社債投資信託，公募公社債投資信託の収益の分配による所得も含まれる。これらの信託は，投資家から集めた資金で公社債に投資して，そこから得た利子を収益として投資家に分配するものである。したがって，利子と同様のものとみることができる。

（2）利子所得の計算と課税

　利子所得の金額は，利子等の収入金額がそのまま所得金額となる。必要経費は存在しないものと想定されている（所税23条2項）。

　利子所得に対する課税は，20.315％（所得税・復興特別所得税15.315％＋地方税5％）の一律源泉分離課税で完結する。つまり，他の所得と分離して，比例税率での源泉徴収を行うことで課税が完結し，確定申告をしなくてよい（所税181条1項・182条1項，租特3条1項）。

（3）利子所得課税の趣旨

　一律源泉分離課税を採用している趣旨は，簡便に確実に税を徴収するためである[2]。利子所得に総合課税や申告納税を採用することは，困難であると考え

られている。利子所得者の数が膨大であり，また1人で複数の口座を持っており，1人ひとりの利子所得の金額を把握するのは難しいからである。また，貯蓄を抑制するなどして金融市場を歪めてしまうことのないようにすることも考えられている[3]。

（4）利子所得の範囲

利子所得は，不特定多数の者に対する定型的，継続的かつ集団的な金銭（利子）の支払いのことをいうと考えられている[4]。個人が行う金銭貸付による利子，たとえば友人にお金を貸して受け取る利子は，利子所得に含まれない。事業所得または雑所得になる。

3　配当所得

（1）配当所得とは

配当所得とは，株主や出資者が法人から受け取る配当などの所得をいう（所税24条1項）。投資信託の収益の分配も，配当所得になる。投資信託は，投資家から集めた資金で株式等に投資して，そこから得た収益を投資家に分配するものである。したがって，投資信託の分配金には配当にあたるものが含まれている。ただし，公社債投資信託と公募公社債投資信託の収益の分配は，利子所得とされ，配当所得には含まれない。

（2）配当所得の計算と課税

配当所得の金額は，配当等の収入金額から元本取得に要した負債の利子の額を控除した金額である（所税24条2項）。株式を購入する資金の借入にかかった利子があれば控除できるが，その他の支出があっても控除できない。

配当所得に対しては，配当等の支払いのときに源泉徴収をし，その後に申告して総合課税を行うことになっている（所税181条1項・182条1項）。すなわち，他の所得と合算して累進税率が適用される。さらに，配当控除，すなわち一定の金額（配当額の5～10％）の税額控除を受けることができる。源泉徴収された税額は，申告納税のときに差し引かれる。

上場株式の配当のうち，大口株主が受けるものを除いたものは，確定申告不要制度や申告分離課税制度を選択することができる（租特8条の2・8条の3）。確定申告不要制度を選べば，申告が不要となり，比例税率による源泉徴収で課

2）大阪地判平成2・10・25税資181号103頁。

3）税制調査会答申「税制の抜本的見直しについての答申」（昭和61年10月）。

4）東京高判昭和41・4・28判時17巻4号74頁。

税が完結する。申告分離課税を選んでも，他の所得と分離して，比例税率での課税となる。申告分離課税の場合には，申告の手間がかかるかわりに，上場株式の譲渡損失を配当所得から控除することができる。非上場株式の配当のうち，少額のものについても，確定申告不要制度を選択できる。

（3）配当所得課税の趣旨

　上場株式等の配当のうち，一定のものについては，比例税率による分離課税を選択でき，利子なみの課税となっている。これによって，利子所得と同様に，確実に簡便に課税できる。また，利子所得，すなわち預貯金と比べて不利にならないようにすることで，株式投資を促すこともできる。

　一方で，大口の株主が受ける上場株式の配当などについては，事業所得と同様に総合課税の対象となっている。こうした配当については，事業への参加から得られる収益としての側面があるからである。

　配当控除は，二重課税を排除するためのものである[5]。配当は，法人税を課された利益を原資として支払われるものであり，これにそのまま所得税を課せば二重課税となる。ただし，配当控除の額は小さく，二重課税の排除は部分的でしかない。

（4）配当所得の範囲

　配当とは，会社法における「剰余金の配当」と同一であるとされ，損益計算上の利益に基づいて支払われるものであるとされている（最判昭和35・10・7民集14巻12号2420頁）。蛸配当や株主平等原則に違反する利益の分配も，配当所得であると考えられている。損益計算上の利益の有無にかかわらず支払われる株主優待金などは，配当ではないと考えられている。これに対して，配当を株主としての地位に基づいて受け取るものとする考え方もある[6]。この考え方によれば，株主優待も配当所得に含まれうる。

Column

資本所得に対する課税

　利子や配当，上場株式の譲渡益には，他の所得と分離して比例税率が適用される。したがって，1億円の利子を得ても，10億円の配当を得ても，100億円の上場

5）税制調査会答申「わが国税制の現状と課題」（平成12年7月）。
6）最判昭和43・11・13民集22巻12号2449頁。

株式の譲渡益を得ても，税率は20.315％でしか課税されない。

　利子や配当，上場株式の譲渡益などの資本所得への課税が軽くなっていることは，公平の観点から問題視されている。近年，ウォーレン・バフェットやトマス・ピケティに指摘されて，話題になっている。

　一方で，比例税率を用いている理由もある。納税と徴収にかかる手間を少なくできる。投資家は投資判断が行いやすくなる。高い税率を適用しないことで租税が投資に与える影響を排除することができる（投資は労働よりも租税の影響を受けやすい。資本からの所得に重く課税すると，国外に逃避してしまう）。

　ここでは，公平の原則と，簡素の原則と中立の原則が衝突している。どれをどのくらい重視すべきだろうか。

4　不動産所得
（1）不動産所得とは

　不動産所得とは，不動産の貸付けによる所得をいう。そのほか，不動産の上に存する権利の設定とその貸付けによる所得，船舶や航空機の貸付けによる所得も含む（所税26条1項）。

（2）不動産所得の計算と課税

　不動産所得金額は，総収入金額から必要経費を差し引いて計算する（所税26条2項）。総収入金額には，賃貸料収入だけでなく，更新料や敷金などのうち返還を要しないものや，共益費の名目で受け取る電気代や掃除代も含まれる。必要経費には，減価償却費や修繕費などが含まれる。

　不動産所得に対しては，他の所得と合算して，累進税率を適用して課税する。損失があれば，損益通算できる（所税69条1項）。ただし，不動産所得の金額の計算上生じた損失のうち，土地等を取得するために要した負債の利子の額に相当する金額は，損益通算できない（租特41条の4）。

　青色申告者には，青色申告特別控除が適用され，所得から一定額が差し引かれる（租特25条の2）。事業的規模までに至っていない不動産の貸付けである場合には，この控除額が小さくなる。

5　事業所得
（1）事業所得の意義

　事業所得とは，事業から生ずる所得をいう。事業とは，農業，漁業，製造業，

卸売業，小売業，サービス業その他の事業をいう（所税27条1項）。

（2）事業所得の計算と課税

事業所得金額は，総収入金額から必要経費を差し引いて計算する（所税27条2項）。必要経費には，売上原価，給与・家賃，減価償却費などが含まれる。

事業所得に対しては，他の所得と合算して，累進税率を適用して課税する。損失があれば，損益通算できる（所税69条1項）。

青色申告者には，青色申告特別控除が適用され，所得から一定額が差し引かれる。

（3）事業所得課税の趣旨

事業所得については，ほぼ原則どおりの課税となっている。毎年繰り返して発生する所得であるので，長期譲渡所得や一時所得とは異なり，課税は軽減されない。利子所得や給与所得とは異なり，源泉徴収されないものが多い。事業所得を計算するには必要経費を控除しなくてはならず，この必要経費の大きさは事業者ごとに大きく異なるからである。

（4）事業所得の範囲

事業とは，自己の危険と計算において独立して営まれるものであるとされる。この点から，弁護士の受け取る顧問料収入が事業所得とされた事例がある（最判昭和56・4・24民集35巻3号672頁）。オーケストラの楽員の報酬が，事業所得ではなく給与所得とされた事例もある[7]。

また，営利性，有償性，継続性，反復性を有するものとされる。棚卸資産の販売による所得は，譲渡所得ではなく，事業所得とされる（所税33条2項1号）。長期間保有していた土地を造成して分譲した所得について，造成による価値の上昇にあたる部分について，事業所得とされた事例がある[8]。

また，事業としての客観性を有するものであることが必要である。先物取引による損失が，事業所得ではなく雑所得とされ，損益通算を認められなかった事例がある（福岡高判昭和54・7・17訟月25巻11号2888頁）。事業所得というためには，規模や設備，組織の面から，事業としての社会的客観性を有すると判断されなくてはならない[9]。

7）東京高判昭和47・9・14訟月19巻3号73頁。
8）松山地判平成3・4・18訟月37巻12号2205頁。
9）名古屋地判昭和60・4・26行集36巻4号589頁。

6　給与所得

（1）給与所得の意義

給与所得とは，勤務先から受け取る給料，賞与などの所得をいう（所税28条1項）。

（2）給与所得の計算と課税

給与所得金額は，収入金額から給与所得控除額を差し引いて計算する（所税28条2項）。必要経費を差し引くことができないかわりに，収入金額の一部を差し引く給与所得概算控除がある（所税28条3項）。ただし，通勤費・転居費などの特定支出の金額が一定額を超えるときには，その額を給与所得金額から控除することができる（所税57条の2）。

給与所得に対しては，支払いのときに源泉徴収され，累進税率が適用される。

原則として，源泉徴収後に，他の所得と合算して，確定申告する必要がある。ただし，他に所得がない場合で，給与収入金額が2,000万円を超えない場合には，年末調整を行うことで，確定申告の必要がなくなる。

（3）給与所得課税の趣旨

給与所得については，必要経費を控除するかわりに給与所得控除が行われる。その理由として，必要経費と家事費・家事関連費との区別が困難であること，人数がきわめて多い給与所得者に申告させると費用が膨大になることなどが挙げられる（最大判昭和60・3・27民集39巻2号247頁（大島訴訟））。

また，同様に，簡便で確実な徴収を行うために，源泉徴収が行われる[10]。一方で，税負担能力に応じた課税を行うために，累進税率が適用される。

（4）給与所得の範囲

給与所得には，現金以外の経済的利益も含まれる。社宅や社員食堂の提供，出張旅費や通勤手当の支給，社員旅行も，給与所得に含まれる。ただし，出張旅費や通勤手当などは非課税となる（所税9条1項4号・5号）。社員旅行についても社会通念上相当なものであれば，課税されない[11]。

給与所得とは，会社の使用人としての地位に基づいて受けるものであるとされる。外国親会社から子会社の役員が受け取ったストック・オプションが給与所得であるとされた事例がある（最判平成17・1・25民集59巻1号64頁）。

---

10)　最判昭和37・2・28刑集16巻2号212頁。
11)　大阪高判昭和63・3・31訟月34巻10号2096頁，岡山地判昭和54・7・18行集30巻7号1315頁。

従属労働の対価であれば，事業所得ではなく，給与所得とされる。オーケストラの楽員の報酬が事業所得ではなく給与所得とされ，必要経費の実額での控除が認められなかった事例がある（東京高判昭和47・9・14訟月19巻3号73頁）。一方で，自己の危険と計算において独立して営まれるものは，事業とされる。弁護士の受け取る顧問料収入が事業所得とされ，給与所得控除の適用を受けられなかった事例がある（最判昭和56・4・24民集35巻3号672頁）。

7　退職所得

（1）退職所得の定義

退職所得とは，退職により勤務先から受ける退職手当などの所得をいう（所税30条1項）。

（2）退職所得の計算と課税

退職所得金額は，収入金額から退職所得控除額を差し引いた金額に2分の1を乗じた金額である（所税30条2項）。

退職所得は，他の所得と分離して課税される（所税22条・89条2項）。また，支払いの際に源泉徴収され，原則として確定申告は必要ない（所税199条1項・203条）。

（3）退職所得課税の趣旨

退職所得については，2分の1にしか課税されないこととなっている。その理由は，長期間にわたる勤務の対価の累積に一時に累進税率で課税すると負担が大きくなりすぎてしまうこと，退職金が退職後の生活を保障するものであることにあるとされる[12]。

（4）退職所得の範囲

退職所得にあたるためには，退職または勤務関係の終了によって支給されること，継続的な労務の対価として支給されること，一時金として支払われることの三つを満たす必要があるとされる。定年を10年として，10年ごとに従業員を退職させ，退職金を支給して，再雇用していた事例において，従業員の受け取った退職金は退職所得にあたらないと判断された（最判昭和58・12・6訟月30巻6号1065頁（10年退職金事件））。

12）最判昭和58・12・6訟月30巻6号1065頁。

> ## Column
>
> ### 10年退職金事件における反対意見
>
> 　10年退職金事件において，最高裁は，退職または勤務関係の終了がないことを理由に，退職金にあたらないと判断した。これは，退職所得に対する課税が軽減されている理由として，退職後の生活を保障するものであるからという点を重視している。
>
> 　これに対しては，横井大三裁判官による反対意見がある。反対意見は，労務が10年にわたって継続しており，その対価が一時金として支払われていることから，退職所得として課税することを考えてもよいとしている。ここでは，長期間にわたる勤務の対価の累積に一時に累進税率で課税すると負担が大きくなりすぎてしまうという点を重視している。
>
> 　このように，法律の趣旨・目的を考えて解釈するにしても，複数の趣旨があるときには，どちらを重視するかによって結論が異なることがある。
>
> 　どちらの意見が妥当だろうか。

8　山林所得

（1）山林所得の定義

　山林所得とは，山林を伐採して譲渡したり，立木のままで譲渡したりすることによって生じる所得をいう（所税32条1項）。

（2）山林所得の計算と課税

　山林所得金額は，収入金額から必要経費と特別控除額を控除した金額である。

　山林所得については，他の所得と合算せず，5分5乗方式により課税される。山林所得金額に5分の1を乗じた額に税率を適用し，その額に5を乗じた金額が税額となる。

（3）山林所得課税の趣旨

　山林所得については，5分5乗方式で課税される。その理由は，山林所得は短い年数中にまとまって生じる傾向があり，これに一時に高い税率で課税してしまうことを防ぐことにある[13]。

13）シャウプ使節団「日本税制報告書」（1949）。

9　譲渡所得

（1）譲渡所得

譲渡所得とは，資産の譲渡による所得をいう（所税33条1項）。

（2）譲渡所得の計算と課税

譲渡所得金額は，譲渡価額から取得費と譲渡費用と特別控除額を差し引いた金額である（所税33条3項）。

譲渡所得については，他の所得と合算して，累進税率が適用される。ただし，土地建物や株式を譲渡した場合には，他の所得と分離して，比例税率が適用される。

長期譲渡所得，すなわち5年を超えて所有していた資産を譲渡したことによる所得については，2分の1のみが課税の対象となる（所税33条3項2号・22条2項2号）。

（3）譲渡所得課税の趣旨

譲渡所得課税の本質は，保有資産の値上益（キャピタル・ゲイン）について，その資産が譲渡されるのを機会に，これを清算して課税することにあるとされている[14]。

長期譲渡所得については，長い期間にわたって保有資産の値上益が蓄積したものであり，これに一時に高率の税を課すのは，適切ではないとされている[15]。

（4）譲渡所得課税の範囲

譲渡とは，所有権その他の権利を移転させる行為をいう[16]。離婚するにあたっての財産分与としての資産の移転が譲渡にあたるとされた事例がある[17]。長期間保有していた土地を造成して分譲した所得について，造成に着手する前の保有期間中の価値の上昇にあたる部分について譲渡所得とされた事例がある[18]。

10　一時所得

（1）一時所得の意義

一時所得とは，営利を目的とする継続的行為から生じた所得以外の一時の所得で，労務その他の役務または資産の譲渡の対価としての性質を有しないもの

---

14) 最判昭和43・10・31訟月14巻12号1442頁。
15) 水野249頁。
16) 水野251頁。
17) 最判昭和50・5・27民集29巻5号641頁。
18) 松山地判平成3・4・18訟月37巻12号2205頁。

をいう（所税34条1項）。利子所得，配当所得，不動産所得，事業所得，給与所得，退職所得，山林所得および譲渡所得に該当するものは除く。競輪の払戻金，法人から贈与された金品，遺失物拾得者の受ける報労金，生命保険の一時金や損害保険の満期返戻金などが含まれる。

（2）一時所得の計算と課税

一時所得金額は，収入金額からその収入を得るために直接要した費用と特別控除額を差し引いた金額である（所税34条2項）。

一時所得については，その所得金額の2分の1のみが，他の所得の金額と合算され，課税の対象となる（所税22条2項2号）。

一時払養老保険，一時払損害保険等で一定のものの差益については，利子所得と同様に比例税率による源泉分離課税が適用される。

一時所得の金額に損失が出ても，損益通算，すなわち他の所得から差し引くことはできない。

（3）一時所得課税の趣旨

一時所得については，一時的・偶発的な利得であることから，税負担能力を考慮して，課税が軽減されている[19]。

一時所得を得るために費やした費用については，所得の処分や消費にあたるものが含まれているため，収入を得るために直接要した費用しか控除できないものと考えられている。

（4）一時所得の範囲

営利を目的とした継続的な行為による所得は，一時所得ではない。競馬予想のプログラムを作成し，インターネットで大量に馬券を購入して得た所得について，一時所得ではなく雑所得であるとされた事例がある（最判平成27・3・10時報1623号12頁）。

他の所得に該当すれば，一時所得ではない。外国親会社から子会社の役員が受け取ったストック・オプションについて，一時所得ではなく，給与所得とされた事例がある[20]。

19）水野281頁。
20）最判平成17・1・25民集59巻1号64頁。

Column

一時所得と給与所得

　1,000万円の給与と拾った1,000万円，どちらに重く課税すべきか。多くの人は，この問いに対して，拾った1,000万円に重く課税すべきと答える。給与は汗水流して得るものであるのに対し，拾ったお金は何もせずに得たものであると考えるからだ。

　給与が1,000万円であるという男性と1,000万円拾ったという男性，どちらが経済力があると思うか。多くの人は，この問いに対しては，給与が1,000万円である男性のほうが経済力があると答える。給与は来年ももらえそうであるのに対し，来年もお金を拾うということはありそうもないと考えるからだ。

　前者の問いでは，多くの人は，所得を得るために費やした費用を考えている。ただし，租税法においては，所得を得るために費やした時間や体力といったものを考慮しないことが多い。

　後者の問いでは，多くの人は，所得を継続的に得る能力と考えている。

　一時所得に対する課税のあり方，勤労所得に対する課税のあり方について，どのように考えればよいだろうか。

11　雑所得

（1）雑所得の意義

　雑所得とは，他の9種類の所得のいずれにも該当しない所得をいう（所税35条1項）。公的年金による所得も含まれる。先物取引による所得で，事業所得や譲渡所得に該当しないものも含まれる。

（2）雑所得の計算と課税

　雑所得の金額は，収入金額から必要経費を差し引いた金額である。公的年金については，収入金額から公的年金等控除額を差し引いた金額となる（所税35条2項）。

　雑所得については，他の所得と合算して，累進税率が適用される。

　雑所得の金額に損失が出ても，損益通算はできない。

　先物取引にかかる所得については，申告分離課税となる（租特41条の14）。

（3）雑所得課税の趣旨

　雑所得については，さまざまな種類の利得が含まれていること，先物取引による所得など余剰資金の運用による利得が含まれていることなどから，損益通算が制限されている。

（4）雑所得の範囲

　営利を目的とした継続的な行為による所得は，一時所得ではなく，事業所得あるいは雑所得になる。競馬予想のプログラムを作成し，インターネットで大量に馬券を購入して得た所得について，一時所得ではなく雑所得であるとされた事例がある[21]。

　営利を目的とした継続的な行為による所得であっても，事業としての社会的客観性を有する行為から得られる所得は，事業所得とされる。先物取引による損失が，事業所得ではなく雑所得とされ，損益通算を認められなかった事例がある[22]。

Column

プログラムを作って購入した馬券の損失

　通常，競馬の払戻金は，一時所得とされ，2分の1しか課税されない。ただし，一時所得の計算においては，必要経費のすべてを控除できるのではなく，その収入を得るために直接要した費用しか控除できない。したがって，当たり馬券の購入費用は控除できるが，ハズレ馬券の購入費用は控除できない。

　この事件においては，会社員が競馬予想ソフトに独自の修正を加え，これを用いてインターネットで馬券を大量購入した。3年間で約28億7,000万円の馬券を購入し，約30億円の払戻金を得た。

　この所得を申告していなかったため，税務署長により決定処分を受けた。所得金額は，払戻金約30億円の収入金額から，その収入を得るために直接要した費用である当たり馬券の購入費約1億3,000万円を差し引いた約28億7,000万円であるとされた。

　この会社員の一連の売買による利益は1億3,000万円しかないのに，所得金額が28億7,000万円であるとされ，税額が高額となったため，話題となった。

21）最判平成27・3・10時報1623号12頁。
22）福岡高判昭和54・7・17訟月25巻11号2888頁。

　裁判所は，この会社員による一連の売買は営利を目的とした継続的行為であるとし，それによって生じた所得を雑所得であるとした。雑所得においては必要経費を控除できるので，ハズレ馬券の購入費用の控除も認められた。

第3節　所得の分類(2)―給与所得

　この節では，前節で学んだ所得分類のうち，給与所得について詳しく学ぶ。給与所得の定義，計算方法，課税方法などについて学んだうえで，給与所得と事業所得の区別について考えてみよう。

1　給与所得の定義

　給与所得とは，「俸給，給料，賃金，歳費及び賞与並びにこれらの性質を有する給与に係る所得」をいう（所税28条1項）。「俸給」は公務員が受ける給与，「歳費」は国会議員が受ける給与，「賞与」は一時的な給与のことである。

2　給与所得の計算方法

　給与所得の金額は，収入金額から給与所得控除額を控除した残額である（所税28条2項）。給与所得控除額は，法定の計算式により算出される（所税28条3項）。これは，給与の収入金額が多くなるに従って控除率が小さくなる仕組みとなっている。

〔図表4：給与所得控除額〕

給与等の収入金額	給与所得控除額
180万円以下	収入金額×40%（最低55万円）
180万円超360万円以下	62万円＋(収入金額－180万円)×30%
360万円超660万円以下	116万円＋(収入金額－360万円)×20%
660万円超850万円以下	176万円＋(収入金額－660万円)×10%
850万円超	195万円

（1）給与所得控除の意義

給与所得控除にはどのような意義があるのだろうか。給与所得控除の意義と

しては，以下の点を挙げることができる（京都地判昭和49・5・30行集25巻5号548頁）。第一に，給与所得控除は，給与所得に係る必要経費を概算的に控除しようとするものであると考えることができる（必要経費の概算控除）。

　第二に，勤労所得である給与所得は，資産性所得や資産勤労結合性所得に比べて担税力が低い（不安定である）ため，給与所得控除はそれを調整する制度であると考えることができる（担税力の調整）。

　第三に，給与所得については，給与の支払者によって源泉徴収されることとなっていることから，その収入がほぼ100％捕捉されるのに対して，事業所得などについては実際の収入を100％捕捉することはできないため，給与所得控除はこうした捕捉率の差を調整するための制度であると考えることもできる（捕捉率較差の是正）。その差は，「クロヨン」（給与9・事業6・農業4）や「トーゴーサンピン」（給与10・事業5・農業3・政治家1）と呼ばれている。

　第四に，給与所得は毎月の給与の支払時に源泉徴収されるのに対して，事業所得の場合は納期限である翌年の3月15日までに納税すればよいため，所得税を納付するまでの期間の金利相当額について不公平を生じる。給与所得控除は，この不公平を解消するものであると考えることもできる（早期納税による金利相当額の調整）。

　以上のような考え方が給与所得控除の意義として示されてきたが，最大判昭和60・3・27民集39巻2号247頁（大嶋訴訟，サラリーマン税金訴訟）は，給与所得控除の意義はもっぱら必要経費の概算控除にあると解している。

　それでは，(A)なぜ給与所得者には必要経費の実額控除が認められないのであろうか。また，(B)給与所得者に実額控除を認めないのは，実額控除が認められる事業所得者と比べて，不公平であり，平等原則を定める憲法14条1項に違反することにならないだろうか。この点につき，前掲最大判昭和60・3・27は，以下のように判断している。すなわち，(A)の点については，給与所得者に必要経費の実額控除が認められていないのは，①職場における勤務上必要な施設，器具，備品等に係る費用のたぐいは使用者において負担するのが通例であり，②給与所得者が勤務に関連して費用の支出をする場合であっても，収入金額との関連性が間接的かつ不明確とならざるを得ず，必要経費と家事費・家事関連費との明瞭な区分が困難であること，③給与所得者はその数が膨大であるため，各自の申告に基づき必要経費の額を個別的に認定して実額控除を行いあるいは概算控除と選択的に実額控除を行うとすれば，技術的および量的に相当の困難

を招来し，ひいて租税徴収費用の増加を免れず，税務執行上少なからざる混乱を生ずることが懸念され，④各自の主観的事情や立証技術の巧拙によってかえって租税負担の不公平をもたらすおそれがないとはいえないためである。(B)の点については，①給与所得控除の目的は，上述の弊害を防止することにあり，それは正当性を有すること，②そして，必要経費についての給与所得と事業所得との差異については，給与所得者が自ら負担する必要経費の額が一般に給与所得控除の額を明らかに上回るとは考えられないため，その区別は合理的であることから，憲法14条１項の規定に違反するものではない。

（２）特定支出控除

　大嶋訴訟最高裁判決により，給与所得者に実額控除を認めないことが憲法に反するものではないことが明らかにされたが，立法論として，給与所得者にも実額控除を認めるべきであるという意見が後を絶たなかった。そこで，昭和62年改正により，特定支出控除の特例が創設された。しかしながら，これは，対象とされる支出の範囲が限定的であったことなどから，ほとんど利用されなかった。そこで，平成24年度税制改正および平成30年度税制改正により，対象とされる支出の範囲が拡大された。現在は，図表５に掲げる支出が対象とされている。これらの合計額が給与所得控除額の２分の１を超えるときは，その超える部分の金額を給与所得控除額に加算して給与等の収入金額から差し引くことができる（所税57条の２）。

〔図表５：特定支出の範囲（所税57条の２第２項）〕

1号：通勤費
2号：職務上の旅費
3号：転任に伴う転居費
4号：研修費
5号：資格取得費
6号：帰宅旅費
7号：図書費・衣服費・交際費等

3　給与所得の課税方法

　給与所得については，行政事務の効率化のために，源泉徴収・年末調整・申告不要の制度が設けられている。

（1）源泉徴収

　給与所得は，給与の支払時に所得税が源泉徴収される。これは，給与の支払者はその給与の支払をする際に所得税を徴収して翌月10日までにこれを国に納付しなければならないこととされているからである（所税183条）。源泉徴収税額は，配偶者の有無や扶養親族の数に応じて算出することとなっている（所税185条）。そのため，給与所得者は，毎年最初に給与の支払を受ける日の前日までに，配偶者の有無や扶養親族の人数などを記載した申告書を，給与の支払者を経由して提出しなければならないこととなっている（所税194条）。これを扶養控除申告書とよぶ。

（2）年末調整

　年末調整とは，その年に徴収された源泉所得税の合計額とその年分の所得税として支払うべき所得税額とを比較して，その過不足額を精算する手続（源泉徴収額が不足していればさらに徴収され，源泉徴収額が過大の場合には還付される）である。これも，給与の支払者が行わなければならない（所税190条）。このときに支払者から給与所得者に交付される書類を源泉徴収票とよぶ。

（3）申告不要

　このように源泉徴収と年末調整が行われれば，通常は，正しい所得税額を納めているはずであるため，所得が一定金額以下である場合には，あらためて確定申告をする必要はないこととされている（所税121条1項）。しかし，納付すべき正しい所得税額と年末調整によって精算された後の税額が食い違うことがある。たとえば，年末調整の対象とならない雑損控除や医療費控除の適用を受ける場合や，複数の会社から給与を受けたりしている場合や，給与所得以外の所得金額が多い場合である。このような場合には，給与所得者であっても，確定申告をする必要がある。

4　フリンジ・ベネフィット

　通常の月給や賞与のほかに使用者から与えられる経済的利益をフリンジ・ベネフィット（追加的給付，付随的給付）とよぶ。たとえば，会社負担による社員旅行である。従業員にとっては，このような経済的利益は，包括的所得概念のもとで所得に含まれ課税されるべきものであると考えられる。しかし，実際には，社会通念・些少・執行の困難等を理由として，フリンジ・ベネフィットの多くは，課税されないように規定されている。たとえば，会社から支給される旅費，通勤費，その他職務の遂行に不可欠なものは，非課税とされている（所

税9条4号～6号）。

　フリンジ・ベネフィットの多くが非課税とされているのは，純資産増加説の観点から，以下のように理解することができる。フリンジ・ベネフィットの中には，使用者の便宜に基づくものがある。それは強制的な性質を有するため，所得ではないと考えるのである。このような考え方は，「使用者の便宜の理論」とよばれている。

5　事業所得と給与所得の区別

　給与所得の定義を見ても，給与所得に該当するものが例示されているだけで，給与所得の一般的な性質は示されていない。そのため，ある所得が給与所得にあたるのか事業所得にあたるのかについて争われることが多い。両者はともに役務提供の対価としての性質を有するため，区別が難しい。以下では，事業所得との区別を通して，給与所得の性質を考えてみよう。

　給与所得と事業所得とでは，受領者側において①必要経費の実額控除が認められるかどうかについて差異を生じるほか，支払者側においても②所得税法上の源泉徴収義務の金額（所税6条・183条1項）および③消費税法上課税仕入れに該当するかどうか（消税2条1項12号・30条）について差異を生じる。

　①　所得分類の判断方法

　給与所得と事業所得の区別についての先例は，最判昭和56・4・24民集35巻3号672頁（弁護士顧問料事件）である。これは，弁護士が複数の会社から顧問料として受け取っていた金銭が給与所得または事業所得のいずれに該当するかが争われた事件である。この判決は，給与所得と事業所得の判断基準を示すとともに，所得区分を判断する方法についても重要な判示を行っている。

　同判決によれば，ある所得が事業所得と給与所得のいずれに該当するかを判断するにあたっては，「租税負担の公平を図るため，所得を事業所得，給与所得等に分類し，その種類に応じた課税を定めている所得税法の趣旨，目的に照らし，当該業務ないし労務及び所得の態様等を考察しなければならない」。すなわち，弁護士の顧問料であるからといってただちに所得区分が決定されるのではなく，その業務ないし労務の態様がどのようなものかと報酬の態様がどのようなものかといった点を個別具体的にみたうえで，事案ごとにその所得区分を判断すべきであるということである。

　②　事業所得と給与所得の判断基準

　事業所得とは，「自己の計算と危険において独立して営まれ，営利性，有償

性を有し，かつ，反復継続して遂行する意思と社会的地位とが客観的に認められる業務から生ずる所得」をいう。これに対し，給与所得とは，「雇用契約又はこれに類する原因に基づき使用者の指揮命令に服して提供した労務の対価として使用者から受ける給付」をいい，「とりわけ，給与支給者との関係において何らかの空間的，時間的な拘束を受け，継続的ないし断続的に労務又は役務の提供があり，その対価として支給されるものであるかどうかが重視されなければならない」（弁護士顧問料事件）。これは，給与所得の判断基準として「従属性」ないし「非独立性」を示したものと理解される。

③　「従属性」の内容

給与所得の判断基準は「従属性」ないし「非独立性」であると理解されてきたが，近年，働き方の多様化に伴って，「従属性」の内容について疑問が生じるようになっている。東京地判平成24・9・21税資262号順号12043（麻酔医師事件）は，「労務提供の形態，すなわちその業務を行う対象，場所，時間などを他者が決定し，それに従って労務や役務の提供が行われているか否か」という意味で「従属性」という言葉を用いている。いいかえれば，業務内容についての判断が独立して行われるか否かによって定まるものではないと考えている。たとえば，国会議員は，その職務において独立性を有するが，出席すべき委員会やそこでの議事の対象，委員会や本会議が行われる日時や場所などについて他者に規律されて職務を遂行しているため，「従属性」があるということになる。これに対して，東京地判平成25・4・26税資263号順号12210（家庭教師事件）は，「従属性」と「空間的・時間的拘束」を別の要件と考えており，あくまでも「従属性」は労務の内容についての指揮命令関係の有無により判断すべきものと考えている。たとえば，国会議員や裁判官は独立してその職権を行うこととされていることから，「従属性」がないということになる。そして，国会議員や裁判官が受け取る報酬は，「従属性」がないにもかかわらず給与所得に該当するものとされているのは，「従属性」は給与所得に該当するための必要要件ではないからであると考えるのである（前掲東京地判平成25・4・26）。このように，どのような点においてどの程度の指揮命令関係が存在することをもって「従属性」があると考えるべきかについては，議論がある。

④　「非独立性」の内容

これに対して，「非独立性」の内容はある程度明らかである。「非独立性」は，自己の計算と危険によってその経済活動が行われているかどうかという観点か

ら判断される（前掲東京地判平成24・9・21および東京地判平成25・4・26）。それは，その経済的活動の内容や成果等によって変動しうる収益や損失が誰に帰属するかということである。具体的には，その報酬の体系と費用の負担者を見ることによって判断することができると考えられている。「従属性」が労務の態様についての基準であるのに対して，「非独立性」は所得の態様についての基準であるといえる。働き方の多様化に伴って使用者と労働者の従属性が希薄化してきているため，下級審は非独立性要件を重視するようになっているようにみえる。

⑤　「非独立性」と「従属性」の関係

「従属性」と「非独立性」の関係については，①事業所得の「非独立性」と給与所得の「従属性」が表裏一体であるという考え方と，②「従属性」と「非独立性」は別個の基準であるという考え方がありうる。②の考え方のもとでは，さらに，両者がともに給与所得の必要要件なのか，両者は事案ごとに応じて使い分けられるべき要件なのか，それとも「従属性」は「非独立性」を推認させるにすぎないのかといった点が問題となる。

そもそも，「従属性」や「非独立性」といった基準は，所得税法の趣旨や目的に照らしてどのように理解できるのだろうか。給与所得について必要経費の実額控除を排し概算控除とされているのは，給与所得者が「自己の計算と危険とにおいて業務を遂行するものではなく，使用者の定めるところに従つて役務を提供し，提供した役務の対価として使用者から受ける給付をもつてその収入とするものであ（り）」，給与所得者の受ける報酬額は「あらかじめ定めるところによりおおむね一定額に確定しており，職場における勤務上必要な施設，器具，備品等に係る費用のたぐいは使用者において負担するのが通例であ（る）」ことが前提とされている（最大判昭和60・3・27民集39巻2号247頁）。すなわち，給与所得者は，収益や損失の帰属者とならない代わりに，時間や場所について使用者の定めるところに従って役務を提供することが求められるということができる。そして，前者の所得の態様は「非独立性」要件によって，後者の労務の態様は「従属性」要件によって判断されるといえる。このように考えれば，「従属性」の要素が強く認められる場合には「非独立性」が推認されるという見解も理解ができる。しかし，給与所得の特徴である源泉徴収や年末調整については，労働者は使用者を通して配偶者や扶養者の有無を申告することになっており，その前提には使用者と労働者の従属関係が存在することが必要である

と考えられることから，給与所得者については一定程度の従属性が求められるべきである。所得の態様（非独立性）と労務の態様（従属性）の程度を総合的に勘案するしかないと考えられる。

第4節　所得の分類(3)—譲渡所得

1　譲渡所得課税の趣旨

　譲渡所得に対する課税は，保有資産の値上益（キャピタル・ゲイン）について，その資産が譲渡されるのを機会に，これを清算して課税されるものであるされている（最判昭和43・10・31訟月14巻12号1442頁）。

　譲渡所得とは，資産の譲渡による所得であり，売却等によって資産を譲渡したときに，譲渡価額から取得費等を差し引いて計算される（所税33条）。

　この譲渡所得の本質は，保有資産の値上益であると考えられている[1]。わが国の所得税は，包括的所得概念を採用しており，納税者の税負担能力を増加させる経済的利得のすべてを所得として考えている。この考え方によれば，保有期間中の資産の価値の増加も，納税者の税負担能力を増加させる経済的利得であり，所得に含まれると考えられている。

　実際には，保有資産の値上益に課税することは難しい。保有している資産の価値の増加を公正に評価することは，困難であるし，膨大な費用がかかる。また，売却などによって現金を手にしていないにもかかわらず課税されることとなれば，納税者の大きな負担になる。

　そこで，譲渡によって資産の値上益が実現したときに課税することとなっている。すなわち，資産が譲渡によって所有者の手を離れるのを機会に，その所有期間中の値上益を清算して課税することになっている。

> ## Column
>
> ### 無償譲渡（みなし譲渡）
>
> 　資産を無償で譲渡したときにも，所得が生じる（最判昭和43・10・31訟月14巻12号1442頁）。対価を受け取っていないにもかかわらず所得が生じるということ

---

1 ）水野238頁。

に，違和感をもつ人も少なくないだろう。しかし，譲渡所得の本質を理解していれば，それほど不思議なことではないかもしれない。

　譲渡所得の本質は，保有期間中の資産の値上益である。譲渡所得課税とは，この資産の値上益について，資産を譲渡する機会に，清算して課税するものである。

　したがって，たとえ対価を受け取っていなくても，すでに保有期間中に所得，つまり資産の値上益は生じているのである。

　無償での資産の移転があった場合にも，時価での譲渡があったものとみなして，課税する（所税59条1項）。これを，みなし譲渡という。

　これによって，資産を時価で売却してその代金を贈与したときとのバランスが取れ，また無償譲渡を使って譲渡所得課税を回避することを防ぐことができる[2]。

　ただし，現在は，個人に対する無償での資産の譲渡については，課税されてない（所税59条1項1号）。

2　譲渡所得課税の特徴と問題

　譲渡所得課税においては，所得が生じる時期と課税される時期が異なる。所得が生じるのは保有期間中に資産の価値が増加したときであり，この所得に課税されるのは資産を売却等によって譲渡したときである。この違いが，譲渡所得課税に特有のいくつかの問題を引き起こす。

　譲渡所得課税には，ロック・イン効果，すなわち資産を保有者の手元に封じ込める効果がある[3]。その結果，資産の交換を非効率にする。資産の値上益は，譲渡等によって実現したときにのみ課税される。価値の上昇した資産を保有する人は，その資産を売れば課税されるが，保有しつづければ課税を延期できる。課税を延期できれば，その期間の利子分だけ税負担を小さくできる。つまり，税額の割引現在価値を小さくできる。したがって，資産の所有者は，資産を保有しつづけることを好んで選択するかもしれない。自由な交換がなされるときには，資産は，それを最も高く評価する者のもとに移動する。しかし，譲渡所得課税は，もっと高く評価する者がいたとしても，資産を保有者の手元に封じ込めてしまう。つまり，資産の交換が非効率になる。

2）最判昭和43・10・31訟月14巻12号1442頁。
3）スティグリッツ著，藪下史郎訳『公共経済学・下〔第2版〕』757頁（東洋経済新報社，2004）。

　譲渡所得課税には，束ね効果，すなわち一時に不相当に高額の課税がなされることがある。長期間にわたって保有し値上益が蓄積した資産を譲渡したときには，一時に高額な所得が生じる。これにそのまま累進税率を適用すれば，税額が不相当に大きくなってしまう。そこで，長期間保有した資産の譲渡については，平準化，つまり課税が軽減することが多い。

　譲渡所得課税は，課税の延期を許し，税負担を回避させてしまうことが指摘されている[4]。価値の上昇した資産を保有する人は，資産の譲渡を延期することで，課税を延期できる。もし無制限に課税を延期できることになれば，本来の税負担の相当な部分を回避することができてしまう。

3　譲渡所得の範囲

　資産とは，譲渡性のある財産権をすべて含むと考えられている[5]。知的財産権，借地権，許認可によって得た権利なども含まれるとされる。

　譲渡とは，所有権その他の権利を移転させる行為をいう。無償による資産の移転も含む[6]。売買のみではなく，交換や競売，収用，物納，現物出資による資産の移転も含む[7]。離婚するにあたっての財産分与としての資産の移転が譲渡にあたるとされた事例がある（最判昭和50・5・27民集29巻5号641頁）。これに対して，財産分与のうち，夫婦の共有財産の分割は，資産の譲渡にあたらないとする批判がある[8]。この考え方によれば，夫の財産を妻に贈与したときにのみ資産の譲渡にあたるということになる。

　企業の従業員が職務上で発明を行い勤務先の企業から対価を受け取った場合に，その所得区分が問題となることがある。特許権を譲渡して受ける対価は，譲渡所得であると考えられている。とくに，自己の研究の成果である特許権の譲渡による所得は，長期譲渡所得となる（所税令82条1号）。一方で，従業員が会社の使用人としての地位に基づいて受ける対価は，給与所得とされる。職務発明について後に受け取った和解金が，譲渡所得に該当せず，雑所得として課税された事例がある（大阪高判平成24・4・26訟月59巻4号1143頁）。特許の発生した時点から企業（使用者）に帰属させることが可能となる改正が特許法においてなされた。その場合にも，従業員が受け取る経済的利益の所得区分が問題

4）シャウプ使節団「日本税制報告書」（1949）。
5）水野251頁。
6）最判昭和43・10・31訟月14巻12号1442頁。
7）金子262頁。
8）水野251頁。

となる。

　棚卸資産の販売による所得は，譲渡所得ではなく，事業所得とされる（所税33条2項1号）。長期間保有していた土地を造成して分譲した所得について，造成に着手する前の保有期間中の価値の上昇にあたる部分について譲渡所得とされ，造成による価値の上昇にあたる部分について事業所得とされた事例がある（松山地判平成3・4・18訟月37巻12号2205頁）。

　資産の取得に要した金額ならびに設備費および改良費の額は，取得費として控除できる（所税38条1項）。居住用不動産を購入するための借入金の利子について，その不動産を使用するまでの期間に対応する部分を取得費として認めた事例がある（最判平成4・7・14民集46巻5号492頁）。取得費には，資産の取得代金のほか，登録免許税や仲介手数料などの付随費用も含まれるとされる。ただし，生活費または家事費に該当するものは除かれる。ゴルフ会員権の名義書換手数料が取得費に含まれた事例もある（最判平成17・2・1判時1893号17頁）。

4　非課税となる譲渡所得

（1）生活用動産の譲渡による所得

　生活用動産の譲渡による所得には課税されない（所税9条1項9号）。生活の用に供する家具，じゅう器，衣服などがこれにあたる。税負担能力が小さいとみられること，把握が困難であり行政庁に費用がかかることから，非課税とされている[9]。貴金属や書画，1個の価額が30万円を超えるもの等は，非課税にならない（所税令25条）。

（2）強制換価手続による資産の譲渡による所得

　債務の弁済が著しく困難な場合の強制換価手続による資産の譲渡は，非課税となる（所税9条1項10号）。税負担能力が低いと考えられているからである[10]。

5　分離課税となる譲渡所得

（1）土地や建物の譲渡所得

　土地や建物を売ったときの譲渡所得については，他の所得と合算せずに分離して，比例税率で課税される（租特31条）。所有期間が5年を超えている長期譲渡所得については，15%で課税される。所有期間が5年以下の短期譲渡所得については，30%で課税される。他の所得との損益通算はできない。すなわち，土地や建物の譲渡損失を，給与所得や事業所得から差し引くことはできない。

9）水野172頁。
10）水野172頁。

　分離課税とされているのは，土地の取引に伴う税負担額を明確にすることによって，投資判断を行いやすくするためである[11]。長期譲渡所得の税率が低いのは，塩漬けにされた土地を市場に引き出して有効活用させるなど，土地取引を促進するためである。短期譲渡所得に対する税率については，従来は投機的取引を抑制するために高くなっていたが，近年は土地取引を促進するために引き下げられている。

（2）株式の譲渡所得

　株式を売ったときの譲渡所得については，他の所得と合算せずに分離して，20.315％（所得税・復興特別所得税15.315％＋地方税5％）の比例税率で課税される（租特31条）。他の所得との損益通算はできない。

　上場株式の譲渡損失については，金融商品取引業者等を通じて売却したものについては，上場株式の配当所得で申告分離課税を選択したものの金額と損益通算ができる（租特37条の12の2）。

　特定口座を開設すれば，金融商品取引業者が特定口座内における上場株式等の譲渡所得等の金額を計算するので，簡便に申告を行うことができる（租特37条の3）。さらに，特定口座内で生じる所得に対して源泉徴収することを選択すれば，特定口座における上場株式等の売却による所得については，確定申告が不要になる。ただし，他の口座での譲渡損益と相殺したいときや上場株式の譲渡損失を繰越控除したいときには，申告が必要になる。

　少額投資非課税制度（NISA）によって，一定の限度額内において非課税口座で取得した上場株式等の配当等やその上場株式等の売却により生じた譲渡益について，一定期間，非課税となる。

6　課税繰延べが適用される譲渡所得

（1）同種の固定資産の交換

　土地や建物などの固定資産を同種の固定資産と交換し，同一の用途に用いたときには，一定の要件のもとで，譲渡がなかったものとみなす（所税58条）。つまり，課税が繰り延べられる。たとえば，居住用として用いていた建物を，別の建物と交換し，新たに取得した建物を居住用として用いるとき，建物の譲渡はなかったものとみなされる。

　ここでいう課税繰延べとは，保有資産の値上益が実現しているにもかかわら

11）税制調査会「わが国税制の現状と課題」（平成12年7月）。

ず，譲渡がなかったものとして取得価額を引き継ぎ，課税が延期されることをいう。交換によって資産を移転したときにも，所得が実現したものとして課税される。たとえば，1,000万円で取得した資産を3,000万円の価値のある資産と交換したときには，差額の2,000万円が譲渡所得として課税される。同種の固定資産と交換したときには，譲渡がなかったものとされ，この時点では課税されない。新たに取得した同種の資産について以前に保有していた資産の取得価額を引き継ぎ，つぎに譲渡するときまで課税が延期される。たとえば，1,000万円で取得した資産を3,000万円の価値のある同種の資産と交換したときには，この時点では譲渡所得は認識されず，課税されない。ただし，新たに取得した資産について1,000万円の取得価額を引き継ぐので，つぎに3,000万円でこの資産を譲渡すれば，差額の2,000万円が譲渡所得として課税される。課税繰延べとは，非課税ではなく，課税の延期である。

　課税が繰り延べられるのは，投資が継続しているからであるとされる[12]。実質的に同一の資産を継続して保有しており，経済的には資産の移転がなかったと同様の状態が継続しているものとみられるため，課税の機会とみるのが適当ではないからであると説明される[13]。

（2）収用等

　土地収用法等によって認められている公共事業のために土地建物を売った場合において，その補償金で他の土地建物に買い換えたときも，譲渡がなかったものとみなされる（租特33条）。

（3）事業用資産の買換え

　事業の用に供している特定の地域内にある土地建物等を譲渡して，一定期間内に特定の地域内にある土地建物等の特定の資産を取得し，買換資産を事業の用に供したときは，一定の要件のもと，譲渡がなかったものとみなされる（租特37条）。

第5節　所得の年度帰属

　所得の年度帰属とは，収入および支出を「いつ」認識するかという課税のタイミングの問題である。課税のタイミングが重要となるのは，たとえば最高税率の大幅な引上げ（下げ）を伴う税制改正が行われる等，どの年度の所得と認

12）水野263頁。
13）大阪高判平成15・6・27訟月50巻6号1936頁。

定されるかが納税者の税負担に大きな影響を及ぼす場合である。その他にも累進課税制度の下では所得を多くの年度に分散させ，平準化することで課税負担を減らすことができ，また貨幣の時間的価値（time value of money）を考慮すれば，収入の認識は先送り（繰延べ）し，逆に支出の計上を前倒しする（早める）ことによって，納税者は課税上の便益を享受することになる。

1　年度帰属の原則

　所得の認識基準には，現金主義（cash method）と発生主義（accrual method）がある。現金主義とは実際のキャッシュフローに着目する手法であり，発生主義とは現金の収入や支出に関係なく，収益や費用の事実が発生した時点で計上するものである。わが国では所得税法36条1項において「その年分の各種所得の金額の計算上収入金額とすべき金額又は総収入金額に算入すべき金額は，その年において収入すべき金額とする」旨を定めている。ここでいう「収入すべき金額」とは，収入すべき権利の確定した金額であるとされ，所得の年度帰属については，従来から権利確定主義が妥当すると解されてきた。権利確定主義とは，「外部の世界との間で取引が行われ，その対価を収受すべき権利が確定した時点をもって所得の実現の時期とみる考え方である[1]」。年度帰属の一般原則として権利確定主義が初めて採用されたのは昭和26年の「所得税基本通達」であり，最判昭和53・2・24では「旧所得税法は，1暦年を単位としてその期間ごとに課税所得を計算し課税を行うこととしているのであるが，同法10条1項が右期間中の収入金額の計算について『収入すべき金額』によるとしていることから考えると，同法は，現実の収入がなくても，その収入の原因となる権利が確定した場合には，その時点で所得の実現があったものとして右権利確定の時期に属する年分の課税所得を計算するという建前（いわゆる権利確定主義）を採用しているものと解される」としている。さらに権利確定主義を採用した理由について「旧所得税法がいわゆる権利確定主義を採用したのは，課税にあたって常に現実収入のときまで課税することができないとしたのでは，納税者の恣意を許し，課税の公平を期しがたいので，徴税政策上の技術的見地から，収入の原因となる権利の確定した時期をとらえて課税することとしたものである[2]」としている。

1）金子宏「所得の年度帰属―権利確定主義は破綻したか」同『所得概念の研究』284頁（有斐閣，1995）。たとえば，東京高判平成8・1・30税資215号193頁，東京地判平成9・1・27判タ958号143頁（東京高判平成9・7・10税資228号31頁）。

2　権利確定主義の例外

　権利確定主義の例外の一つに延払条件付販売がある。延払条件付販売とは，月賦，年賦その他の賦払方法により3回以上に分割して対価の支払を受け，その資産の販売等に係る目的物または役務の引渡または提供の期日の翌日から最後の賦払金の支払期日までの期間が2年以上であるという条件で行われる資産の販売等をいう（所税65条2項）。権利確定主義の下では，資産の販売・譲渡等の時点で，発生する収益および費用の全額が認識されるが，現行法は延払条件付販売・長期割賦販売等に該当する資産の販売等において，納税資金の不足に配慮して権利確定主義の例外を認め，収益および費用計上の繰延べを認めている（所税65条・66条）。

設　例

　一括払いと延払いのような支払方式の違いによって課税関係がどのように変わるのかを設例で確認してみよう。年度0末に原価0円の資産をA氏からB氏に4,000万円で譲渡する。なお税引前収益率は10%，税率は一律30%とする。

【ケース①：一括払い】
　A氏は年度0末に4,000万円の対価を受け取る。

【ケース②：延払い】
　A氏は年度1末以降4年間で1,000万円ずつ対価を受け取る。ただし分割払い利息として年10%の利子をあわせて受け取る。

2）最判昭和53・2・24民集32巻1号43頁。

〔図表6：一括払いと延払いの税引後収益〕

【ケース①：一括払い】

	年度0末	年度1末	年度2末	年度3末	年度4末
キャピタル・ゲイン	4,000				
税額（30％）	1,200				
税引後利益	2,800				
年度4末における税引後利益					3670.2 （＝2,800×1.07⁴）

【ケース②：延払い】

	年度0末	年度1末	年度2末	年度3末	年度4末
キャピタル・ゲイン		1,000	1,000	1,000	1,000
受取利子		400 （＝4,000×10％）	300 （＝3,000×10％）	200 （＝2,000×10％）	100 （＝1,000×10％）
課税所得		1,400	1,300	1,200	1,100
税額（30％）		420	390	360	330
税引後利益		980	910	840	770
年度4末まで運用した時の税引後利益		1,200.5 （＝980×1.07³）	1,041.9 （＝910×1.07²）	898.8 （＝840×1.07¹）	770 （＝770×1.07⁰）
年度4末における税引後利益					3911.2

　【ケース①：一括払い】では，Aは4,000万円のキャピタル・ゲインに対して1,200万円の税金を支払い，残金2,800万円を税引前収益率10％（税引後で7％）で4年間運用すると，年度4末には3,670.2万円（＝2,800×1.07⁴）となる。

　【ケース②：延払い】では，Aは年度1末に割賦金1,000万円と利子400万円を受け取り，課税所得1,400万円に対して30％の税金を支払い，税引後利益は980万円となる。この980万円を税引前収益率10％（税引後で7％）で年度1末から年度4末まで3年間運用すると，年度4末には1,200.5万円（＝980×1.07³）となる。同様に，年度2末以降を計算すると図表6のようになり，年度4末における税引後利益は合計で3,911.2万円となる。これはケース①の3,670.2万円と比べて241万円高く，売主は割賦販売を用いることによって，延払い残高を税引前収益率10％で再投資するのと同じ効果を得ることができる。このような課

税繰延べの恩恵を排除するには，繰り延べられた課税部分に対して利子税を賦課する等の検討が必要となる[3]。

第6節　必要経費

1　必要経費の意義

これまでに学んだ10種類の所得のうち，不動産所得（所税26条），事業所得（所税27条），山林所得（所税32条）および雑所得（所税35条）については，総収入金額から必要経費を控除して所得の金額を計算する。

必要経費を控除することにはどのような意味があるのだろうか。必要経費の趣旨は，投下資本の回収部分に課税がおよぶことを避けることにある（最判平成24・1・13民集66巻1号1頁）。つまり，収入金額のうちその収入を得るために費やした原資部分は，納税者の担税力を増加させるものではないと考えられるためである（最判平成24・1・13参照）。

2　必要経費の原則

必要経費については，所得税法37条に一般原則が定められている。これによれば，必要経費に算入すべき金額は，原則として①これらの所得の総収入金額に係る売上原価その他当該総収入金額を得るために直接に要した費用の額および②その年における販売費，一般管理費その他これらの所得を生ずべき業務について生じた費用の額である（所税37条）。ただし，別段の定めがある場合にはそれが優先される。別段の定めは，同法45条～57条・63条～67条に定められているが，租税特別措置法にも定められている。

	原則		別段の定め
必要経費＝	37条 ①売上原価等の額 ②販売費，一般管理費等の額	＋	45条（家事関連費，租税公課等） 47条～50条（資産の評価および償却費） 51条（資産損失） 52条～55条（引当金） 56条・57条（親族が事業から受ける対価） など

（条は所得税法）

3）神山弘行「課税繰延の再考察」金子宏編『租税法の基本問題』256～258頁（有斐閣，2007）。

　必要経費に算入されるものの一つめは,「収入金額を得るために直接に要した費用」である。たとえば,パン屋がパンの原材料として仕入れた小麦粉の代金のうち売上に対応する部分は売上原価等として必要経費に算入される。必要経費に算入されるものの二つめは,「所得を生ずべき業務について生じた費用」である。たとえば,広告宣伝費や運搬費は販売費として,福利厚生費,租税公課および交際費は一般管理費として,必要経費に算入される。売上原価等は収入に直接対応する費用(個別対応)であるのに対して,販管費等は特定の収入との結びつきがあるわけではないから,その年分の費用(期間対応)を必要経費に算入することとされている。

　必要経費の範囲は,法人税法上の損金の範囲と共通する部分が多い(第5章第4節4・5)。ただし,法人がもっぱら事業活動を行っているのに対して,個人の場合は事業活動と同時に消費活動をも行っているため,所得税法特有の問題がある。ここでは,所得税法特有のものについて学ぶことにする。

(1) 必要経費の範囲

①　業務との関連性

　必要経費は「収入金額を得るために直接に要した費用」と「所得を生ずべき業務について生じた費用」に限定されているから(所税37条1項),必要経費に算入されるためには業務に関連するものでなければならない。仮に業務とのわずかな関連性があるだけで必要経費に算入されるとするならば,業務を行うためには食べることが必要であるから食費も必要経費に算入されるべきであるということになりかねないため,一定程度の関連性が求められると考えられるが,どの程度求められるかについては明文がないため,必要経費の範囲をめぐる争いが絶えない。たとえば,大阪高判平成10・1・30税資230号337頁では,弁護士の事業所得の計算上,弁護士会等の役員として出席した懇親会費は必要経費に算入されるが,その二次会費は必要経費に算入されないと判断された。

②　通常性

　必要経費に該当するためには,その業務に必要な経費であればいいのか,それとも通常かつ必要な支出でなければならないのかについては,議論がある。仮に,必要経費に通常性が求められるならば,a)合理的な範囲を超える金額の支出の必要経費性を否定することができそうである。また,b)違法または不法な支出についても,その必要経費性を否定することができそうである。しかし,わが国の所得税法には通常性の要件は定められていないため,通常性

要件とされていないと解される（通常性を要すると解した裁判例として，青森地
判昭和60・11・5 シュト292号24頁（仙台高判昭和61・10・31税資154号413頁，最判
昭和62・7・7 税資159号31頁））。

③　違法または不法な支出

支出が違法な場合やその支出の目的とする行為が違法である場合には，その
支出を必要経費に算入することができるだろうか。それが家事費にあたる場合
には，当然のことながら必要経費に算入されない（所税45条1項1号）。これに
対して，収入を得るために必要なものではあるが違法な支出である場合がある。
たとえば，暴力団に対する顧問料，利息制限法を超える利息，麻薬の仕入代金
などである。

このような支出の必要経費への算入を否定する見解としては，①違法な支出
を必要経費に算入することを認めれば違法行為を助長する，ⅱ公序良俗（民90
条）に反するためそもそも無効である，というものがある。米国では，公の秩
序に反する結果となる支出の控除は認められないとする理論が確立している。
このような考え方は，公序の理論ないしパブリック・ポリシー理論とよばれて
いる。わが国では，公序に反するかどうかという基準は明確でないため租税法
律関係を不安定にするとの反論があり，確立していない。

必要経費への算入を認める見解としては，①所得税法は適法か違法かにかか
わらず経済的な事実に着目して課税関係を決定することとしているため，必要
経費についても適法か違法かにかかわらず控除を認めるべきである，ⅱ所得税
法は必要経費に通常性を求めているわけではないため，違法支出であっても控
除が認められるべきである，というものがある。

この点に関して，高松高判昭和50・4・24行集26巻4号594頁（高松市塩田宅
地分譲事件）は，宅地建物取引業法の制限を超える金額の報酬が現実に支払わ
れた場合について，必要経費に算入されると判断している。これに対して，横
浜地判平成元・6・28訟月35巻11号2157頁は，犯罪行為の発覚を阻止するため
の工作費用を必要経費と認めることは，法の理念からして到底許容できるもの
ではないと判断している。なお，賄賂が必要経費に算入されるかどうかについ
ては見解の相違があったが，平成18年税制改正により，国内公務員や外国公務
員への贈賄を必要経費に算入しないことが明文で定められた（所税45条2項）。

（2）必要経費規定のない所得

所得税法では，不動産所得，事業所得，雑所得および山林所得についてのみ

必要経費の控除が認められており，それ以外の所得に関しては必要経費の控除
は規定されていない。ただし，必要経費類似の控除が設けられている。配当所
得については負債利子（所税24条2項），給与所得については給与所得控除（所
税28条2項），退職所得については退職所得控除額（所税30条2項），譲渡所得に
ついては取得費およびその資産の譲渡に要した費用（所税33条3項），一時所得
については「その収入を得るために支出した金額」を控除することが認められ
ている（所税34条2項）。これらは，実質的には投下資本の回収部分について課
税を避ける趣旨と考えられるが，その所得の性質に応じてその範囲を異にして
いるのである。しかし，利子所得については，必要経費類似の控除は認められ
ていない。利子所得の対象は五つの金融商品に限定されており，それらに経費
が生じるとは考えられていないためである。

Column

一時所得の「その収入を得るために支出した金額」

　趣味で購入した勝馬投票券により所得を得た場合には，一時所得に該当すると
考えられている。一時所得については，総収入金額から控除することのできる金
額は，「その収入を生じた行為をするため，又は収入を生じた原因の発生に伴い
直接要した金額」に限定されている（所税34条2項）。たとえば，競馬の払戻金
による一時所得については，アタリ馬券の購入費用のみこれに該当し，ハズレ馬
券の購入費用は控除することができないと考えられている（第2節11 Column
参照）。

3　必要経費の別段の定め

　所得税法は，37条に必要経費の原則を定めたうえで，別段の定めに例外を定
めている。別段の定めとしては，家事関連費・租税公課等（所税45条・46条），
資産の評価および償却費（所税47条〜50条），資産損失（所税51条），④引当金
（所税52条〜55条），親族が事業から受ける対価（所税56条・57条），給与所得者
の特定支出（所税57条の2）がある。

（1）家事費と家事関連費

①　家事費

　家事上の経費（家事費）は必要経費に算入されない（所税45条1項1号）。衣服費・食費・住居費・娯楽費・教養費のように，個人の消費生活上の支出のことである。収入金額から控除されるべきものは所得稼得のための支出に限定されるべきで，消費支出は控除されるべきでないと考えられるからである。

②　家事関連費

　家事費としての性格と事業上の経費の性格とをあわせもつ費用を家事関連費とよぶ。たとえば，一つの建物を店舗用と住居用の両方として使用している場合のその建物の賃料である。家事関連費は，原則として必要経費に算入されない（所税令96条）。消費支出の性格と事業上の経費の性格との区別が難しいためである。ただし，①その支出の主たる部分（通説では50％以上）が業務の遂行上必要であり，かつ，②その必要である部分を明らかに区分できる場合には，その部分に限って必要経費に算入される（所税令96条1項）。たとえば，建物の1階と2階を借りて，1階を店舗として使用し，2階に家族で居住している場合，1階の家賃分のみが必要経費に算入される。

（2）所得税および住民税

　所得税および住民税は必要経費に算入されない（所税45条1項2号・4号）。これらは，税引前の所得を課税標準とする税であるためである。そのほかの租税は，必要経費の要件を満たすものであれば，必要経費に算入される。

（3）罰課金等

　附帯税（所税45条1項3号・5号），罰金および科料（所税45条1項7号），課徴金（所税45条1項9号～13号）は，必要経費に算入されない。たとえば，消費税の納税申告をしなかったために課せられる無申告加算税は，事業に関連するとしても，必要経費に算入されない。また，荷物の配達中に犯した速度超過の反則行為により支払う交通反則金や，取引先に自社のワインしか購入しないように制限していたために独占禁止法違反により支払う課徴金も，必要経費に算入されない。

　これらが必要経費に算入されないのは，その対象者に金銭的な痛みを与えることを目的とするものであるところ，それを必要経費に算入することを認めてしまうと，その痛みが軽くなるためだからである。また，これらを必要経費に算入することを認めてしまうと，その金銭的な負担の一部を所得税の減少とい

う形で国が負担することになってしまい，適当ではないという理由も挙げられる。

（4）損害賠償金

　損害賠償金のうち，①家事費および家事関連費に該当するものと，②故意または重過失によって他人の権利を侵害したことにより支払うものは，必要経費に算入されない（所税45条1項8号，所税令98条2項）。たとえば，荷物の配達中に居眠りしてしまったために前の車に衝突し，その車の修理代として支払う損害賠償金は，必要経費に算入されない。これに対して，軽過失による損害賠償金は，必要経費に算入される。

Column

損害賠償金の必要経費不算入規定の根拠

　なぜ，故意または重過失による損害賠償金は必要経費に算入されないのだろうか。所得税法45条1項8号および所得税法施行令98条2項の理論的根拠は必ずしも明らかでない。同法45条1項8号は，罰金等の必要経費不算入について定める7号と，課徴金の必要経費不算入について定める9号から13号との間におかれていることからすれば，罰課金と同様の趣旨により必要経費への算入を否定されると考えるのが自然である。たしかに，損害賠償金に将来の不法行為の抑止という機能があることに鑑みれば，これを必要経費に算入することを認めることによってその抑止機能を減じることになりかねないため，必要経費に算入すべきでないと考えられる。しかし，不法行為制度は，制裁・報復または不法行為の抑制を直接の目的とするものでなく，むしろ，被害者の救済（損失の補てん）を主たる目的とするものである。加害者への制裁は刑事罰の役割であると解されていることや，損害の公平妥当なる分配の観点からは加害者に過大な租税負担が生ずることは許されないと考えられることからすれば，この規定を上述のように理解するには説得力が不十分である。

　これに対して，損害賠償金には消費の性質を有するものが混在するため，そのような消費支出を必要経費に算入しないように区分の限界を故意又は重過失の有無に求めたものであるという考え方がある。すなわち，純資産増加説のもとで，故意又は重過失による損害賠償金は，納税者に何らかの時間的・金銭的・心的満足をもたらすため（たとえば，故意にスピードを出して他人の車を破壊した場合

には，心的満足を得ている），消費に該当し，これを必要経費に算入すべきでな
いと考えるのである。

（5）資産損失

　所得税法51条は，四つの損失を必要経費に算入する旨定めている。法人税法
22条3項が損失を損金に含めているのに対して，所得税法は，原則規定である
37条において損失について定めずに，別段の定めである51条において損失につ
いて定めている。純資産増加説のもとでは，損失は資産の減少として所得から
控除されるべきものと考えられるが，必要経費への算入が制限されるのはなぜ
だろうか。それは，第一に，所得税の納税義務者である自然人は，法人とは違
って，所得稼得活動のほかに消費活動も行っているためである。損失は，所得
稼得活動から生じたものか消費活動によるものかの判別が困難であるため，所
得税法は損失を限定的に控除することとしていると考えられる。第二に，所得
稼得活動から生じた損失であっても，損失は必ずしも直接に特定の収入と結び
つくものとは限らず，いずれの所得分類において生じたものとするかが難しい
ためである。そこで，所得税法は，資産の種類あるいは損失の発生原因によっ
て，控除することのできる損失の範囲を規定している。

〔図表7：資産損失〕

⑴　事業用資産の取りこわし，除却，滅失による損失（不動産・事業・山林）
　　例）商品の配達中に交通事故を起こしてしまったことにより滅失した自己の配達
　　用トラックの損失

⑵　貸倒損失（不動産・事業・山林）
　　例）取引先が倒産したために，回収が不可能となった商品の代金（売掛金）

⑶　災害，盗難，横領による損失（山林）

⑷　業務用資産の損失（不動産・雑）

Step up

ヤミ金業者が貸付金を返済してもらうことができないとき

　ヤミ金業者が利息制限法による制限超過の利息を受け取った場合，その制限超過部分は私法上無効である。とはいえ，現実的にそれを収受している場合は，所得税法上の所得として課税の対象となる（最判昭和46・11・9民集25巻8号1120頁）。そして，後日これが失われた場合は，所得税法51条2項および所得税法施行令141条3号により，それを必要経費へ算入して税額の調整を行うことになる（所税152条）。

　それでは，不法原因給付（民法708条）に基づき，ヤミ金業者がその貸付元本について返還を求めることができない場合には，この規定に基づいて，その元本相当額を必要経費に算入することができるだろうか。この点について福岡高判平成23・9・8訟月58巻6号2471頁は，所得税法施行令141条3号にいう「経済的成果」とは，「所得税の課税対象とされ，一旦納税義務が発生した所得を意味する」と解し，納税者の請求を棄却した。

（6）親族が事業から受ける対価

①　所得税法56条

　所得税法は，個人単位主義のもと，家族の所得を合算する制度をとっていないが，所得税法56条にはその例外が定められている。これは，家族内の恣意的な所得分割による税負担の軽減を防止するためである。これにより，納税者と生計を一にする配偶者その他の親族が，その納税者の営む事業に従事したこと等により対価の支払を受ける場合は，①その対価の金額は，当該納税者の事業所得等の金額の計算上，必要経費に算入されない。そして，②その親族のその対価にかかる所得金額の計算上必要経費に算入されるべき金額は，当該納税者の事業所得等の金額の計算上，必要経費に算入される。さらに，③その親族が支払を受けた対価の額および支出した必要経費の額は，ないものとみなされる。

　たとえば，夫の営む事業について，妻が自分の資金で仕入れを行って100万円の支払をなし，夫が妻にその対価として300万円を支払った場合は，①夫の事業所得の計算上，その300万円を必要経費に算入することはできないが，②妻が支払った100万円は必要経費に算入され，③妻の所得の計算上，妻が夫か

ら受けた300万円は，妻の所得の計算上，ないものとみなすことになる。

　②　所得税法57条（専従者給与）

　所得税法57条は，同法56条の例外規定である。同法56条により，個人企業については家族に対する対価を必要経費に算入できないのに対して，法人成りした企業については法人税法上そのような費用の損金算入を否定する規定はない。そこで，両者の公平を図るため，所得税法57条は，納税者と生計を一にする親族のうちもっぱら当該納税者の営む事業に従事する者が支払を受ける給与については，一定の要件のもと，その納税者の所得の金額の計算上必要経費に算入することを認めている。

　③　弁護士夫婦事件・弁護士税理士夫婦事件

　夫婦がそれぞれ独立した事業者である場合に所得税法56条が適用されるか否かが争いになったことがある。弁護士である夫が弁護士である妻に支払った報酬が問題となった事例として最判平成16・11・2訟月51巻10号2615頁（弁護士夫婦事件），弁護士である夫が税理士である妻に支払った報酬が問題となった事例として最判平成17・7・5税資255号順号10070（弁護士税理士夫婦事件）がある。56条の文言に照らして，家族が納税者とは別に事業を営む場合であることを理由に同条の適用を否定することはできないとする立場と，同条はもともと家族事業を想定したものであるから，家族が独立の事業者として役務を提供して対価の支払を受ける場合や，およそ家族間における恣意的な所得分割が考えられない場合についてまで適用すべきでないとする立場がありうる。上述の二つの最高裁判決は，前者の考え方をとっている。

第7節　損益通算

1　損益通算とは

　損益通算とは，各種所得金額の計算上生じた損失を，他の各種所得の金額から控除することをいう。損益通算ができるのは，不動産所得，事業所得，山林所得，譲渡所得の金額の計算において生じた損失のみである（所税69条）。控除する順序については，政令に定めてある（所税令198条・199条）。

2　損益通算制度の趣旨

　個人の総合的な税負担能力に応じた課税をするためには，損益通算が必要となる[1]。たとえば，給与所得の金額が500万円で事業所得の金額がマイナス200

万円である者がいるとする。この者に対する課税は，500万円の給与所得から
200万円の事業損失を控除した300万円について行われるべきであり，事業損失
を無視して500万円の給与所得について行うべきではない。

3　損益通算の制限

　配当所得，一時所得，雑所得の金額の計算上生じた損失については，損益通
算できない。利子所得，給与所得，退職所得については，そもそも損失は生じ
ないと考えられている。

　土地・建物の譲渡所得，株式等の譲渡所得の金額の計算上生じた損失もまた，
損益通算できない（租特31条1項・37条の1第1項）。

　不動産所得の金額の計算上生じた損失のうち，土地等を取得するために要し
た負債の利子の額に相当する金額も，損益通算できない（租特41条の4）。

　生活に通常必要でない資産に係る損失も，損益通算できない（所税69条2項）。
なお，生活用の動産の譲渡による所得は非課税であるため，生活用動産の譲渡
による損失も，なかったものとみなされる（所税9条2項1号）。

4　損益通算を制限する趣旨

　配当所得について生じた損失については，無配の株式を購入するための負債
の利子や家事上の支出を行うための負債の利子が含まれているおそれがあるた
め，損益通算ができないものとされている[2]。配当所得の計算においては，株
式を取得するために要した負債の利子を控除できる。無配の株式を負債で購入
すれば，租税負担を不当に軽減することができてしまう。すなわち，早期に利
子を損失として計上することができ，株式を売却するまで利益の計上を延期す
ることができてしまう。また，配当所得の損失については，家事上の負債の利
子が含まれているおそれがある。納税者の負債について，株式を購入するため
に要した負債と家事上の支出のための負債とを判別することは困難である。

　一時所得について生じた損失については，投下資本の回収というよりは，所
得の処分や消費とみるべきものが多いため，損益通算ができないものとされて
いる[3]。

　雑所得について生じた損失については，家事上の支出とみられるものが多く，
また少額であることが多いため，損益通算ができないものとされている[4]。

1）水野330頁。
2）水野335頁。
3）水野335頁。

　土地・建物や株式の譲渡損失について損益通算が制限されているのは，損失の発生時期を操作することで，税負担を意図的に軽減することを防ぐためである。損益通算を認めると，納税者は値下がりした資産を売却し，値上がりした資産をそのまま持ち続けるようになる。そうすると，合計としては利益を得ていても，値下がり損失を他の所得から控除することで，税負担を軽減することが可能になる[5]。

　不動産所得についても，節税に用いられることが多いため，例外的に損益通算ができない損失がある[6]。借入金で購入したマンションを賃貸し，利払費や減価償却費によって損失を生じさせ，これを給与所得等から控除する節税が多く行われた。

　生活に通常必要でない資産の譲渡損失についても，家事上の支出との区別が難しいため，損益通算ができない。コンドミニアム形式のリゾートマンションの損失の通算を否定された事例がある[7]。また，レジャーにも使用していた自動車について，生活に通常必要でない資産とされた事例がある（最判平成2・3・23判時1354号59頁）。

5　損益通算の問題

　税制に大きな抜け穴ができないようにするためには，損益通算を制限することが必要である。損益通算が無制限に認められる場合には，値下がりした資産を売却して，値上がりした資産を保有し続けることで，好きなだけ税負担を延期できるようになってしまう。

　一方で，損益通算を制限すると，リスクのある投資を行うことが不利になってしまう。「政府が納税者と『表が出れば俺の勝ち裏が出ればお前の負け』式の賭をやって，利益が出ればその一部をふんだくるが，損失の控除はみとめないとするならば，…投資はもはや魅力のないものになってしまう」[8]。

　リスクを負う投資家や企業家がいなければ，自動車や航空機，コンピュータなどの発明はなかったかもしれないにもかかわらず，税制はリスク・テイキングを抑制していると指摘されている[9]。

　4）水野336頁。
　5）シャウプ使節団「日本税制報告書」（1949）。
　6）税制調査会答申「わが国税制の現状と課題」（平成12・7）。
　7）東京地判平成10・2・24判タ1004号142頁。
　8）シャウプ使節団「日本税制報告書」（1949）。

Column

金融所得課税の一体化

金融所得とは，利子・配当・株式譲渡益などによる所得のことである。

金融所得に対する課税については，三つの方針から成り立っている。

一つは，金融商品の課税方式を統一することである。貯蓄・株式・保険などの類似する金融商品からの所得について課税方法が異なれば，投資家の行動を歪めてしまう。そこで，租税が金融商品間の選択に影響を与えないように，できるだけ課税方式を統一しよういうものである。

もう一つは，株式譲渡損の損益通算を拡大することである。株式譲渡益が出たときには課税され，株式譲渡損が出たときには控除できないのであれば，リスクのある株式投資が不利になってしまう。そこで，リスクのある株式投資が不利にならないよう，配当所得との損益通算を認めるなど，株式譲渡損の損益通算の制限を緩和させるというものである。

最後の一つは，納税・徴収手続を簡素にすることである。こうした手続が煩雑であれば，投資を抑制してしまう。そこで，分離課税や比例税率での課税を維持しながら，投資しやすい納税環境を整えようというものである。

（税制調査会「金融所得課税の一体化についての考え方」（平成16年）を参照）

第8節　所得控除と税額控除

　所得税の額は，①総所得金額，退職所得金額および山林所得の合計額から所得控除をし，②その残額である課税総所得金額，課税退職所得金額または課税山林所得金額に税率を乗じて所得税額を計算し，③そこから税額控除をして算出する（所税21条）。所得控除は，税率を適用する前の金額から差し引く項目である。これに対して，税額控除は，税率を適用した後の金額から差し引く項目である。所得税法は，なぜこのような控除項目を設けているのだろうか。この節では，①所得控除，②税率の適用，③税額控除について，順に学習する。

　9）スティグリッツ著・藪下史郎訳『公共経済学・下〔第2版〕』751頁（東洋経済新報社，2004）。

〔図表8：所得税額計算の基本的仕組み〕

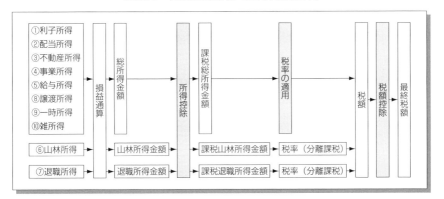

1　所得控除

（1）所得控除の種類

　各所得控除の要件に該当する場合には，総所得金額等から各所得控除の額を控除する（所税21条1項3号）。控除の順序は，総所得金額から始めて，山林所得金額，退職所得金額の順に行う（所税87条2項）。所得控除の種類は，図表9の15種類である。所得控除の金額が増えれば，それだけ所得金額が減少し，納付すべき所得税額が減る。まずは，条文を確認しながら，各所得控除の概要を理解しよう。

（2）所得控除の趣旨

　所得控除は，納税者の個人的事情に適合した応能負担の実現を図るなどの目的で設けられている。より具体的には，各所得控除の趣旨は，①最低生活費の保障，②日常生活上の不測の事態による困窮の救済，③政策目的実現のための手段に大別される。

①　最低生活費の保障

　基礎控除（所税86条），配偶者控除（所税83条），配偶者特別控除（所税83条の2）および扶養控除（所税84条）の趣旨は，本人や家族の最低生活費の保障である。所得のうち最低限度の生活を維持するのに必要な部分は担税力をもたないと考えられている。これらの所得控除は，憲法25条による生存権保障の現れである。これらの所得控除は，その納税者がどのような支出を行ったかとは関係なく，どのような状況におかれているかという人的な事情を考慮するものであることから，「人的控除」とよばれている。

〔図表9：所得控除一覧〕

		創設年 （所得税）	対象者	控除額		本人の所得要件
				所得税	住民税	
基礎的な人的控除	基礎控除	昭和22年 （1947年）	• 本人	最高 48万円	最高 43万円	合計所得金額2,500万円以下（2,400万円超から控除額が逓減）
	配偶者控除	昭和36年 （1961年）	• 生計を一にし，かつ，合計所得が48万円以下である配偶者（控除対象配偶者）を有する者			合計所得金額1,000万円以下（900万円超から控除額が逓減）
	一般の控除対象配偶者	（昭和36年） （1961年）	• 年齢が70歳未満の控除対象配偶者を有する者	最高 38万円	最高 33万円	
	老人控除対象配偶者	昭和52年 （1977年）	• 年齢が70歳以上の控除対象配偶者を有する者	最高 48万円	最高 38万円	
	配偶者特別控除	昭和62年 （1987年）	• 生計を一にし，かつ，合計所得金額が48万円を超え133万円以下である配偶者を有する者	最高 38万円	最高 33万円	合計所得金額1,000万円以下（900万円超から控除額が逓減）
	扶養控除	昭和25年 （1950年）	• 生計を一にし，かつ，合計所得金額が48万円以下である親族等（扶養親族）を有する者			—
	一般の扶養親族	（昭和25年） （1950年）	• 年齢が16歳以上19歳未満又は23歳以上70歳未満の扶養親族を有する者	38万円	33万円	—
	特定扶養親族	平成元年 （1989年）	• 年齢が19歳以上23歳未満の扶養親族を有する者	63万円	45万円	—
	老人扶養親族	昭和47年 （1972年）	• 年齢が70歳以上の扶養親族を有する者	48万円	38万円	—
	（同居老親等加算）	昭和54年 （1979年）	• 直系尊属である老人扶養親族と同居を常況としている者	＋ 10万円	＋ 7万円	—

特別な人的控除	障害者控除	昭和25年 (1950年)	• 障害者である者 • 障害者である同一生計配偶者又は扶養親族を有する者	27万円	26万円	―
	（特別障害者控除）	昭和43年 (1968年)	• 特別障害者である者 • 特別障害者である同一生計配偶者又は扶養親族を有する者	40万円	30万円	―
	（同居特別障害者控除）	昭和57年 (1982年)	• 特別障害者である同一生計配偶者又は扶養親族と同居を常況としている者	75万円	53万円	―
	寡婦控除	昭和26年 (1951年)	①夫と離婚したもので，かつ，扶養親族を有する者 ②夫と死別した後婚姻をしていない者 ※ひとり親に該当する者は除く ※住民票の続柄に「夫（未届）」「妻（未届）」の記載がある者は対象外	27万円	26万円	合計所得金額500万円以下
	ひとり親控除	令和2年 (2020年)	• 現に婚姻をしていないもので，かつ，生計を一にする子（総所得金額等が48万円以下）を有する者 ※住民票の続柄に「夫（未届）」「妻（未届）」の記載がある者は対象外	35万円	30万円	合計所得金額500万円以下
	勤労学生控除	昭和26年 (1951年)	• 本人が学校教育法に規定する学校の学生，生徒等である者	27万円	26万円	合計所得金額75万円以下かつ給与所得等以外が10万円以下

出典：財務省HP「人的控除の概要（所得税）」

控除の種類	概要	控除額の計算方式
雑損控除	住宅家財等について災害又は盗難若しくは横領による損失が生じた場合又は災害関連支出の金額がある場合に控除	次のいずれか多い方の金額 ①（災害損失の金額＋災害関連支出の金額）－年間所得金額×10％ ②災害関連支出の金額－5万円
医療費控除	納税者又は納税者と生計を一にする配偶者その他の親族の医療費を支払った場合に控除	$\left(\begin{array}{c}\text{支払った}\\\text{医療費}\\\text{の額}\end{array}\right) - \left(\begin{array}{c}\text{次のいずれか}\\\text{低い方の金額}\\\text{①10万円}\\\text{②年間所得}\\\text{金額×5％}\end{array}\right) = \begin{array}{c}\text{医療費}\\\text{控除額}\\\text{（最高限度}\\\text{額200万円）}\end{array}$
社会保険料控除	社会保険料を支払った場合に控除	支払った社会保険料の額
小規模企業共済等掛金控除	小規模企業共済掛金，確定拠出年金に係る企業型年金加入者掛金及び個人型年金加入者掛金並びに心身障害者扶養共済掛金を支払った場合に控除	支払った掛金の額
生命保険料控除	一般生命保険料，介護医療保険料及び個人年金保険料を支払った場合に控除	(1)平成24年1月1日以後に締結した保険契約等（新契約）に係る生命保険料控除 　①支払った一般生命保険料に応じて一定額を控除（最高限度額4万円） 　②支払った介護医療保険料に応じて一定額を控除（最高限度額4万円） 　③支払った個人年金保険料に応じて一定額を控除（最高限度額4万円） (2)平成23年12月31日以前に締結した保険契約等（旧契約）に係る生命保険料控除 　①支払った一般生命保険料に応じて一定額を控除（最高限度額5万円） 　②支払った個人年金保険料に応じて一定額を控除（最高限度額5万円） ※各保険料控除の合計適用限度額を12万円とする。
地震保険料控除	地震保険料を支払った場合に控除	支払った地震保険料の全額を控除（最高限度額5万円） ※1　平成18年12月31日までに締結した長期損害保険契約等（地震保険料控除の適用を受けるものを除く。）に係る保険料等は従前どおり適用する（最高限度額1万5千円）。 　2　地震保険料控除と上記1を適用する場合には合わせて最高5万円とする。
寄附金控除	特定寄附金を支出した場合に控除	$\left(\begin{array}{c}\text{次のいずれか低い方の金額}\\\text{①特定寄附金の合計額}\\\text{②年間所得金額×40％}\end{array}\right) - 2\text{千円} = \text{寄附金控除額}$

出典：財務省HP「その他の所得控除制度の概要（所得税）」

　そして，最低生活費が通常の者よりも多く必要とされると考えられる者について，所得税法は，さらに追加的な所得控除を与えることとしている。障害者控除（所税79条），寡婦控除（所税80条），ひとり親控除（所税81条）および勤労学生控除（所税82条）がこれにあたる。これらは追加の人的控除である。

　②　日常生活上の不測の事態による困窮の救済

　雑損控除（所税72条）および医療費控除（所税73条）は，災害による損失や疾病による医療費の支出によって担税力が減少することを考慮したものである。

　③　政策目的実現のための手段

　社会保険料控除（所税74条），小規模企業共済等掛金控除（所税75条）は，これらの保険への加入が義務付けられていたり，大多数の人々にとって加入するのが普通であったりするため，その支払に充てた部分は担税力が弱いという理由により，その支出について所得控除が認められている。

　生命保険料控除（所税76条），地震保険料控除（所税77条）および寄附金控除（所税78条）は，納税者が保険契約に加入することや公益的事業へ寄附することを税制上後押しするための控除である。これらは，純資産増加説のもとでは，本来は納税者が自ら支出する消費であって，本来は所得から控除すべき性格のものではない。しかし，政策上望ましい行為を後押しするため，所得控除が認められているのである。

Column

必要経費と所得控除

　所得控除は，税率を適用する前に差し引く項目であるという点において，すでに学習した必要経費に似ている。それでは，必要経費とは別に所得控除という項目が設けられているのはなぜだろうか。必要経費は，純資産増加説の観点からは，所得を生みだすための支出であり，この金額を収入金額から控除しなければ，所得を正しく算定することができない項目である。これに対して，所得控除は，納税者の個人的支出であり，本来は消費にあたるものであるから，所得の計算に必ずしも必要なものではない。それにもかかわらず所得控除が設けられているのは，そのような事情を考慮することが国民感情にかなうからである。

（3）配偶者控除

① 配偶者控除の意義

「控除対象配偶者」を有する場合には，総所得金額等から，その納税者の合計所得金額と配偶者の合計所得金額に応じて計算した金額を控除する（所税83条1項）。これを「配偶者控除」とよぶ。配偶者控除は，専業主婦（夫）の生活最低費の保障という性質を有する。専業主婦は所得がないため，基礎控除を適用することができず，また，夫の所得から生活費をねん出しているため，所得税法は，夫の所得の計算において，妻の最低生活費を配偶者控除として考慮することとしているのである。

② 対象となる配偶者

「控除対象配偶者」とは，「同一生計配偶者」のうち，合計所得金額が1,000万円以下である納税者の配偶者をいう（所税2条33号の2）。そして，「同一生計配偶者」とは，納税者の配偶者で，その納税者と生計を一にするもののうち，合計所得金額が48万円以下である者をいう（同条33号）。所得税法は「配偶者」の定義を定めていないため，その範囲が問題となるが，法的安定性と予測可能性の見地から，民法に規定されている「配偶者」と同義に解すべきものとされている（最判平成9・9・9訟月44巻6号1009頁）。民法は，婚姻の届出をすることによって婚姻の効力が生ずる旨を規定し（民739条1項），そのような法律上の婚姻をした者を配偶者としている（民725条・751条）。したがって，内縁関係にある事実上の配偶者は，配偶者控除の対象とならない。

③ 配偶者特別控除

合計所得金額が48万円を超え133万円以下の配偶者を有する場合には，配偶者特別控除が適用される（所税83条の2）。これを「配偶者特別控除」とよぶ。これは，配偶者控除を補完する役割を果たしている。配偶者の所得が・定額を超えると世帯の負担税額が大幅に増加し，配偶者の就労意欲を阻害することになりかねないため，配偶者の所得が増えるにつれて控除額が低減する配偶者特別控除を用意しているのである。

〔図表10：人的控除の控除額〕

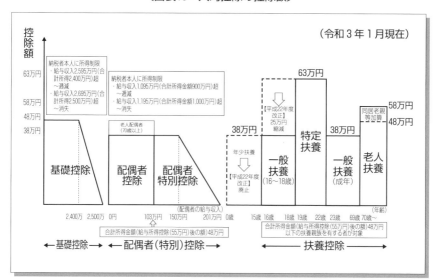

出典：財務省HP「主な人的控除制度の概要（現行）」

Column

103万円の壁

　かつては，配偶者控除の対象となる配偶者は合計所得金額が38万円以下である者に限られ，配偶者特別控除は存在しなかった。そのため，専業主婦（夫）がパートやアルバイトに従事する場合，所得金額が38万円に達することがないように収入や就労時間を抑える傾向があると指摘されてきた。給与所得のみの場合の所得金額38万円は，収入金額103万円（給与所得控除65万円＋38万円）である。このような負のインセンティブは「103万円の壁」とよばれてきた。実際には，配偶者特別控除の導入によって，税制上は「103万円の壁」は解消している。

（4）扶養控除

①　扶養控除の意義

　納税者が控除対象扶養親族を有する場合には，その年分の総所得金額等から，その控除対象扶養親族1人につき38万円（その者が特定扶養親族である場合には

63万円，その者が老人扶養親族である場合には48万円）を控除することができる（所税84条）。扶養控除は，扶養親族の生活最低費の保障という性質を有する。つまり，扶養されている者は基礎控除を利用できず，扶養している者の所得から生活費をねん出せざるをえないから，扶養している者の所得の計算上，扶養されている者の最低生活費を控除することとしているのである。

　②　対象となる親族

　「控除対象扶養親族」とは，「扶養親族」のうち，年齢16歳以上の者をいう（所税2条1項34号の2）。16歳未満の者については，子ども手当の創設に伴い，平成22年度税制改正により扶養控除が廃止された。子ども手当は現在は「児童手当」とよばれている。

　「扶養親族」とは，親族（配偶者を除く）で生計を一にするもののうち，合計所得金額が48万円以下である者をいう（所税2条1項34号）。所得税法上，「親族」については定義されていないところ，民法上の「親族」と同じ意味に解すべきであるとされている（最判平成3・10・17訟月38巻5号911頁）。

Column

共働き夫婦の扶養控除

　共働き夫婦の場合，その夫婦の子供を夫または妻のいずれの控除対象扶養親族として申告すべきだろうか。

　1人の者が複数の納税者の控除対象扶養親族に該当する場合，いずれの者の控除対象扶養親族とするかを選択することができるが，重複して扶養控除を受けたり，控除額を分割したりすることはできない。累進税率を採用するわが国の制度のもとでは，所得金額の大きい納税者の控除対象扶養親族とすることによって，夫婦の合計納税額を抑えることができる。

Column

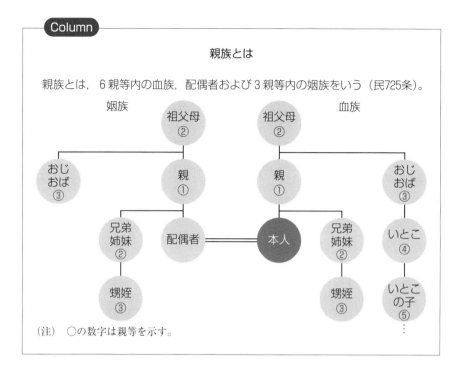

親族とは

親族とは、6親等内の血族、配偶者および3親等内の姻族をいう（民725条）。

(注) ○の数字は親等を示す。

Column

寡夫控除からひとり親控除へ

　寡婦控除は、昭和26年に戦後の未亡人を救済するために創設された。その趣旨としては、寡婦は追加的費用を要するため担税力が低いとか寡婦には特別な苦労があると説明されてきた。当初は女性のみが対象とされていたが、昭和56年度税制改正により、父子家庭を対象とするための寡夫控除が創設された。とはいえ、寡夫控除と寡婦控除には差異があった。①寡夫については合計所得金額が500万円以下であることが求められる点、②特別寡婦加算は寡夫には認められない点、③子以外の親族を有する場合には寡夫控除は適用されない点である。これらの差異は憲法の平等原則に反しないとされた（最判平成7・12・15税資214号765頁）。その後、寡婦控除は夫と離別または死別したことが要件とされていたため、婚姻歴のあるシングルマザーと婚姻歴のないシングルマザーとの間で差異があるのは不公平であるとの批判が高まった。すぐには改正に至らなかったが、令和2年度

税制改正により，婚姻歴のないシングルマザーにも控除が適用されることとなった。その際に，「ひとり親控除」が新設され，寡婦控除の範囲が改組されるとともに寡夫控除が廃止された。これは，「婚姻歴の有無による不公平」と「男性のひとり親と女性のひとり親の間の不公平」を同時に解消するものと説明されている。しかし，子以外の扶養親族を有する場合や扶養親族を有しない場合については，婚姻歴による差異や男女の差異が残っている。これらをどうすべきかについては，寡婦控除の今日的意義について議論をしなければならない。

令和2年度税制改正前

			子あり	制限なし	35万円	
寡婦控除	所法2条30号イ	夫と死別又は離婚した後婚姻をしていない	扶養親族（子を除く）あり	制限なし	27万円	明文なし
	所法2条30号ロ	夫と死別した後婚姻をしていない	要件なし	500万円以下	27万円	
寡夫控除	所法2条31号	妻と死別又は離婚した後婚姻をしていない	子あり	500万円以下	27万円	

令和2年度税制改正後

	根拠条文	要件	扶養親族等の有無	所得制限	控除額	事実婚状態の者の取扱い
寡婦控除	所法2条30号イ	離婚した後婚姻をしていない（ひとり親を除く）	扶養親族あり	500万円以下	27万円	
	所法2条30号ロ	死別した後婚姻をしていない（ひとり親を除く）	要件なし	500万円以下	27万円	対象外
ひとり親控除	所法2条31号	現に婚姻をしていない	子あり	500万円以下	35万円	

（5）雑損控除

　納税者が有する資産について災害または盗難もしくは横領による損失が生じた場合において、一定の金額を超えるときは、これを所得金額から控除することができる（所税72条1項）。これは、不測の事態による納税者の担税力の低下を考慮するものである。

①　対象となる資産

　①生活に通常必要でない資産（所税62条1項）と②被災事業用資産（所税70条3項）は、雑損控除の対象から除外される（所税72条1項括弧書）。前者については、これについての損失を雑損控除の対象とすれば、高額の資産所有者にも大きな損害額の控除を認める結果になり、雑損控除制度の趣旨に照らして適当とは思われないためである。後者については、所得税法の他の規定により必要経費として処理されるからである（所税37条1項・51条1項・3項）。

②　対象となる支出の金額

　雑損控除の対象となるのは、その年における損失の金額の合計額が10％を超える場合である。これは、あまり少額の損害についてまで控除を認めると、税務行政上の対応が困難になるため、一定の下限を設けたものと考えられる。また、10％程度の損害は、通常の生活で生じるものであり、担税力を減少させるような異常な損害ではないためであるとも考えられる。

③　対象となる損失発生原因

　雑損控除の対象となる損失の発生原因は、「災害」と「盗難」と「横領」に限定されている（所税72条1項）。「盗難」と「横領」について所得税法は定義しておらず、それは刑法上の窃盗または横領に限定されると厳密に解されている。したがって、詐欺による損害は雑損控除の対象にならない（名古屋地判昭和63・10・31判タ705号160頁）。納税者の意思に基づかない災害・盗難・横領による損失と、瑕疵はあっても納税者の意思に基づくといいうる詐欺・恐喝による損失とを区別することは、合理的であるとされる（前掲名古屋地判昭和63・10・31）。

　「災害」とは、「震災、風水害、火災その他政令で定める災害」をいう（所税2条27号）。「政令で定める災害」とは、①冷害、雪害、干害、落雷、噴火その他の自然現象の異変による災害および②鉱害、火薬類の爆発その他の人為による異常な災害ならびに③害虫、害獣その他の生物による異常な災害をいう（所税令9条）。解釈上とくに問題となるのは、「人為による異常な災害」の範囲で

ある。たとえば，身代金の支払いによる損害や，納税者の側に過失がない場合の自動車事故による損害などは，これに該当するだろうか。この点，最判昭和36・10・13民集15巻9号2332頁は，「雑損とは，納税義務者の意思に基づかない，いわば災難による損失を指す。」と判示し，この基準が後の下級審判決によっても支持されている。たとえば，身元保証契約に基づく支出（長崎地判昭和32・12・18税資25号1004頁），譲渡資産上の抵当権を抹消するため第三者の債務の弁済に要した費用（前掲最判昭和36・10・13），違約損害金とし没収された手付金（名古屋地判昭和41・4・23訟月12巻8号1204頁（名古屋高判昭和42・9・14行集18巻8＝9号1200頁）），子が第三者に与えた傷害につき納税者が損害賠償として支払った金員（大分地判昭和56・6・17税資117号639頁（福岡高判昭和57・2・24税資122号364頁，最判昭和57・11・11税資128号240頁））は，「納税者の意思に基づかない」損失とはいえないため，雑損控除の対象にはならない。

　ただし，「納税者の意思に基づかない」損失にあたるかどうかの判断が難しいこともある。たとえば，大阪地判平成23・5・27訟月58巻10号3639頁（大阪高判平成23・11・17訟月58巻10号3621頁）では，建物の建築当時は問題とされていなかったアスベストの使用についてその後に法的規制が実施された結果，その建物の取壊しの際に必要となったアスベスト除去費用が雑損控除の対象となるか否かが問題となった。同判決は，「人為による異常な災害」により損失が生じたというためには，「納税者の意思に基づかないことが客観的に明らかな，納税者の関与しない外部的要因（他人の行為）による，社会通念上通常ないことを原因として損失が発生したことが必要である」と述べて，雑損控除の対象とならないと判断した。

Step up

雑損控除と純資産増加説

　雑損控除の対象を「納税者の意思に基づかない」損失に限定する前掲最高裁の見解を，純資産増加説により理解することはできないだろうか？　純資産増加説のもとでは，災害等により所有資産に損害を被った場合，それは純資産の減少をもたらすから，それが「消費」にあたらない限り，所得の計算においてその損失の金額を控除すべきである。たとえば，自宅が火災により焼失した場合，それによって所有者が何らかの効用を受けたわけではないから，これを「消費」という

ことはできず，所得の計算において控除すべきであるということになる。このように考えていくと，納税者の意思に基づく損失の場合には，「消費」にあたるから，控除すべきでないと考えることができる。すなわち，ある損失が「納税者の意思」によるものであるか否かは，ある損失が「消費」に属するか否かを決定する基準として働くと考えることができるのである。所有資産が火災等により焼失した場合には，納税者の意思が介在する余地はないために「消費」とは考えられないのに対して，自らの過失により自動車をぶつけて生じた損害などについては，通常必要な注意を怠ることによる効用を得ており，「消費」に属すると考える余地がある。

（6）医療費控除

①　医療費の範囲

　年間10万円以上の医療費を支出した場合，その10万円を超える部分の金額（最高200万円）を総所得金額等から控除することができる（所税73条）。これを「医療費控除」という。

　医療費控除の対象となる「医療費」とは，①医師または歯科医師による診療または治療，②治療または療養に必要な医薬品の購入，③その他医療またはこれに関連する人的役務の提供の対価のうち通常必要であると認められるものとして政令で定めるものをいう（所税73条2項，所税令207条）。その範囲は，医療費控除の制度趣旨に照らして，病気や怪我といった状態を回復させるために必要な支出に限定されると解されている。たとえば，視力が弱い状態を補うために用いられるメガネやコンタクトレンズの購入のための費用は，眼の機能それ自体を医学的方法で正常な状態に回復させるという意味での治療ではないから，医療費控除の対象とならない（横浜地判平成元・6・28行集40巻7号814頁（東京高判平成2・6・28行集41巻6＝7号1248頁，最判平成3・4・2税資183号16頁））。同様に，審美目的の歯科矯正の費用や美容整形の費用は，悪い状態を治療して元の状態に回復させるものではないため，医療費控除の対象にならないと考えられる。これに対して，幼児期に行う歯列矯正は医療費控除の対象になるものとして扱われている。

②　セルフメディケーション税制

　平成29年度税制改正により，医療費控除の特例としてセルフメディケーション税制が導入された。この制度は，一定の要件を満たす医薬品等を購入した場

合において，その購入費のうち1万2千円を超える部分の金額（最高8万8千円）を控除する制度である。これは，健康の保持増進および疾病の予防への取組みを行っている者のみが医療費控除に代えて適用を選択することができる（租特41条の17の2，租特令26の27の2）。「一定の取組」には，健康診査，予防接種，事業主健診，メタボ健診，市町村による乳がん・子宮がん検診などが該当する（平成28年厚生労働省告示第181号）。

　医療費控除の対象は，あくまでも治療のための支出に限られ，病気を予防したり現状よりも健康を増進するような支出は除かれると解されてきた。しかし，そうすると，病気になる前に疾病を予防することよりも病気になってから支出をすることへのインセンティブとなりかねない。そこで，病気の予防や健康増進に取り組む納税者には一定の要件を満たす医薬品の購入について所得控除を認める制度が設けられたのである。これにより国家財政の負担となっている医療費を縮小させることにつながると期待できる。

　対象となる商品には，購入の際の領収書等に対象商品である旨が表示されている。また，一部の対象医薬品については，パッケージに識別マークが掲載されている。

【識別マーク】

2　税率の適用

（1）税率の適用

　所得控除を行った残額は，課税総所得金額・課税退職所得金額・課税山林所得金額とよばれる。その後，これらに累進税率（所税89条）をそれぞれ適用して，その納税者の所得税額を算出する。

（2）累進税率

　税率の構造には，比例税率と累進税率がある。比例税率とは，課税標準の大きさにかかわらず，一定の税率が適用されるものをいう。たとえば，わが国の法人税は比例税率である。

　これに対して，課税標準の額が増えるに従って適用税率が増えていく構造を累進税率とよぶ。わが国の所得税法は，この累進税率を採用している。その理

由としては，所得が大きくなるに従ってその限界効用が逓減すると考えられること，累進税率は富や所得の再分配のために必要不可欠であり，かかる再分配は現代の福祉国家において必要不可欠であるからである。ただ，累進税率を採用しているために生じている問題は多い。たとえば，比例税率であれば，所得を分散するインセンティブが納税者に生じないため，課税単位や所得の帰属者をめぐる問題や所得税法56条の議論がなくなるかもしれない。それにもかかわらず累進税率が採用され続けているのは，それが公平にかなうと考えられているからであろう。

　累進税率には，課税標準の額が増えるに従って，課税標準全体に高い税率を適用する単純累進税率と，わが国が採用する超過累進税率がある。単純累進税率のもとでは，少しの所得を得ることによって大幅に税額が増え，逆転現象が生じるため，所得税法は超過累進税率を採用している。わが国の所得税法に規定される税率は，図表11のとおりである。

〔図表11：税率〕

課税される所得金額	税　率
〜195万円	5％
195万円超〜330万円	10%
330万円超〜695万円	20%
695万円超〜900万円	23%
900万円超〜1,800万円	33%
1,800万円超〜4,000万円	40%
4,000万円超〜	45%

3　税額控除
（1）税額控除の意義と内容

　税額控除とは，課税所得金額に税率を乗じて算出した所得税額から，一定の金額を控除するものである。所得税法に定められている税額控除は，配当控除（所税92条）と外国税額控除（所税95条）の二つである。配当控除は，①法人段階で課される法人税と②法人の利益から株主に分配された配当に課される所得税との二重課税を排除するために設けられている。外国税額控除は，国際的な

経済活動により生じる所得に対して①外国で課される税と②わが国の所得税との二重課税を排除するために設けられている。そのほか，租税特別措置法において，政策目的実現のための税額控除が定められている。たとえば，住宅借入金等の特別控除（住宅ローン控除）がある。これは，個人が住宅ローンを利用してマイホームを取得等した場合に，その住宅ローンの年末残高の合計額をもとに計算した金額を一定期間控除するものである（租特41条）。

（2）補助金と所得控除・税額控除

　所得控除や税額控除は，補助金と同様の経済的効果を有する。たとえば，国家が環境問題への対策として，エコカーの購入を経済的に支援したいと考えた場合，その手段として，補助金または減税措置（所得控除や税額控除を含む）がありうる。下記の三つの観点から，補助金と減税措置の比較をしてみよう。

　①　所得税法の理念

　租税は，国家に必要な資金を公平に分担するためのものである。したがって，政策的な手段として減税措置を用いることは望ましくない。何らかの政策目的を実現するための手段としては，原則として，補助金を用いるべきであるということになる。減税措置を用いる場合には，ａ）その政策目的が合理的であり，ｂ）目的のための手段として相当性・実効性があり，ｃ）公平の侵害の程度が合理的でなければならない。

　②　法的な手続の違い

　補助金については，予算として毎年国会で審議される。したがって，補助金は，国会の統制がいきとどく一方で，簡単には継続できない。これに対して，租税法は，一度立法化されてしまうと，予算として毎年審議する必要はない。したがって，減税措置は，その政策の必要がなくなっても，批判的な分析がなされにくい。このような指摘がなされた結果，平成22年度税制改正により，「租税特別措置の適用状況の透明化等に関する法律」（租税透明化法）が制定され，特定の政策目的により税負担の軽減等を行う措置については，適用の実態を把握するための調査を行い，その結果を国会へ報告することとされた。

　③　適用を受けることができる者の違い

　減税措置は，納税義務者にしか適用されない。つまり，所得金額がわずかな個人や，欠損の生じている法人などは，恩恵を受けることができない。これに対して，補助金は，所得を有するか否かにかかわらず，受けることができる。

Column

所得控除と税額控除の比較

　これまで，所得税法においては，納税者の個人の事情を考慮する手段は所得控除，何らかの政策的を実現するための手段は税額控除，とおおむね使い分けられてきた。しかし，最近は，所得控除から税額控除への転換が主張されている。その理由は，所得控除は，税額控除に比べて，低額所得者よりも高額所得者に相対的に大きなメリットを与えるからである。

　所得控除による税負担軽減効果は，累進税率のもとでは，その納税者に適用される税率により左右される。つまり，個人の所得が増えるほど，適用される所得税率は上昇し，控除によって得る利益が大きくなる。これに対して，税額控除による税負担軽減効果は，その納税者に適用される税率にかかわらず，その税額控除の金額である。このように，所得控除は，税額控除に比べて，低額所得者よりも高額所得者に相対的に大きなメリットを与えることになるため，所得税の所得再分配機能の回復等の観点から，所得控除から税額控除（または補助金）への転換を進めるべきであるとの指摘がなされることがある。

Step up

国際課税における人的控除

　国境を越えて活動を行う納税者に対しては，どのように人的控除を付与すべきだろうか？　人的控除は，特定の所得と紐付くものではないため，複数の国で所得税を納める納税者については，いずれの国がこれを付与すべきかが問題となる。大陸つづきで経済統合が進む欧州連合においては，とくに重要な問題となっている。

　能力説を前提とする包括的所得概念のもとでは，あらゆる源泉から生じた所得を課税対象として，その全体に累進税率を適用することが理想であるから，個人の事情を考慮するための人的控除は，居住地国が付与すべきであるということになる。

　しかし，ある納税者が居住地国においてまったく所得を得ていない場合には，その納税者は居住地国において人的控除を十分に享受することができない。そして，源泉地国が非居住者に対して人的控除の付与を認めていなければ，その納税

者は，居住地国においても源泉地国においても人的控除を受けることができない
ことになる。このような場合，源泉地国が非居住者に人的控除を付与すべきであ
ろうか？ それとも，居住地国が人的控除に係る税額を還付すべきだろうか？

　この問題について提案されている一つの方法は，比例配分方式（pro rata
parte）である。これは，源泉地国と居住地国が自国で生じる所得に応じて人的
控除を比例按分して付与するという方法である。しかし，所得金額の計算方法は
国によって異なるから，こうして計算された「パイの切り分け」が「一つのパ
イ」になるわけではない。また，あらゆる関係国がこの比例配分方式を採用して
いない限り，「一つのパイ」にならない。したがって，あらゆる国が同じ税制を
採用したうえであらゆる国が比例配分方式を採用しない限り，国内労働者と越境
納税者が常に等しく扱われることはない。

第9節　所得の帰属と課税単位

1　所得の帰属
（1）実質所得者課税の原則
　所得の帰属とは，所得税法上その所得が誰のものとなるのかという問題であ
る。所得の帰属する者に納税義務が生じ，納税額の確定や更正・決定等の対象
となるため，所得が誰に帰属するかは重要な論点になる。所得税法12条では，
収益の名義人が単に形式的なもので，名義人以外の者がその収益を実質的に収
得している場合には，その収益は享受者に帰属するものと定めている（実質所
得者課税の原則）。この実質所得者課税の原則は，①法律的帰属説と②経済的帰
属説に分類される。

〔図表12：二つの帰属説〕

	比較対象	帰属
法律的帰属説	法律上の形式的な帰属者 法律上の真の帰属者	法律上の真の帰属者
経済的帰属説	法律上の帰属者 経済上（収益）の帰属者	経済上の帰属者

　２説の比較対象は同一ではなく，①法律的帰属説が私法上の帰属という前提のもと，形式的な帰属者と真の帰属者を比較しているのに対して，②経済的帰属説は帰属の法律的性質と経済的性質を比較しているのである[1]。両説を比べると，②経済的帰属説は課税庁にとって経済上の帰属の判定が難しく，納税者にとっても帰属の予測がつかないため，法的安定性および予測可能性を害する傾向にあり，これらの観点からは①法律的帰属説が支持される[2]。しかしながら，私法上の法律関係における「真の帰属者」も明白なケースばかりではないことから，そのような場合には事実関係に依拠して判断される。

　なお，実質所得者課税の原則はあくまでも法律上の帰属を根拠としている原則である。したがって，「実質課税」の名目のもと，納税者の経済行為を租税法上無効として租税回避行為を否認することは，租税法律主義に反しているため認められない。

（２）　所得の帰属と家族

　日常生活を送るうえで，所得が誰に帰属するかは一見明白のように思われる。とくに給与所得については，労働基準法24条において「賃金は…直接労働者に，その全額を支払わなければならない。」と定められていることからも，その労務を提供した者に所得が帰属することはわかりやすいだろう（夫婦財産契約☞本節２（２））。

　しかし，家族内での所得の帰属は，しばしば問題になりやすい。戦前の日本は家制度のもと，家族で一つの事業を行って生計を立てていることが多かった。戦後のシャウプ勧告によって租税法は大きく改正されたが，新しい制度創設の

---

[1]　経済的帰属説が採用された事案として，最判平成４・４・28税資189号401頁，山口地判昭和46・６・28訟月17巻10号1671頁。
[2]　実質所得者課税の原則の判断基準については，水野367頁。

背景として当時の家族事情を考慮したままのものが少なくない。その代表的な例として，親子が協力して一つの事業を営んでいる場合や，夫婦で互いの事業を支えあう場合がある[3]。これらは家族を一つの消費単位として捉えていることに由来する考え方であり，判例では，親子が協力して一つの事業を営んでいる場合，所得の帰属は誰の勤労によるものかではなく，経営主体であるものに帰属すると判断されている[4]。

　この他にも，家族の所得についての規定としては，親族が事業から受ける対価の取扱い（所税56条）がある（☞第6節3（6））。この規定の趣旨は，家族事業における恣意的な所得分割の防止にあり，これによって個人事業者である夫の事業に夫と生計を一にしている妻が従事し，その労働に対する対価が妻に支払われた場合でも，所得税法上は当該支出が事業の必要経費とは認められず，かつ，妻の給与所得ともみなされない場合が生じる。同規定は，導入当時の事業と家庭の未分離といった背景や夫婦の働き方が現在とは大きく異なっているにもかかわらず，未だ原則的に適用されている。

2　課税単位
（1）課税単位の種類

　課税単位とは，所得をどのように分割または合算して課税するかという単位であり，これには各国の歴史や文化が色濃く反映しているため，現代においても多様な課税単位が存在する[5]。課税単位の議論は，所得税の基本であるとともに，租税回避を考えるうえでも重要である。たとえば，納税者ごとに課税する場合であれば，夫婦で所得分割をすることができるが，夫婦を一つの単位として課税する場合には夫婦ではなく親と子の間で所得分割が行われる。

　課税単位は，①個人を単位とする個人単位主義，②夫婦を単位とする夫婦単位主義，③家族を単位とする家族単位主義の三つに大別できる。さらに，この②夫婦単位主義には夫婦の合算所得を課税所得にする方法（合算非分割）と，合算した所得の半分を夫婦それぞれの所得とする方法（2分2乗）があり，③家族単位主義には合算非分割と，合算した所得を家族の人数で分割する方法（n分n乗）がある（図表13参照）。

　海外の主な課税単位をみてみると，アメリカとドイツは夫婦単位主義と個人

3）弁護士夫婦事件―最判平成16・11・2訟月51巻10号2615頁。
4）親子歯科医師事件―東京高判平成3・6・6訟月38巻5号878頁。
5）水野379頁。

単位主義の選択制，イギリスは個人単位主義，フランスは家族単位主義を採用している。

（2）日本の課税単位

わが国の課税単位の歴史をみると，第二次世界大戦前までは家制度のもと，戸主を中心に家族の所得を合算する家族単位が採用されていたが，戦後シャウプ勧告によって昭和25年から個人単位主義へと移行した。

民法では夫婦別産制（民762条）を採用しているため，夫婦が得た所得はそれぞれ稼得者に帰属することから，家事労働に従事する場合には所得はゼロになる。これに対して，相互に支えあって所得を得ているという夫婦の関係性を無視した所得帰属が，個人の尊厳（憲13条）と両性の平等（憲24条）に反しているとして争われた事案があるが，判例では財産分与請求権や相続権等によって夫婦相互の協力について夫婦間に実質上の不平等が生じないよう立法上の配慮がなされているため合憲であるとされている[6]。

また，婚姻前に夫婦財産契約を結んだ場合には，これが別産制に優先するため（民755条），婚姻中に得た所得を夫婦で等しく分けるという財産契約を結ぶことも考えられた。しかし，所得税法上所得の帰属は夫婦の合意によって決定されるものではなく，収入に係る権利が発生した段階でその権利が相手方との関係で誰に帰属するかということによって決まるものとされる[7]。

（3）課税の中立性と家族

課税単位を考えるにあたっては，課税単位間の公平も考慮する必要がある。企業が法人税をコストとして捉え，契約や組織体系などを計画するのと同様に，税金は納税者個人レベルにも影響を与える。たとえば，夫婦単位を採用している場合に，結婚によって税負担が重くなることを危惧して結婚を遅らせたり，フランスで家族単位が家族政策の柱の一つとなっているように，税金が個人のライフイベントに与える影響は少なくない[8]。

具体的にみると，今日では夫婦共働きがモデル世帯とされており，第一稼得者を夫，第二稼得者を妻として，夫が主に稼ぎ，妻は補完的に働くというケースが多い。その場合，夫婦の所得に高い税率が課せられることを懸念して，妻の収入を抑える心理が働くのである。かつて夫婦単位税制を採用していたイギ

6）2分2乗事件—最判昭和36・9・6民集15巻8号2047頁。

7）最判平成3・12・3訟資187号231頁。

8）家族と税については，加藤友佳『多様化する家族と租税法』（中央経済社，2021）。

〔図表13：課税単位〕

リスの納税者は，結婚すると税負担が重くなるマリッジ・ペナルティーに悩まされていたが，課税単位を個人単位へと移行した結果，その心理から解放され女性の労働参加率が上昇している。

　また，課税単位ごとの中立性の問題もある。個人単位主義で夫婦の合計所得が同じ場合には，片働き世帯の場合と共働き世帯との間で税負担に違いが生じる（図表14参照）。一方，夫婦単位で2分2乗方式を採用すれば，片働き世帯も共働き世帯も所得150／人として課税されるため，税額は一致する。しかし，独身者には2分2乗方式は適用されないうえ，高所得者の片働き世帯は所得分割ができることから，富裕層に対する優遇という批判もある[9]。

　9）増井良啓『租税法入門〔第2版〕』92頁（有斐閣，2018）。この他，小塚真啓「家族の所得と租税」金子宏監修『現代租税法講座〈第2巻〉』37頁（日本評論社，2017）。

〔図表14：片働き世帯と共働き世帯の税額比較（個人単位主義）〕

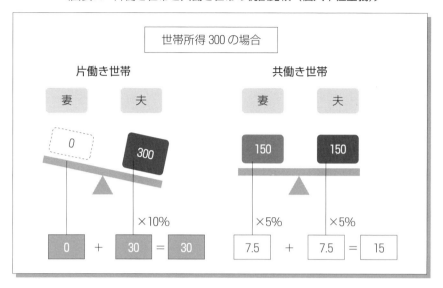

第5章

法人税

第1節　法人税の意義と性質

1　法人税の意義

　法人税とは，法人の所得に対する租税である[1]。その中心は，各事業年度の所得に対する法人税である。法人税の課税物件は，法人の所得である。

　法人の所得に対する租税は，明治32年，所得税法において法人所得として課税されることになった。法人の所得に対する課税は，わが国における基幹産業の発展とともに重要性を増し，昭和15年の税制改正において法人税法で規定されることになった。

　法人の所得の算定は，企業の利益を基礎にして，法人税法の規定により企業の利益を加算・減算する。その法人の所得を課税標準として，それに税率を適用して法人税額を算定する。このように法人税は，法人の形態で事業活動を営み利益を得た場合，法人という団体に課される租税をいう。他方で法人は，株主による出資をもとに事業活動を行い，その成果を株主に配当する。法人の取引では，前者を損益取引，後者を資本等取引という。

2　法人税の性質・課税根拠

　法人税の性質ないし課税根拠には，古くから議論があるが，大別してつぎの二つの考え方がある。

（1）利益説・特権説

　利益説・特権説は，法人の担税力に着目して課される独自の租税である，とする考え方である。すなわち，法人という形態で事業活動を行うことが認められるという特権に対する租税である（特権説）。法人がその事業において政府から受ける利益に対する租税である（利益説）。しかし今日，一定の要件を満たせば株式会社の設立は可能であり，法人の形態で事業を行うことは必ずしも

1）水野386頁。金子329頁。

特権ではない。仮に特権であるとしても，現行の法人税率を正当化する根拠には無理がある[2]とされている。

（2）　法人実在説・法人擬制説

　法人の所得に対する租税をめぐる議論に，法人実在説，法人擬制説がある。これらの説は，法人という団体の特殊性において，対立説として議論された。

1　法人実在説とは，法人は，個人とは独立して社会的に影響力をもった実体であるとする考え方である。この説によれば，法人税とは，法人の所得それ自体に対する租税である。そのため，法人とその構成員である株主とは，別個独立の存在であり，法人税と配当にかかる所得税とは，何ら調整を要しないとされる。

2　法人擬制説とは，法人は，法人に出資する株主（個人）の集合であるとする考え方である。この説によれば，法人の所得は法人に出資した株主等のものであるとされる。そうすると，事業活動から生ずる法人の所得には，まず法人税が課され，法人税が課された法人の所得がつぎに出資者に分配されると，出資者である株主には配当所得として所得税が課される。いわゆる配当に対する二重課税である。そのため，受取配当に対する所得税と法人税との二重課税を排除するために，調整を行うべきである（受取配当金の益金不算入）とされる。

3　これらの説は，対立説として議論されてきたが，法人に所得が生じる場合，その利益は個人の保有する株価にも反映される。したがって，今日では，法人を個人とは独立の存在として捉えるとしても，法人の所得とその株主の所得とを切り離して論ずる法人実在説の考え方には批判が強い。さらに近年では，法人税の議論は，配当二重課税にとどまらず，個人所得税との統合という論議がなされている。

3　法人税と所得税の統合

　法人税の議論では，二重課税の排除，法人税と所得税との統合という論議もなされている。

　法人税は，①法人の利益については法人税が課され，そこから分配された配当には配当所得として個人所得税が課される（配当二重課税）。これに対して，②個人企業や組合形態で遂行される事業では，収益について個人や組合員の段階で1回のみの課税がなされる（一回課税）。

2）　水野390頁。

　わが国では配当二重課税の問題について，法人税と所得税を統合する論議がなされ，租税の中立性等を配慮することが重要であるとされる。その統合の方式[3]として，水野忠恒名誉教授は，①完全な統合の方式，②配当二重課税の排除（部分的統合の方式）などをあげ，国際化の進んだ今日，統合の議論においては，国外株主・投資家の国内源泉の課税，ならびに，法人の国外源泉所得や外国税額控除の問題を検討しなければならない，と指摘されている。現在わが国では，法人の株主の受取配当控除方式のみが維持されている。

　先進国の中で，法人と個人にそれぞれ独立して課税している国は，日本とアメリカをはじめとする若干の国にすぎず，大部分の国では二重課税を排除するため何らかの方式を用いて法人税と所得税の統合を図っている。その政策的な目的は，二重課税を排除することにより，投資の促進，株式市場の活性化等を図ることにあるとみられる[4]。

4　法人税の税率と税の競争

（1）　法人税の税率

　わが国の内国法人である普通法人に対する法人税の税率について，一般の普通法人の税率は，平成27年4月1日以後，25.5％から23.9％に引き下げられ，平成29年4月1日以後に開始する事業年度について23.2％に引き下げられた（法税66条1項）。さらに，現行における法人税の税率は，普通法人のうち資本金1億円以下の法人において，年800万円以下の所得金額には，軽減税率が適用される。一般社団法人等または人格のない社団等については，23.9％から23.2％に引き下げられた（中小法人，一般社団法人等，公益法人等とみなされているものまたは人格のない社団等において，年間800万円以下の所得金額については特例として15％の税率（平成31年4月1日以後開始事業年度）となった）[5]。

　日本の法人実効税率は，2021年29.74％で，アメリカ27.98％，ドイツ29.93％，英国19％，イタリア24％である。わが国は，企業の国際競争力を高めるため，法人実効税率をこの8年間で7％超引き下げた（2013年度では37.00％）。法人実効税率の国際水準（2016年度）は，OECD平均24.78％，アジア平均21.87％である。さらにアメリカは，両院・共和党が引き下げ27.98％の最終案を発表した[6]。

3）法人税と所得税の統合方式については，水野396頁以下に詳細がある。
4）金子334頁。
5）国税庁HP「法人税の税率」（令和4年1月5日閲覧）。法税66条。
6）財務省HP「法人実効税率の国際比較」（令和4年1月5日閲覧）。

　また，2014年の税制改正で地方法人税が創設された。平成28年3月31日に公布された「所得税法等の一部を改正する法律」により，地方法人税の税率が改正された。改正後の税率については，令和元年10月1日前に開始した課税事業年度においては，地方法人税の税率は4.4%。令和元年10月1日以後に開始する課税事業年度においては，10.3%で，改正前後に対応させるために「4.4%」と「10.3%」の両方の税率が申告書では記載されており，使用する税率に注意が必要である[7]。

（2）　税の競争

　OECD（経済協力開発機構）は，1998年に税の優遇措置を通じてタックス・ヘイブンを規制するために「有害な税の競争」という報告書を提出した。ところがその後，企業誘致はますます激化し，法人税の税率を引き下げないと企業が外国に逃げて行ってしまうという状況であった。水は高いところから低いところへ流れるのと同じように，税率の高い国から低い国へ流れる。企業の国外流出が起こるとどうなるだろう。政府は得べかりし税収を失う[8]。わが国も影響を受け，法人税の税率の引下げが行われ，国家間の不当な税の引下げが問題視されていた。こうした中で，近年のグローバルなビジネスモデルの構造変化により生じた多国籍企業の活動実態と各国の税制や国際課税ルールとの間のずれを利用することで，多国籍企業がその課税所得を人為的に操作し，課税逃れを行っている問題（BEPS）に対処するため，BEPSプロジェクトでは，G20の要請により策定された15項目の「BEPS行動計画」に沿って，国際的に協調してBEPSに有効に対処していくための対応策について議論が行われ，平成27年（2015）に最終報告書がとりまとめられた（国税庁HP BEPSプロジェクト）。BEPS行動計画5：有害税制への対策において各国優遇税制の有害性を経済活動の実質性から判定するための新基準および制度の透明性を高めるための新基準が検討されている[9]。わが国では，2017年度にタックス・ヘイブン対策税制が改正された。タックス・ヘイブン対策税制をまったく改正したというよりも，従来の対象法人を法人税率で定めていたのに変えて，タックス・ヘイブン対策税制による合算の対象となる外国法人を実質的に判断することとした[10]。

7）国税庁HP「地方法人税の税率の改正」（令和4年1月5日閲覧）。
8）村井正「金融所得一体課税に向けた改正動向と残された課題」税理2013年11月号9頁。
9）行動計画5については，水野忠恒監訳『OECDモデル租税条約2017年度』（日本租税研究協会，2019）参照。有害な税の競争については，林幸一「Column Harmful Tap Compention」村井正編著『入門国際租税法〔改訂版〕』19～20頁（清文社，2020）。

第2節　法人税の納税義務者

1　法人税の基本的な納税義務者
（1）　内国法人と外国法人の判断基準
　法人の所得に対する納税義務者は，法人である。法人は，内国法人と外国法人とに区分される[1]。内国法人は，この法律により法人税を納める義務がある（法税4条1項）。また，内国法人と外国法人の区分は，設立準拠法主義，本店所在地（登録）主義，管理支配地主義などの判定基準によりなされる[2]。
　設立準拠法主義は，法人の設立がどの国の法律に基づくものであるかで判断する。アメリカ，スウェーデン，フィリピン等で採用されている。
　本店所在地（登録）主義は，法人の本店を置いている国または本店を登録している国で判断する。日本で採用されている。
　設立準拠法主義も本店所在地主義も形式的な基準で，このような基準の下では，軽課税国の法律に基づき法人を設立し，そこに本店を置くことで，容易に課税逃れが行われやすいことから，管理支配地主義の導入といった意見も一部にみられる。
　管理支配地主義は，取締役会の開催地等，法人の実質管理支配がどこの場所で行われているかで判断する。韓国，シンガポール，インドネシア，マレーシア等で採用されている。
　さらに，本店所在地主義と管理支配地主義を併用する国として，イギリス，カナダ，ドイツ等がある。
（2）　無制限納税義務者と制限納税義務者
　本店所在地主義をとるわが国の法人税法は，内国法人とは，国内に本店または主たる事務所を有する法人（法税2条3号）と定めている。内国法人には，各事業年度の所得に対する法人税が課され（法税5条），国内源泉所得のみならず，国外源泉所得についても法人税を納める義務がある。すなわち，内国法人は，所得の源泉地がどこであるかを問わず，無制限納税義務者として全世界

10）タックス・ヘイブン対策税制についての詳細は，水野807頁以下を参照。
1）第8章第2節3を参照。
2）判定基準については，宮本十至子「第3章　納税義務者」村井正編著『入門国際租税法〔改訂版〕』54頁（清文社，2020）。

所得に対して納税義務がある。

　一方，外国法人は，内国法人以外の法人（法税2条4号）であり，国内源泉所得（法税9条1項）に対してのみ，制限納税義務者として納税義務がある。

　外国の事業体が，わが国の外国法人かどうかをめぐり争われた事案がある。

Column

米国LLCがわが国の租税法上の外国法人にあたるか[3]

　わが国の租税法には，法人そのものについての定義規定はない。こうした中で，ニューヨーク州の法令に準拠して設立された有限責任会社（Limited Liability Company, LLC）が，わが国の租税法上の法人に該当するかどうかが争われた。東京高裁は，いわゆる借用概念統一説をとった上で，外国の法令に準拠して設立された社団や財団の法人格の有無の判定にあたっては，基本的に当該外国の法令の内容と団体の実質に従って判断するのが相当であると判示し，本件LLCは，separate legal entityとして，自然人と異なる人格が認められ，独立した法的実在として存在しているのであり，わが国の租税法上の外国法人にあたると判断した。

2　法人の形態

　法人税の納税義務者である法人は，以下の5種類に分類される。

（1）　公共法人

　公共法人は，公共的性格が強く，本来国家が行うべき業務を代行している法人とみなされている。そのため，公共法人は，法人税を納める義務がない（法税4条2項）。たとえば，県や市の地方公共団体，NHK，国民健康保険組合，国民生活センター等が公共法人である。平成27年改正で，日本医療研究開発機構が追加された。

（2）　公益法人等

　公益法人等は，収益を目的とするのではなく，公益を目的として設立された法人である。公益法人等の所得のうち，収益事業[4]から生じた所得以外の所得

3）東京高判平成19・10・10訟月54巻10号2516頁（第一審さいたま地判平成19・5・16訟月54巻10号2537頁）。

には，法人税を課さない（法税7条）。したがって，公益法人等が公益事業から生じた所得に対しては法人税の納税義務はないが，収益事業から生じた所得に対しては納税義務があることになる。この点で，収益事業の範囲について問題となる。公益法人等[5]には，日本赤十字社，商工会議所，学校法人，宗教法人，財団法人，厚生年金・国民年金基金等が含まれる。

　公益法人等の所得について裁判所は，同種の事業を行う民間の営利企業との競争条件の平等を図り，課税の公平を確保するなどの観点から，公益法人等の行う収益事業に対して課税の対象とした事案がある。

　すなわち判例は，公益法人等の行う事業活動が，他の営利を目的とする法人と競合関係にある場合，その事業は収益事業[6]であるとした[7]。

　公益法人等の収益事業から生じた所得に対する課税は，旧制度では，22％の税率（法税66条3項）で課されていた。しかし，平成31年4月1日以後に開始する事業年度については年800万円以下の部分は15％，年800万円超の部分については，23.20％が適用される。

Column

公益法人等の行う収益事業
—宗教法人が行うペット葬祭業事件[8]

　公益法人等にとっては，その事業活動が収益事業に該当するか否かが重要な問題となる。本件の争点は，宗教法人がペットの飼い主から料金表等で定められた料金を受け取って葬儀等を行う事業が，収益事業に該当するか否かであった。

　最高裁は，収益事業該当性について，事業に伴う財産の移転が役務等の対価の支払いとして行われる性質のものか，それとも喜捨等の性格を有するものか，ま

4）販売業・製造業その他政令（法税令5条・6条）で定める事業で，継続して事業場を設けて営まれるものをいう（法税2条13号）。
5）公益法人等とは，法人税法別表第二に掲げる法人（一般社団法人等を除く）（法税2条6号）をいい，公益法人等とみなされているもの（認可地縁団体，管理組合法人及び団地管理組合法人，法人である政党等，防災街区整備事業組合，特定非営利活動法人並びにマンション建替組合およびマンション敷地売却組合をいう）は，含まない。
6）法人税法施行令5条1項は，物品販売業・請負業・労働者派遣業等，34業種を収益事業としている。
7）他に，東京地判平成24・1・24判時2147号44頁がある。
8）最判平成20・9・12訟月55巻7号2681頁（名古屋高判平成18・3・7税資256号順号10338，名古屋地判平成17・3・24判タ1241号81頁）。

た，当該事業が宗教法人以外の法人の一般的に行う同種の事業と競合するものか否か等の観点を踏まえた上で，当該事業の目的，内容，態様等の諸事情を社会通念に照らして総合的に検討して判断するとした。本件は，ペット依頼者の要望に応じてペット供養のために，宗教上の形式により葬祭を執り行っていることを考慮しても，法人税法2条13号の収益事業に当たると判示した。

（3）　協同組合等

協同組合等は，営利を目的とするものではなく，公益を目的とするものでもない。国民生活の安定と生活文化の向上を期することを目的として，組合員が協同で事業にあたる。したがって，年800万円以下の部分は15%，年800万円超の部分については，19%の税率が適用される。協同組合等には，農業・漁業協同組合，消費生活協同組合，商工組合，信用組合等がある。

（4）　人格のない社団等

人格のない社団等は，法人でない社団または財団で，代表者または管理人の定めがあるものをいい（法税2条8号），人格のない社団等には，PTA，同窓会，学会，町内会等が含まれる。法人税法は，人格のない社団等も法人とみなしており（法税3条），収益事業から生じた所得については法人税が課される。この点で，民法上の組合や有限責任事業組合は，組合員が共同で事業を行うための組織であり，納税義務の主体ではない[9]。人格のない社団等は，正しくは法人ではないが，法人税法上では，これらの団体の代表者や管理人が定めてあれば，法人としてみなされるのである。

人格のない社団としての要件は，①団体としての組織を備え，②多数決が行われ，③構成員の変動に左右されず，④管理運営に関する主要な論点が確定していることを要する（最判昭和39・10・15民集18巻8号1671頁）[10]。

人格のない社団等について論議された事件では，米国デラウェア州の有限責任組合（Limited Partnership；LPS）について，わが国の法人税が課されるか，パートナーシップとしてのパス・スルー課税がなされるべきかが争われ，下級審[11]の判断が分かれた。裁判ではその際に，人格のない社団等についても審

9）金子340頁。
10）他に，人格のない社団の納税義務が争われた事件に福岡高判平成2・7・18訟月37巻6号1092頁がある。

議された。この事件の詳細は本章第3節3を参照。

（5）普通法人

普通法人は，上記4種類に属さない法人（法税2条9号）で，営利事業を目的とする。普通法人のうち，事業年度終了時に資本金の額もしくは出資金の額が1億円以下である法人に対しては，各事業年度の所得の金額のうち，年800万円以下の金額については軽減税率（平成31年4月1日以後に開始する事業年度において適用除外事業者に該当する法人の年800万円以下の部分については，19％の税率，適用除外事業者以外の法人は15％）が適用される。

普通法人のうち，同族会社については，特別の定めがなされている（同族会社の詳細は，本章第6節参照）。普通法人には，株式会社，合同会社等の会社，医療法人，企業組合，日本銀行（日本銀行は，日本銀行法という特別法で設立された法人で，普通の銀行とは異なった機能をもっている）が含まれる。

第3節　法人以外の事業形態（組合・信託等）の課税

1　新しいタイプの法人

実際の経済社会においては，法人以外の事業形態も法人税の納税義務者になることがある。わが国では，組合や信託等の課税に関して，租税法の重要な課題となっている。たとえば，組合・信託等の事業形態は，法人税の対象となりうるのか，あるいは立法論として法人と同様に課税するのか，それとも組合や信託として，独自の課税の仕組みを整えていくのかという課題がある[1]。外国のパートナーシップや人的会社のような事業主体が，法人税法上の外国法人にあたるか否かについては，その判断において最も重要な要素は，それが権利義務主体といえるかどうか，およびその活動のための支出および活動から得られる収益，すなわち，その利益または損失がその事業体に帰属するか，それとも出資者にパス・スルーするか，であると解すべきであろう[2]，とされている。

11）東京地判平成23・7・19税資261号順号11714（法人該当性否定），控訴審東京高判平成25・3・13訟月60巻1号165頁（法人該当性認容），大阪地判平成22・12・17判時2126号28頁（法人該当性認容），控訴審大阪高判平成25・4・25判例集未登載（法人該当性認容），名古屋地判平成23・12・14税資261号順号11833（法人該当性否定），控訴審名古屋高判平成25・1・24税資263号順号12136（法人該当性否定）。

1）水野412頁。
2）金子552頁。

　最近では，米国デラウェア州や英領バーミューダのリミテッド・パートナーシップ（LPS）等が，わが国の外国法人にあたるか，それともパートナーシップにあたるかの判断について争われている[3]。外国法に基づいて設定されたパートナーシップを日本の租税法上どのように位置付けるかである。経済社会の発展およびグローバル化に伴い，組合や信託のような非法人事業・投資形態をめぐる課税問題は，立法論も含めて検討されなければならない喫緊の課題である。わが国において法制化されていない事業体についても，わが国における課税の在り方を考える必要がある[4]。そのため，法人以外の事業形態をめぐる課税関係について，基礎事項をみておきたい。

2　組合の課税

　パス・スルー課税とは，組合は，事業の主体ではあるが，法主体ではないため組合活動によって得られる損益は，組合を通り抜け，直接各組合員に帰属し，組合員の所得として組合員に課税される。組合の重要な特徴として，組合は納税義務の主体ではない，ということである。

　組合課税に関しては，「組合の所得計算」として，任意組合等の組合員の当該任意組合等において営まれる事業に係る利益の額または損失の額は，当該任意組合等の利益の額または損失の額のうち分配割合に応じて利益の分配を受けるべき金額または損失を負担すべき金額とする。ただし，当該分配割合が各組合員の出資の状況，組合事業への寄与の状況などからみて経済的合理性を有していないと認められる場合には，この限りではない（所基通36・37共-19）。ここでは，任意組合を民法667条1項に規定する組合契約の他，「投資事業有限責任組合契約に関する法律」3条1項に規定する投資事業有限責任契約や外国におけるこれらに類するものをいうとして，従来の取扱いを変更し，対象が拡大された[5]。

（1）　民法上の組合（任意組合ともいう）

　組合契約は，各当事者が出資して共同の事業を営むことによって，その効力

　3）最判平成27・7・17判時1632号1頁，下級審は本章第2節注11）参照。さらに，東京高判平成26・2・5判時2235号3頁（東京地判平成24・8・30税資262号順号12026）。
　4）水野412頁。パートナーシップについては，水野忠恒「最近の組合課税をめぐる裁判例について：いわゆるLPS訴訟」租税研究783号66頁以下（2015）。伊藤剛志「組合課税に係る近年の裁判例の検討」租税研究762号242頁（2013）。
　5）水野429～430頁。また，投資事業有限責任組合の性質および課税関係については，水野438～439頁に詳細がある。

を生ずる（民667条１項）。各当事者の出資は，労務をその目的とすることができる（同条２項）。組合財産は，総組合員の共有に属する（民668条）。民法では，組合は団体の一種で，共同の目的を遂行するために成立する事業の組織であり，組合員となる者の組合契約によって設立される，とされる。さらに，民法上の組合は，ａ）組合員は個人でも法人でもよい，ｂ）出資は，金銭その他の財産（組合員の共有に属する）でも労務でもよい，ｃ）共同事業の組織ではあるが，実際の業務の執行は，組合契約で１人あるいは数人の業務執行者を選び，これに委任して行われることが多い。組合の業務の執行（管理・運営）は，組合員の過半数で決める（民670条１項），また，組合契約でこれを委任した者が数人あるときは，その過半数で決する（同条２項）旨を規定している。

　組合活動による損益は，組合員の所得として直接組合員に課税（パス・スルー課税）される。

（２）　匿名組合

　匿名組合は，商法535条の規定に基づき設立される。匿名組合契約とは，匿名組合員の一方が相手方（営業者）の営業のために出資をし，他方がその営業から生ずる利益を分配することを約する契約をいう（商535条）。その出資財産は営業者に帰属（商536条１項）し，民法上の組合のように，営業者と匿名組合員の共有となるものではない。匿名組合員の出資は財産出資に限られ，労務や信用の出資は認められない（商536条）。匿名組合員は，ａ）営業者の背後にかくれており，事業の主体は，匿名組合員から出資を受けた営業者である。組合員の出資は，ｂ）営業者の財産に帰属し，組合員は営業者の債権者に対して責任を負うことはない。他方で，匿名組合員は，営業者の営業の成果によって定まる利益の分配を受ける権利を有する。

　匿名組合契約等の意義につき，所得税施行令288条は，「政令で定める契約は，当事者の一方が相手方の事業のために出資をし，相手方がその事業から生ずる利益を分配することを約する契約とする」旨を定めており，商法535条も所得税施行令288条も，ほぼ同一の意義と解される[6]。商法上の匿名組合は，商法535条に規定されるものであり，それ以外の形態は，匿名組合ではなく，その類似の任意契約によるものと考えるべきである[7]とされている。

6）最判昭和36・10・27民集15巻9号2357頁は，匿名組合契約に準ずる契約の概念が商法535条にいう匿名組合契約にあたるかが問題となった。
7）水野435頁。

匿名組合の出資者である匿名組合員

　最判平成27・6・12判時1629号16頁（控訴審東京高判平成24・7・19税資262号順号12004，第一審東京地判平成22・11・18税資206号順号11560[8]）では，匿名組合員は，出資者として営業から生じる利益の分配を受ける地位を有するにとどまる。匿名組合員の出資行為から生じる損益は，匿名組合員の営む事業の遂行によるものではなく，反復継続する行為によるものでもなく，役務提供を内容とするものでもないとして，匿名組合契約において営業の主体となるのは，原則として営業者だけであるとした。

3　新しいタイプの事業体

　外国法に基づいて設定されたパートナーシップは，日本の租税法上，組合に位置付けるか，あるいは法人に位置付けるか，という議論があり，法人税法の最近の動向として重要である。

　わが国における新たなタイプの事業体として，LPS（Limited Partnership：無限責任を負う1名以上のジェネラル・パートナー（GP）と出資額を限度として有限責任を負う1名以上のリミテッド・パートナー（LP）で構成されたリミテッド・パートナーシップ）は，課税上，わが国の法人か組合かという問題である。アメリカの各州の認める，無限責任組合員を有する有限責任組合LPS（Limited Partnership），有限責任組合LLP（Limited Liability Partnership），および有限責任会社LLC（Limited Liability Company）[9]において，わが国における事業体として，どのように課税上取り扱うのか，事業体の準拠法に従うのか，あるいは，わが国の事業体になぞらえて取り扱うのか，といった問題がある。

　わが国の法人税法には，「法人」の定義規定がない。民法では，法人法定主義（民33条1項），あるいは，法人は権利を有し義務を負う（民34条）といった規定がある。また，組合の定義規定もわが国の租税法には定めがない。民法で

　8）増井良啓「匿名組合通達の変更と信義則」『租税基本判例70』46頁（2014）。
　9）LLCは，当初は，ドイツ法から考案された特殊なパートナーシップ契約が裁判所で争われることにより注目された。LLCの特色は，有限責任に限定されるパートナーのみにより構成されるということである。

は，組合契約とは，二人以上が各自出資して共同事業を営むことを約すること
によって，その効力を生ずる（民667条1項）とされている。組合に類似する米
国のパートナーシップは，課税上パス・スルーとよばれ，損益は直接パートナ
ーに帰属するとされている。

　本件LPSにおける最大の論点は，損益がLPSに帰属するか，あるいは直接
パートナーに帰属するかということである。LPS訴訟（デラウェア州法）につ
いての詳細は，水野415頁以下参照。

Column

外国法に準拠したLPSは，わが国の法人かパートナーシップか[10]

　以下は，デラウェア州法に準拠したLPSの法人該当性をめぐり争われた事案
である。

　本件LPSによる不動産賃貸事業から生じる所得（損益）が，投資家らの不動
産所得に該当するか否かについて，名古屋地判平成23・12・14税資261号順号
11833は，基本的には，当該外国の法令の規定内容から，準拠法である当該外国
の法令によって法人格を付与する旨を規定されていると認められるか否かによっ
て判断されるべきであるとして，米国デラウェア州LPS法201条(b)の「separate
legal entity」という概念は，わが国の租税法上の法人と同一の概念であるとは
認めることはできないとした。控訴審名古屋高判平成25・1・24税資263号順号
12136もほぼ同様に判断し，法人該当性を否定した。

　これに対し，最判平成27・7・17判時1632号1頁は，外国の組織体が所得税法
2条1項7号および法人税法2条4号の外国法人に該当するか否かの判断基準と
して，まず，a）当該組織体が当該外国の法令において日本法上の法人に相当す
る法的地位を付与されていること，または付与されていないことが疑義のない程
度に明白であるか否かをまず検討し，これができない場合，つぎに，b）当該組
織体が権利義務の帰属主体であると認められるか否かを判断する，とした。その
上で，最高裁は，「権利義務の主体」が「わが国の租税法上の納税義務者として

10）最判平成27・7・17判時1632号1頁および本章第2節注11）参照。組合と法人の区別
　　の基準についての詳細は，水野414頁以下。加藤友佳「米国リミテッド・パートナー
　　シップの租税法上の『法人』該当性」ジュリ1496号111頁。

の適格性を基礎づける属性」として，本件LPSを外国法人と判断した。

4　信託税制

　これまでわが国では，信託といえば投資信託をはじめとする集団信託であって，民事信託（個人信託）の利用はなされてこなかった。高齢化社会に備え，個人の財産管理のための信託（個人信託）の利用を促進するために平成18年信託法が改正され，新たな類型の信託も導入された。それに伴い，平成19年には信託税制が改正されたが，改正後は，信託の利用の促進が期待できるような税制になっているのだろうか。

　信託の課税関係を考えるにあたり，委託者，受託者，受益者における相互の関係が重要である。まず，信託課税を考える上での基礎事項を確認したい。

（1）　信託の仕組みと個別要素

①　委託者の意義と地位

　旧信託法では，委託者は，信託財産の管理方法の変更請求権，信託事務についての説明請求権，および受託者に解任請求権等の権限を有していた。このように委託者が多くの権限を有していると，受益者と委託者の意見が対立するなど，法律関係が複雑になり，受託者の信託事務処理に支障をきたすおそれがある，と考えられていた。そこで，新信託法では，委託者は信託行為の当事者ではあるが，委託者の信託法上の権利を若干後退させる方向で修正を加えることとした[11]とある。

〔図表１：信託の仕組み〕

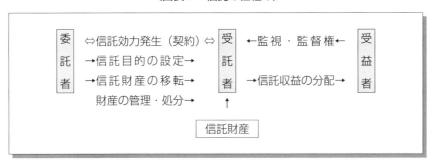

11）寺本昌広『逐条解説　新しい信託法』3〜4頁（商事法務，2007）。

　委託者の地位は，新信託法では，委託者または受託者の権利として，受益者を指定しまたはこれを変更する権利（受益者指定権等）を留保する規定を新設した（信託89条1項）。この新規定は，委託者および受託者の権利をより強固にし，一方で受益者の地位は契約後においても不確実な立場であるといえよう。新信託法においても委託者には，受益者指定権等（信託89条1項），信託変更の申立権（信託150条1項），受託者の解任の申立権（信託58条4項），信託の終了（信託164条1項）等，多くの諸権能が認められているのである。

　②　受託者の意義と権利

　受託者とは，信託行為の定めに従い，信託財産に属する財産の管理または処分およびその他の信託の目的の達成のために必要な行為をすべき義務を負う者をいう（信託2条5項）。

　受託者の権利は，民事信託においては，当事者間の特別の信頼関係を基礎とするものであるから，民法上の委任が特約のない限り受任者は委任者に対して報酬を請求することができない（民648条1項）ことを原則としている[12]。

　信託法は，委託者および受益者は，いつでも，その合意により，受託者を解任することができる（信託58条1項）としている。

　③　受益者と受益権

　新信託法において受益者とは，受益権を有する者をいう（信託2条6項）。受益権とは，信託行為に基づいて受託者が受益者に対し負う債務であって，信託財産に属する財産の引渡しその他信託財産に係る給付をすべきものに係る債権およびこれを確保するために信託法に基づいて受託者に対し，一定の行為を求める権利をいう（信託2条7項）。

　受益権の意義について，信託法88条1項は，「信託行為の定めにより，受益者となるべき者として指定された者は，当然に受益権を取得する。ただし，信託行為に別段の定めがあるときは，その定めるところによる。」としている。

（2）信託の類型と課税および新税制における課題

　前述したが，平成18年に個人信託の利用を促進するため信託法が改正され，受益者等課税信託，集団投資信託，退職年金等信託，特定公益信託等，および法人課税信託の五つの類型が規定された。

　運用収益に対する課税については，ａ）信託の契約時に受益者に課税される

---

12)　一方，営業信託の場合または報酬支払の特約がある場合にのみ，受託者が報酬の請求をなしうることとしており（信託54条），有償契約が一般的である。

信託（受益者等課税信託）を原則として，ｂ）収益の分配時に受益者に課税される信託（集団投資信託，退職年金信託，特定公益信託），ｃ）信託の契約時に受託者に法人税が課税される信託（法人課税信託）に区分される。

　本章では，原則的な受益者等課税信託について若干とりあげたい。信託の課税の詳細については，水野439頁以下参照。

　受益者等課税信託

　平成19年改正で，従来の個人信託は，受益者等課税信託として規定された。

　受益者等課税信託において，信託の受益者（受益者としての権利を現に有するものに限る）が，その信託の信託財産に属する資産および負債を有するものとみなし，かつ，その信託財産に帰せられる収益および費用はその受益者の収益および費用とみなして，所得税法もしくは法人税法が適用される（法税12条１項本文，所税13条１項本文）。

　この点で，以下のみなし課税の問題がある。

　信託法89条１項は，信託契約において，受益者を指定し，またはこれを変更する権利を有する者の定めのある信託においては，受益者指定権等は，受託者に対する意思表示によって行使することを認めており，受益者の地位はきわめ

〔図表２：受益者等課税信託〕

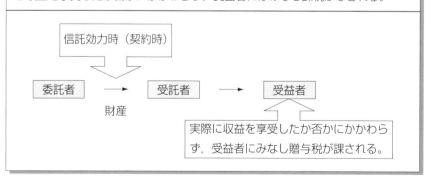

　受益者等課税信託[13]では，信託契約時に，まず委託者から受託者に信託財産が移転される。契約時に実質的な利益の享受者であるとされる受益者には，信託に関する権利を取得したとみなして課税される。すなわち，実際に受託者から収益を享受したか否かにかかわらず，受益者にはみなし課税がなされる。

信託効力時（契約時）

委託者　→　受託者　→　受益者

財産

実際に収益を享受したか否かにかかわらず，受益者にみなし贈与税が課される。

13）　水野惠子『金融資産・信託財産の課税と理論』236頁（中央経済社，2017）。

て不確実である。また，信託法は149条1項で，信託の変更は，委託者，受託者および受益者の合意によってすることができるとしている。同条2項および3項では，信託の変更ができる場合の要件を規定し，さらに同条4項では，前項の規定にかかわらず，信託行為に別段の定めがあるときはその定めによる，としている（信託149条参照）。そこで問題となるのは，信託契約時には受益者と指定された者であっても，委託者がどのような別段の定めをおくかにより，信託契約締結後においてもなお受益者でいられるか否かは不確実であるということである。そのため，信託の効力発生（契約）時に，みなし課税の適用となった受益者が，実質的に担税力のある者であるか，将来においても受益者でいられるか，という問題である[14]。

　さらに，所得税法13条1項，法人税法12条1項および相続税法9条の2第1項本文は，信託の受益者等（受益者としての権利を現に有するものおよび特定委託者をいう）と定めており，受益者としての権利を現に有するものの解釈上，停止期間中の受益者は受益者等といえるか否かという議論もある。

　以上のように，法人税法12条1項，所得税法13条1項，および相続税法9条の2第1項本文は，信託契約時に受益者に対し，みなし贈与課税を規定していることから，信託課税上のさまざまな検討すべき課題がある。

第4節　法人所得・法人税額の計算

1　法人所得の概観
（1）法人所得の計算と企業会計の関係
① 法人税の課税標準

　法人税の課税物件は法人の所得であり，その課税標準は各事業年度の所得の金額（法税21条）とされている。

　そして，法人の所得の計算は，下記のように，当該事業年度の益金の額から損金の額を控除した金額（法税22条1項）であり，事業年度における法人の事業活動による成果として法人税における所得の金額は，益金から損金を控除することによって計算される。この計算の仕組みは，企業会計における損益法を採用したものであると考えられる[1]。

14）水野(恵)・前掲注13）236頁。
　1）水野461頁。

$$法人所得＝益金－損金$$

② 企業会計における利益測定方法

この損益法とはいかなるものであろうか。

企業会計においては，企業の利益の測定方法としては，損益法と財産法の二つの類型がある[2]。まず損益法とは，一定期間の収入と支出，つまりフローから一定期間の利益を測定するものである。対して，財産法とは，二つの時点における財産の価値（時価）を対比することにより一定期間の利益を測定するものである。

わが国の企業会計原則では，「損益計算書は，企業の経営成績を明らかにするため，一会計期間に属するすべての収益とこれに対応するすべての費用とを記載して計上利益を表示し，これに特別損益に属する項目を加減して当期純利益を表示しなければならない。」（損益計算書原則）として，企業の利益が収益と費用に基づき計算されるものであることが明示されている。

③ 計算の仕組み

法人税法では，上記のように益金から損金を控除することで損益計算を基礎とした事業年度の所得を計算している。この点は初めて法人の所得に対して課税された明治32年所得税法以来，一貫している[3]。

したがって法人所得の計算は，損益法による企業会計を基礎としていると考えられる。これはどのような理由があると考えられるであろうか。この点に対して法人税法は22条4項において，当該事業年度の収益の額および費用の額は，「一般に公正妥当と認められる会計処理の基準に従って計算されるものとする。」と定めているように，企業会計における利益と法人の所得がいずれも法人の事業活動の成果を表すものとして類似しており，制度上，計算負担の回避を図ったものと考えられる。

しかしながら，基本的に法人税法は所得の計算の仕組みについては，企業会計の仕組みに依拠しているものの，図表3のように法人所得の算定上すべての企業の会計処理・基準が認められるものではない（一致しない）。

なぜなら企業会計，法人税法，さらに商法（および金融商品取引法）は，それぞれ独自の計算目的を持っているためである。

2）伊藤邦雄『新・現代会計入門』51頁（日本経済新聞社，2014）。
3）水野461頁。

〔図表3：利益と所得の関係〕

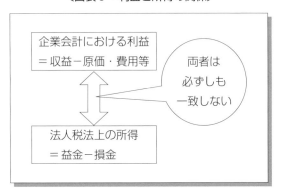

つまり，企業会計とは，資源の提供を受けた者の一般的な責任（説明責任）を有することから資源の提供を受けた企業の経営者がその責任を全うするため[4]，会計を用いて財務諸表を作成し，企業の成果，収益力，将来性を予測させる情報の提供を目的としている。また，制度会計である商法ないし証券取引法では，会社債権者，株主，さらには一般投資家の保護を念頭においている。

　これに対して法人税法の目的は，歳入の公平な徴収，つまり負担の公平な配分であると同時に，国庫の歳入を調達することにある[5]。すなわち企業会計においては合理的な予測，蓋然性で十分であるが，法人税法においては，不確実なルールは否定されることとなる（租税法律主義の観点からも）。

　たとえば企業会計においては，利益情報の安全性のため，保守主義の原則が適用されるが，法人税法では，保守主義に基づき利益額を減少させ，所得をコントロールすることは許されないと解される。

　また，「一般に公正妥当と認められる」企業会計の基準としては，取扱いに合理的な幅があり，会計処理に選択の余地を残すものであり，企業会計としては適正な情報提供のため処理方法に対する裁量を有しているが，法人所得の算定では負担の公平性から許されない。たとえば企業会計上複数の処理方法が認められた結果，法人の選択によってその所得金額が変動するようなことは，結果として恣意的な所得算定につながり公平負担に反しうる。

　このように企業会計も法人税法も，一定の期間の成果を計算するという意味

4）伊藤・前掲注2）46～47頁。
5）水野462頁。

では共通しつつも両者は目的が異なる。とくに，法人税法は，租税法律主義の
要請からその課税要件は明確で，また，公平な計算のため一律な画一的なルー
ルが求められているのである。これに対して，企業会計上の処理基準は，会計
実務上の経験を通じて形成されてきたものであって認識の基準が明確であると
はいえず，一般通念にとどまっており，細部については個別の企業の判断に委
ねられているところが少なくなく，租税法として適正な処理を定め，その所得
金額の算定に関する益金・損金の意義を明らかにする必要が発生することにな
る[6]。なお，平成30年度税制改正においては，企業会計における包括的な収益
認識に関する会計基準の公表・適用開始を受けて，法人税法22条4項が改正，
また，22条の2が追加され，企業会計との調整・処理の明確化が図られている。

（2）企業会計と法人税法との差異

① 差異の発生

このような目的の相違により企業会計と法人税法との間では収益・費用の範
囲が異なることになる[7]。たとえば企業から剰余金の分配として受け取る配当
は，法人税法上，益金には該当しないが，企業会計上は利益となる。逆に，法
人税法上の限度額を超える引当金や交際費など，企業会計上は費用であるが，
法人税法上は損金に該当しない。

また，年度帰属（タイミング）の差異もある。とくに，企業会計上は保守主
義の原則が存在し，「予想の利益は計上すべからず，予想の費用は漏らすべか
らず」として企業に対して不利な影響がある場合は，それに備えて健全な処理
をあらかじめ行うことを要請している[8]。この点においても法人税法における
年度帰属とは差異が発生することになる。

② 差異の調整

そこで，この差異に対して法人所得の計算においては，企業会計における期
間損益を前提としつつ，図表4のように法人税法の目的に応じて，これを修正
するという調整構造を採用している。法人税法22条1項ならびに2項における
益金・損金の「別段の定め」がこれに該当し，具体的には，利益への加算調整
項目として，益金算入項目および損金不算入項目が，また，利益への減算調整
項目として損金算入項目および益金不算入項目が制度化されている。

6）水野463頁。
7）水野464頁。
8）伊藤・前掲注2）80頁。

〔図表4：企業会計と法人所得の調整〕

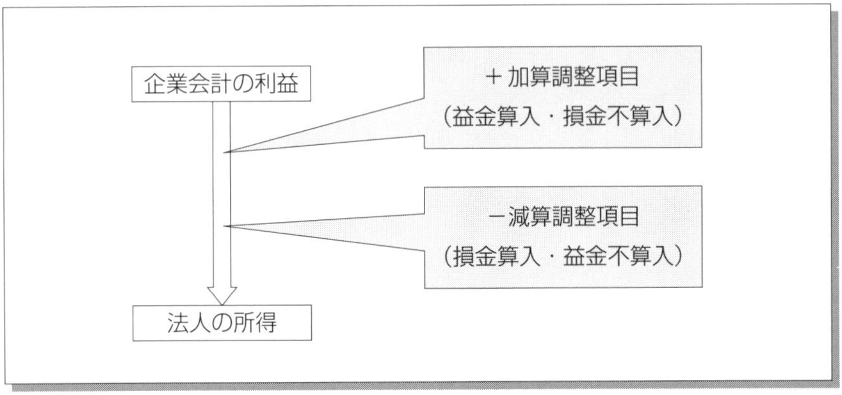

　具体的には，法人税法では負担の公平のため減価償却資産の耐用年数等につき，法定耐用年数を定めるなどして法人税法上は綿密な計算規定をおいて，画一的処理を要求して納税者の選択を規制している。

　しかしながら，このような画一的な規定は，納税者の特殊事情を反映できず，具体的妥当性を欠く場合が発生する可能性があり，法人税法では「一般に公正妥当と認められる会計処理の基準」（法税22条4項）の規定をおいて，個別具体的な妥当性へも配慮している[9]。

（3）「一般に公正妥当と認められる会計処理の基準」

① 法人税法22条4項の性格

　前述のように，法人税法では，事業年度の収益および費用の額は，別段の定めがあるものを除き一般に公正妥当と認められる会計処理の基準（公正処理基準）に従って計算されるものと法定されている（法税22条4項）。

　つまり，原則として法人税における所得は企業会計の方法に基づき計算されるが，上記のように22条4項により計算されるものが自動的に法人税上の所得となるものではない。すなわち法人税の課税標準である所得金額については，法人税法22条2項および3項により，「収益」および「費用・損失」として規定されているのである。

　したがって法人税法22条4項の性格としては，今日では，法人税の所得の計

9）水野465頁。

算の手順を定めたものと解すべきと考えられる[10]。すなわち法人税法22条4項は訓示規定であって，現実に存在している企業の会計上の利益計算の基づきながら法人税法の課税標準を計算するという法人税法上の当然のことを規定したものと捉えるのである。なお，この関係については，平成30年度税制改正により22条4項に「別段の定めがあるものを除き」という文言が追加され，企業会計と法人税法規定の整理・明確化が図られている。

　しかしながら，裁判例ではこの22条4項の規定を根拠に，すなわち創設規定として法人の行った損益計上の時期を否認するものも存在している[11]。たとえば輸出取引について，船荷証券の交付による為替取組日基準に基づき収益を計上したことにつき，船荷証券の交付は，荷為替手形を銀行に買い取ってもらうための担保にすぎないとして，その時点では商品の引き渡しがあったものとは認められないとして，このような権利の実現の未確定なものを収益に計上することは，法人に操作性があり一般に公正妥当と認められる会計処理の基準に適合するものとは認めがたいとして否認している[12]。

　このことからは法人税法上において，企業会計の処理基準等が，必ず公正妥当なものと評価されうるものではなく，各基準について法人税法の趣旨・目的からみて公正妥当なものであるか絶えず吟味されるべきもの[13]と捉えることが必要となる。

　②　「一般に公正妥当と認められる会計処理の基準」の意義

　ではこの「一般に公正妥当と認められる会計処理の基準」とは何を意味するものであろうか。

　判示[14]では，「一般に公正妥当と認められる会計処理の基準」とは，一般社会通念に照らして公正で妥当と評価されうる会計処理の基準であって，客観的な規範性を持つ公正妥当な会計処理の基準と解されている[15]。

　具体的には企業会計原則・注解は，「企業会計の実務の中に慣習として発達

---

10) 水野465頁。
11) 最判平成5・11・25民集47巻9号5278頁。
12) もっとも，この収益計上時期の基準に関しては，法人税法22条2項の解釈によっても同様の結論は導かれると思われるので，22条4項は，確認規定にすぎないということもできるともされる。水野466頁。
13) 金子358頁。
14) 大阪高判平成3・12・19行集42巻11＝12号1894頁等。
15) 金子357頁。

したもののなかから，一般に公正妥当と認められるところを要約したもの」である」（昭和44年12月16日企業会計審議会報告）であり，「一般に公正妥当と認められる会計処理の基準」として重要な項目となる。

　しかしながら，「企業会計原則」は，政府である大蔵省（現金融庁）企業会計審議会の定めであり，唯一の基準でなく公正妥当な基準は他にも存在しうることは留意が必要である。

　たとえば，中小企業の会計に関する指針[16]や各法規における計算規定[17]，さらには最近のわが国においてその調和（コンバージェンス）や強制適用（アダプション）について議論が進められている国際会計基準（IFRS，IAS）等も「一般に公正妥当と認められる会計処理の基準」を構成しうる。

　また，企業会計基準等は，実務の慣行などを基礎としており，必ずしも網羅的なものといえず[18]，たとえば複雑な金融取引や違法な経費などに対しては会計基準が定まっていないケースも想定される。このような場合，いかなるものが法人税法上許容される「一般に公正妥当と認められる会計処理の基準」であるのか個々に明らかにしていく必要があることになる[19]。

Column

国際会計基準　IFRSの特徴と法人所得計算

　現在，わが国においてその適用等が議論されている国際会計基準（IFRS）については，本文中にあるように，法人税法上も「一般に公正妥当と認められる会計処理の基準」として許容されうるものと考えられます。

　しかしながら，租税法律主義の観点からは課税要件は法定されることが要請され，重要な課税要件たる所得の計算方法がIFRSのような国際機関に依拠することは問題視される可能性もあります。

　また，IFRSは，従来のわが国の会計基準とは異なり，細則主義ではなく，詳細な基準を設けず，原則主義に基づくことが特徴的であり，実際の適用にあたっては取引内容等を検討し，財務諸表作成者の判断に委ねられることになりま

---

16) 企業会計基準委員会，日本公認会計士協会，日本税理士会連合会，日本商工会議所による。
17) 会社法や金融商品取引法，さらには電気事業法，保険業法等。
18) 金子358頁。
19) 東京高判平成25・7・19訟月60巻5号1089頁，最判令和2・7・2時報1747号7頁等。

す[20]。このため，利益算定に対して財務諸表作成者の恣意が介入する余地があり，法人税法上，このような適用方法は負担の公平に反する場合があり，IFRSの法人税法上の適用にあたっては吟味がより必要と考えるべきでしょう。

（4）確定決算主義

　上記のように，法人所得は，企業会計上の利益を前提として申告時に，申告調整として計算される。

　しかしながら，減価償却費等，一定の損金の支出については，株主総会等の決議を要件としてのみ，法人税法上も承認している。これは確定決算主義[21]とよばれ，確定申告は株主総会等の承認を得た確定した決算に基づくことが求められることになる（法税74条1項）。この一定の手続を追加している理由はどのようなものであろうか。

　この理由は，外部の第三者と行われる外部取引とは異なり，減価償却費等の内部取引等，第三者の介在しない取引に対して一定の手続を要件とすることで，一定のコントロールを要求し，その適正な処理を図ろうとすることにある[22]。

　このように法人が，その確定した決算において，費用または損失として経理することを要求する経理方法を損金経理（法税2条25号）といい，代表的な対象は評価損や減価償却である。いずれも外部の第三者が介在しない内部取引が対象となっている。

Column

逆基準性

　本文にあるように，法人税法はその所得計算において，第一に企業会計に依拠し，これを基礎とする会社法会計，さらには確定決算を通じて法人税法会計という構造となっており，「会計の三重構造」[23]（トライアングル体制）を前提としています。しかしながら損金経理を通じて，法人税法の規定が他の会計に影響を

20）伊藤・前掲注2）105頁。
21）濱田洋「国際化の中の確定決算主義」租税法研究40号65〜83頁（2012）。
22）水野468頁。
23）金子357頁。

与え，拘束するとして「逆基準性」という現象が批判されることがあります。

　この点については，確かに法規によって詳細かつ網羅的な処理を定める以上，他の制度会計に影響を与え，それぞれの会計が有する目的を阻害する可能性は否めないところです。しかし，法人税法では負担の公平を図り，画一的な処理を求めることを目的として詳細な処理規定を置く必要があることは異論のないところであり，制度上，計算構造を共通化し，負担を回避している以上，必要なコストと考えるべきかもしれません。皆さんはどのように考えるでしょうか。

（5）収益・費用の年度帰属・費用収益対応の原則

①　概　　観

　収益や費用がどのタイミングで算定されるか，すなわち，収益・費用の年度帰属（計上）の問題は重要な問題となる。なぜなら法人税法においても益金・損金がいかなる事業年度に帰属するかによって，課税結果が異なることになり，この帰属のタイミングをコントロールすることによって租税負担を調整することが可能となるためである。

　この問題について企業会計原則では，「すべての費用及び収益は，その支出及び収入に基づいて計上し，その発生した期間に正しく割り当てられるように処理しなければならない。」（「第2損益計算書原則」1のA）と規定し，発生主義（accrual basis）を採用しており，22条4項の公正処理基準を通じて法人税法も同様と考えられる。

　しかしながら，収益・費用の発生というのは，きわめて抽象的，不確定な原則であり，法人税法においては，さらに，企業会計上の，実現主義，ならびに，費用収益対応の原則を採用しているものと考えられる[24]。

②　実現主義

　この実現主義とは，経済活動の成果である収益・費用が，販売・仕入れ等により外部に認識されるに至ったものとされることであり，販売・仕入れ等の確実性ないし客観性をもつに至った状態をもって収益等計上（帰属）のメルクマールとするものである。

　法人税法においても，実現とは，取引上の権利または債務が確定するに至っ

24）水野469頁。

た状態（権利確定主義または債務確定主義）をいうものと解される[25]。

　つまり費用の計上（帰属）時期については，「当該事業年度終了の日までに債務の確定しないものを除く」（法税22条）と規定されていることから，支払義務の確定を基準とする，債務確定主義が採用される。また，収益の計上時期についても判示[26]では「一般に公正妥当と認められる会計処理の基準」（法税22条4項）を根拠に，収益は，その実現があった時，すなわち，その収入すべき権利が確定したときの属する年度の益金に計上すべきとしている。たとえば後述する商品や製品等の棚卸資産については，その引渡しのあった日が権利確定のときとされ引渡基準[27]が採用されていたが，この資産の販売等の収益の年度帰属に関しては平成30年度税制改正によって法令により目的物の引渡しを基準として規定されている（法税22条の2第1項）。つまり一般的な収益の年度帰属に関しては，包括的な収益認識に関する会計基準への対応として従前の判例および通達の処理を踏襲し，目的物の引渡しおよび役務の提供の日が属する事業年度を原則として取り扱うことが，より権利確定の具体的な基準として明確化されている[28]。

　なお，原則として法人税法は，上記のように収益費用の年度帰属を決定しているが，長期大規模工事に対する工事進行基準[29]採用や後述する資産の評価益・評価損の計上に関しては例外的に収益費用の年度帰属を法定している。

　③　費用収益対応の原則

　費用については，いわば，収益を得るための投下資本であることから，費用の支出は，その収益が生じた事業年度において計上（帰属）するものとされている。これが費用収益対応の原則とよばれている。期間損益計算を適切に行い，正確な成果・利益の把握のため重要な原則である。

　法人税法においても「当該事業年度の収益に係る売上原価…」として，当該事業年度に帰属する収益に対応する売上原価等を損金に算入することとして費用収益対応の原則を採用している。これにより上記債務確定主義と合わせ，収益費用の計上タイミング（帰属）を収益と費用の相互関係から決定する基準と

---

25)　水野470頁。
26)　最判平成5・11・25民集47巻9号5278頁。
27)　より具体的には出荷基準，検収基準等がある。
28)　ただし例外として，公正処理基準に従った引渡し等の日に近接する日も継続適用等を条件として収益計上時期として認められる（法税22条の2第2項）。
29)　工事の進捗によって収益を計上する方法。

して機能させている。

（6）資本等取引

　前述したように，企業会計原則は，資本維持の要請から，資本取引と損益取引を厳格に区分し，企業の利益と損失は，損益取引のみから生じ，資本取引からは生じないという考え方をとっている。資本等取引には，現物配当，デット・エクイティ・スワップ，自己株式の取得等のように，損益取引の要素を含んだ取引も存在し，現物配当については，配当と資産の譲渡との混合取引である[30]。デット・エクイティ・スワップ（debt equity swap：DES）とは，債務（debt）を株式（equity）に変換（swap）することである。すなわち，金銭債権を法人に現物出資し，その株式の交付を受ける取引であり，一種の資本等取引とされる[31]。

①　法人税法における資本等取引

　法人税法は，資本等取引に係る収益および損失を，益金および損金の額から除外している（法税22条2項・3項3号）。資本等取引とは，ａ）法人の資本金等の額の増加または減少を生ずる取引と，ｂ）法人が行う利益または剰余金の分配および残余財産の分配または引渡し（法税22条5項）の二つを含む取引である。「資本金等の額」とは，法人が株主等から出資を受けた金額（法税2条16号）をいう。

　「利益積立金額」とは法人の所得の金額で留保している金額（法税2条18号）である。法人税法では，株主により払い込まれた「資本金等の額」と，会社が稼いだ「利益積立金」とが明確に区分される。

> **【資本等取引】**
> - 資本金等の増加または減少を生ずる取引
> - 利益または剰余金の分配および
>   残余財産の分配または引渡しによる取引

②　企業会計原則における資本取引

　企業会計原則第1一般原則3，同注解（注2）は，資本取引と損益取引を厳

---

30) 金子353頁参照。
31) デット・エクイティ・スワップについては，たとえば水野恵子「デット・エクイティ・スワップの課税」村井正先生喜寿記念『租税の複合法的構成』221頁（清文社，2012）。同『金融資産・信託財産の課税と理論』197頁以下（中央経済社，2017）。

密に区分し，企業の利益と損失は損益取引のみから生じ，資本取引からは生じないという考え方をとっている。資本剰余金の増減を生ずる取引も資本取引の範囲に含めている。

③　会社法における資本金の取引

会社法431条は，「株式会社の会計は，一般に公正妥当と認められる企業会計の慣行に従うものとする。」と定めている。同法445条2項・3項・4項は，株主となる者が会社に払込みまたは給付した額のうち，資本金に計上しないこととした額は資本取引によって生じたものであるという考え方の下に，これを資本準備金として計上することを要求している。同法448条・449条は，資本準備金の額の減少について，株主総会の決議を要求している。

従来は法人が自己株式を取得した場合，貸借対照表の資産の部に計上されてきた。しかし，自己株式の取得は資本金の控除項目となった[32]。これに対して，平成18年度改正では，法人税法上もその取得のときに資本金等の額を減少させる処理を行うことになった。

2　益　金

（1）一般規定

内国法人の各事業年度の所得の金額の計算上，益金の額に算入すべき金額は，法人税法22条2項において別段の定めがあるものを除き，

イ）資産の販売

ロ）有償または無償による資産の譲渡または役務の提供

ハ）無償による資産の譲受け

ニ）その他の取引で資本等取引以外のものに係る収益の額

とされ非常に広範囲の収益を対象としている。具体的には収益の合法・違法を問わず[33]，債務免除益のような経済的利益も含まれる。

なお，この規定における益金として掲げられている「取引」とはいかなるものを指すかについて議論がある[34]。すなわち，法律の概念として規定している以上，私法上の概念が該当すると解するものと，これに対して，企業会計における資産，負債，資本の増減変化をもたらす一切の原因として簿記上の記録となるものを指すものと解するのか議論が存在する。この点につき判示[35]に

32）企業会計基準第22号。

33）最判昭和46・11・16刑集25巻8号938頁。

34）水野485頁。

おいても法的な取引よりも広く解するものが存在している。

（2）無償取引

　上記のように法人税法22条2項は，益金の額に算入すべき金額とされるもののうち，無償による資産の譲渡または役務の提供に関する収益が益金を構成すると定めている。この点が法人税法における特徴の一つでもある。

　この規定の性格については，

　イ）相手方に収益が生ずるのは異論がないが，相手方に収益が生ずる以上，譲渡者・役務の提供者にも収益が生じているとする説（同一価値移転説）

　ロ）譲渡者・役務の提供者にまず収益が生じ，それが相手方に移転したとみなす説（二段階説）

　ハ）正常な取引を行ったものとの負担の公平を図るものとする説（適正所得算出説）[36]

が論じられている[37]。

　この無償による資産の譲渡の場合は，当該資産の時価相当額が課税されると解されているが，この計上金額に関しては平成30年度税制改正により，一般的に，その販売若しくは譲渡をした資産の引渡しのときにおける価額として，また同じく役務の提供に関してもその提供した役務につき，通常得べき対価の額に相当する金額として明確化されている点が考慮される（法税22条の2第4項）。これは，会計基準が求める貸倒れや返品の可能性を反映させた収益の計上を法人税法においては否定する趣旨であるが，今後はこの両者が具体的な益金の基準としてどのように解されるのかが，上記性格と関連して課題となるだろう。

　また，「無償による役務の提供」に関しては，無償による金銭貸付，さらには，その他，無償により広告・宣伝等のサービスを受ける場合も含む。無償による金銭貸付けや債務免除益は，金銭や債権という資産とみることができるが，広告・宣伝等のサービスには，資産の譲受けは存在しない[38]。

　なお法人税法22条2項においては有償・無償による資産の譲渡または役務の享受」としているが，ハ）では「無償による資産の譲受け」と，あえて，「無償による役務の提供」を除外しているとも考えられるが，このような場合はど

35）東京高判平成16・1・28判時1913号51頁。
36）金子346頁。
37）金子宏「無償取引と法人税—法人税法22条2項を中心として」同『所得課税の法と政策』318頁以下（有斐閣，1996）。
38）水野490頁。

ういう課税関係になるのかということは検討課題であろう[39]。

　いずれにしてもこの無償取引に関してもっとも問題となるのが関係会社間，とりわけ親子会社間取引の場合である。

　すなわち無償の資産の譲渡や役務の提供により，経済的利益を受けるのは，通常，子会社であり，この場合には，受贈益が生ずることには問題がない。しかし，この取引によって親会社には，法人税法22条2項により，益金が生じつつ，寄附金の支出として，損金算入の制限（法税37条）を受けるかどうかが問題となる。なお，寄附金に関しては詳細は損金の項目（5(6)参照）にて取り扱う。

　この点について判示[40]では，子会社の経済状況が悪化しており，その救済のため原告である親会社が無利息貸付けを行ったが，裁判所は，無利息貸付けについて，利息を収受しないことにつき，合理的理由がない限り，親会社は，通常収受すべき利益を，益金に計上すべきとしてさらに，無利息貸付けにつき，通常の利息相当額は，法人税法上の寄附金支出に該当すると判示している。

　なお，無償ではなく，通常の対価よりも低い金額にて取引を行った場合（低額譲渡）にもこの規定が適用されるか否かについては，従来明文の規定はないものの，租税負担の公平に鑑みて無償取引と同様に通常の取引金額をもって益金を構成するものと解されてきた[41][42]が，上記改正により，この点も明確化されたと解することも可能であろう。

3　益金の別段の定め

（1）受取配当等の益金不算入

　内国法人が受ける配当等の額の50％に相当する金額は，その内国法人の各事業年度の所得の金額の計算上，益金の額に算入されない（法税23条）。なお，配当を受けた株式に係る負債の利子の控除が認められる（法税23条4項）。この受取配当等を益金から除外する制度は，上記のように法人税を所得税の前取りと考え配当二重課税を排除する趣旨であるが，実際の観念にあわないため，益金不算入の割合は法人間に企業支配関係がある場合（100％非課税）を除き，持株割合に応じて20％，50％に制限されている。

39）水野490頁。
40）大阪高判昭和53・3・30訟月24巻6号1360頁。
41）金子346頁。
42）東京地判昭和60・11・26税資147号422頁。

（2）みなし配当

また，他の法人の株主である法人が，

イ）合併（適格合併を除く）

ロ）分割型分割（適格分割型分割を除く）

ハ）資本もしくは出資の減少（株式が消却されたものを除く）

ニ）解散による残余財産の分配

ホ）株式の消却（取得した株式について行うものを除く）

ヘ）自己の株式の取得（証券取引所の開設する市場における購入による取得や株式公開買付けによる取得を除く）

により，金銭その他の資産の交付を受けた場合において，その金銭の額および資産の価額の合計額が，当該法人の資本等の金額のうちその交付の基因となった当該法人の株式に対応する部分の金額を超えるときは，その超える部分の金額は，利益の配当または剰余金の分配の額とみなして（法税24条），上記受取配当等に関する益金不算入規定を適用する。

（3）資産の評価益

①　評価益の計上は原則禁止

法人税法は，法人が有する資産の評価換えをしてその帳簿価額を増加した場合，その増加益（未実現利益）は，各事業年度の益金の額に算入しない（法税25条1項）と定めている。会社法や企業会計でも，資産は購入価額で計上し，資産の評価益は原則として収益に含まれないと解釈されている。その趣旨は，評価益は実現利益ではないため，法人の健全性のために計上しないという趣旨である。

②　評価益の計上が認められる場合

例外的につぎの場合によるような評価換えは，法人税法において評価益を益金の額に算入するとしている。会社更正法または金融機関等の更生手続の特例等に関する法律の適用を受ける場合等に評価換えをして帳簿価額を増額した場合，その増額した部分の金額は，評価換えをした日の属する事業年度の益金の額に算入する（法税25条2項）。

また，平成12年法人税法改正で売買目的有価証券の評価益等が益金に算入されることになった。すなわち，売買目的有価証券やデリバティブ，運用目的の金銭信託は，期末において時価評価を行い，評価益・評価損を計上することになった（法税61条の3第1項1号・2項・61条の5第1項）。そのため評価益につ

いては，益金に算入することになる。売買目的有価証券やデリバティブ取引については，本節「6　有価証券・デリバティブ取引」参照。

さらに，連結納税の開始に伴うあるいは非適格株式交換等に伴う時価評価資産の評価換え（法税61条の11第1項・62条の9第1項）等においては，時価評価損益の計上を認めている。

また，平成25年度税制改正で，少額の評価損益は計上することとなった（法税令24条の2第4項5号）。

③　受贈益

完全支配関係があるグループ内では，親会社が子会社を支援するために子会社の費用を親会社が負担したり，通常より低額で子会社へ譲渡したりすることがある。このような取引について，完全支配関係がある法人間においては，子会社の受贈益は益金の額に算入しない（法税25条の2第1項）。親会社が負担した寄附金は全額損金の額に算入しない（法税37条第2項）とされている。

（4）還付金等の益金不算入

内国法人が，法人税額等の損金不算入（法税38条），確定申告による所得税額等の還付（法税79条），継続等の場合の所得税額等の還付（法税120条），確定申告に係る更正による所得税額等の還付（法税133条），欠損金の繰戻しによる還付（法税81条）等の還付を受け，または還付を受けるべき金額を，未納の国税もしくは地方税に充当される場合には，その還付・充当される金額は，その内国法人の各事業年度の所得の金額の計算上，益金の額に算入されない（法税26条）こととされている。

もともと，これらの還付に係る租税は，所得の金額から支払われたものであり，その際，損金として控除を認められないので，還付を受けた場合には，逆に，所得の金額には算入されないこととなる。

4　損　金

（1）一般規定

① 損金の意義

内国法人の各事業年度の所得の金額の計算上，損金の額に算入すべき金額は，別段の定めがあるものを除き，

　イ）当該事業年度の収益に係る売上原価，完成工事原価その他これらに準ずる原価の額

　ロ）当該事業年度の販売費，一般管理費その他の費用の額

ハ）当該事業年度の損失の額で資本等取引以外の取引に係るもの
と定められている（法税22条3項）。損金は益金同様，公正処理基準において算
定される。また，前述の債務確定主義は，ロ）の販売費等に適用されるものと
考えられる[43]。

②　金額の合理性

損金の計算は，おおむね所得税における必要経費の規定と同様であり，大別
して，収益に直接関連する売上等の原価と，業務について生じた費用，さらに
は，損失とに区分されている。

ただし，必要経費と異なり，損金の要件としては，業務の遂行について，必
要な支出であることは当然であるが，業務について支出した金額の合理性，も
しくは通常性が要求されるかどうかということについては，法人税法22条3項
にも規定が存在しない[44]。

この点につき一部損金に関しては過大な支出について，後述する別途規定た
る法人税法34条により，過大な役員報酬の損金算入を否定している。また，法
人と役員との間に特殊関係のある同族的法人においては，法人の支出を過大な
報酬と認定されることもありうる。

（2）違法・不法な経費

益金と異なり違法な経費の損金算入が認められるか否かについては，争いが
ある[45]。すなわち法人税法上の損金には，必要性のみが要件とされており，
通常性は要求されていないから，違法ないし不法な経費であっても，収益を得
るために直接に必要な支出であれば，損金として認められるとする見解があ
る[46]。対して，違法ないし不法な経費を損金として認めることは，不正な行
為を助長することになりうる。たとえば，交通違反の罰金を損金として税負担
の減少を行うことは許容されるだろうか。判示[47]では，「一般に公正妥当と認
められる会計処理の基準」を根拠に，所得を秘匿しようとした行為に関する支
出が損金に該当しないとしてその損金性を否認している事例がある。

なお，税制改正により，隠ぺい仮装行為に要する費用の額，賄賂等，独占禁
止法の課徴金等に関しては損金に参入しないこととして立法的に解決が図られ

43）水野505頁。
44）水野507頁。
45）水野508頁。
46）金子350頁。
47）最決平成6・9・16刑集48巻6号357頁。

ている（法税55条）が，他の違法な経費の損金性については依然として問題が
残る。

5　損金の別段の定め

（1）棚卸資産

①　棚卸資産の意義

棚卸資産とは，有価証券等を除く商品，製品，半製品，仕掛品，原材料など，
反復・継続的に，仕入れと販売がなされる資産である（法税2条20号）。一般に
販売を主目的として保有される資産（たとえばコンビニにおける商品等）を指す
ものといえる。

Column

棚卸資産の種類

上記のように棚卸資産は，その取得・利用意図として販売によって収益の獲得
を予定しているものと考えられます。したがって，資産自身の性質によってその該
当性が判断されるものではありません。あくまでも取得の意図が問題となります。

たとえば，土地や建物などの不動産を想定してみましょう。通常，土地や建物
などは，法人の事務所や工場として使用され，販売を目的とするものではなく，
固定資産に分類されることになります。しかしながら不動産会社などでは，土地
等は販売目的で所有されることがありえます。この場合には，棚卸資産として法
人税法上取り扱うことに留意が必要でしょう。

---

②　棚卸資産の売上原価

棚卸資産に関する売上原価は，図表5のように期首在庫（残高）と期中仕入
高から期末在庫残高を差し引いた金額となる。

売上原価＝（期首在庫残高＋期中仕入高）－期末在庫残高

つまり売上原価は，期首在庫残高と期中仕入高から期末在庫残高を差し引い
た金額となる。売上品以外のもの[48]が期末在庫品であるため，期末の残高で

48）見本品等として支給したものは除く。

〔図表5：棚卸資産の売上原価〕

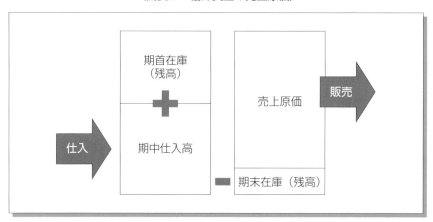

　ある期末在庫残高の金額が確定すれば，売上原価も確定することになる。すなわち，期末在庫の評価によって売上原価が左右されることになり，ここにその期末評価の重要性が発生することになる。しかしながら，棚卸資産は，事業年度中に，反復継続して大量に仕入・販売されるため期末在庫残高の仕入原価が個別には明確とならない場合が多く，一定の評価方法が必要となる。

③　評価方法

　期末の棚卸資産の金額は，その内国法人が棚卸資産について選定した評価方法により評価した金額とし，法人が評価の方法を選定しなかった場合等には，評価の方法のうち下記のように政令（法税令28条・31条）で定める方法により評価した金額として限定している[49]。法人が棚卸資産の評価方法を選定しない場合には，低価法[50]が適用される（法税令28条）。

　イ）先入先出法（First in First Out；FIFO）

　ロ）後入先出法（Last in First Out；LIFO）

　ハ）個別法

　ニ）総平均法

　ホ）最終仕入原価法

　ヘ）低価法

49）所得税法も同様。
50）原価法による取得価額と事業年度の終了時点の価額を比較し，いずれか低い金額を評価額とする方法。

ト）単純平均法

　たとえば，通常，棚卸資産の仕入・販売の流れは，先に仕入れたものが先に販売されると想定されるため，期末在庫の評価にあたり，一つのfictionとして最終仕入品の価格から適用していくのである。これが先入先出法である。

　しかしながら，棚卸資産は仕入れた順に販売されるとは限らないため逆に期末に仕入れたものから販売されたと仮定する後入先出法（Last in First Out；LIFO）の評価方法も認められてきたが，国際会計基準の影響を受け，後入先出法は，実際のモノの流れを反映していないと捉え，現在では後入先出法および単純平均法が除外されている。

（2）固定資産・減価償却費

①　固定資産・減価償却資産の意義

　固定資産とは，棚卸資産，有価証券および繰延資産以外の資産をいい（法税2条22号），事業活動のため長期間に渡って使用する資産をいう。

　この固定資産のうち時の経過によって価値が減少[51]する資産を減価償却資産といい，事業の経営に継続的に利用する目的をもって取得される資産で，その用途に従って利用される。さらに減価償却資産は，建物・機械等の有形減価償却資産，鉱業権・無体財産権等の無形減価償却資産が存在する。ただし事業の用に供していない資産は減価償却資産から除外される[52]。

②　減価償却費の計上

　減価償却資産の取得価額は，一括で前払いしたものであり将来の収益に対応

〔図表6：固定資産の分類〕

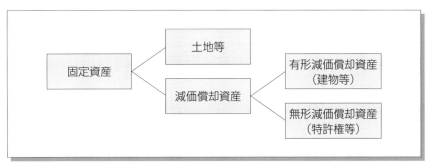

51）対して減少しないものとして土地がある。
52）最判平成18・1・24民集60巻1号252頁。

する費用の総額であって，資産の価値の減少に応じて，減価償却費として損金
化される（法税2条24号）。

　この減価償却費は，内国法人が当該事業年度において，償却費として損金経
理をした金額のうち，資産の種類に応じて，政令（法税令53条・58条以下）で
定める償却方法に基づき計算した償却限度額に達する金額まで損金算入が認め
られる（法税31条）。

　なお，平成19年度税制改正により，設備投資の促進と新陳代謝を加速するた
め，減価償却制度の見直しがなされ，残存価額が廃止され，備忘価額1円まで
償却されるものとされた。

　また，法人税法における減価償却は，限度額を定めるものであり実際の損金
算入は任意であるとされている。実務では減価償却費は資金の流出を伴わない
ため，決算書の利益情報を操作する手法としても活用されていた。

　したがって減価償却費は第三者の介在しない法人内部の事情によって操作さ
れる余地があるものであり，法人税法では，減価償却は内部取引ととらえ，損
金経理が適用条件とされ会社の決算において減価償却を行わない限り，申告に
おける調整は認められない。

　このように減価償却は費用収益対応の原則に基づき，投下資本の回収のため，
収益の生ずる利用期間（耐用年数）に応じて，段階的に費用配分する技術・
fictionである。この減価償却により費用化されることにより，他の費用と異な

〔図表7：減価償却のイメージ（定額法）〕

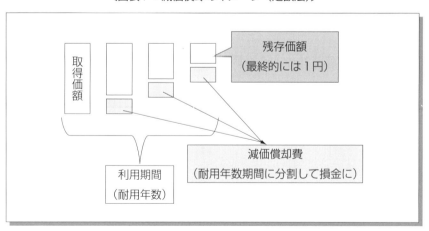

り実際の費用として資金の支出は存在せず，法人の内部に償却費相当分の再投資の資金が留保されることになる（自己金融効果）。

③　減価償却の方法

上記のように，減価償却は資産利用に伴う価値の低下により各期間に費用配布するものであり，法人税法はその価値の低下に関する一定の仮定・fictionをおいた上で主に以下のような一律に減価償却の方法を定めている（法令48条・48条の2）。また，資産の類型に応じて，資産を利用する期間を画一的に定めている（法定耐用年数）。これにより恣意的な計算を防止している。

イ）定額法：減価償却資産の取得価額から，その残存価額（スクラップ価額）を控除した金額に，その償却費が毎年同一となるように，当該資産の耐用年数に応じた償却率を乗じて計算した金額を，各事業年度の償却限度額として償却する方法

ロ）定率法：減価償却資産の取得価額に，その償却費が毎年一定の割合で逓減するように当該資産の耐用年数に応じた償却率を乗じて計算した金額を各事業年度の償却限度額として償却する方法

この減価償却方法の選定に関しては，平成28年度改正により，平成28年4月1日以降取得するものに関しては，建物附属設備に関する選択適用を廃止し，定率法に一本化されている。その他は下記図表8参照。

〔図表8：平成28年改正後の適用関係〕

	改正前	改正後
建物	定額法	定額法
建物附属設備，構築物	定額法 or 定率法	定額法
機械装置，器具備品等	定額法 or 定率法	定額法 or 定率法

なお，このような減価償却の仕組みを利用し割増償却や特別償却を行い投資促進等の政策的な特別措置を実施している。

④　圧縮記帳制度

圧縮記帳とは，課税を繰り延べる方法である。

とくに，国庫等の補助金により固定資産を取得したような場合，通常の取扱いでは，国庫等補助金が益金に算入され法人税が課されることによりその補助金の政策目的を減少する可能性がある。

そこで，国庫補助金等により取得した固定資産について，その減価償却を行う場合に，取得価額から，国庫補助金等の金額を損金として控除することを認める制度が圧縮記帳である（法税42条等）。

この手続により，国庫補助金等が益金として課税されず，償却資産である固定資産の取得価額が圧縮されるため，次年度以降の償却費が減少することとなり，初年度に減額された代わりに，次第に法人税額が増加していくことになるのである。これは実質的には初年度に割増・加速償却を認めることと同様の結果となる。

（3）繰延資産

繰延資産とは，法人が支出する費用のうち，支出の効果がその支出の日以後1年以上に及ぶものであり（法税2条24号），創業費，開業費，開発費等（法税令14条）をいう。

これらは減価償却資産と同様に，支出に対応する収益が将来発生するものと捉え，将来にわたって償却費として，当初の支出金額を分割して損金としていく。損金に算入される金額は償却費として損金経理した金額のうち，その支出の効果の及ぶ期間を基礎として政令で定める償却限度額までの金額となる（法税32条）。

（4） 資産の評価損

① 評価損の計上は原則禁止

法人税法は，法人が有する資産の評価換えをして帳簿価額を減額した場合であっても，その評価損は原則として，各事業年度の損金の額に算入しない（法税33条1項）と定めている。

② 評価損の計上が認められる場合

ただし，例外として以下の場合には，法人税法は評価損の損金算入を認めている。

a）災害によって著しく損傷した，著しく陳腐化した，その他の政令で定める事実が生じた場合（法税33条2項）。

b）会社更生法または更生計画認可の決定により評価換えをして，その帳簿価額を減額した場合にはその減額部分の金額（同条3項）。

c）民事再生法による再生計画認可の決定が生じた場合，その資産の評価損を損金の額に算入すること（同条4項）としている。

　非上場株式において、「その有価証券を発行する法人の資産状態が著しく悪化したため、その価額が著しく低下したこと」による評価損は、損金算入が認められる（法税令68条2号ロ）。通達は、この法律の解釈において、法人の資産状態の著しい悪化とは、破産手続開始決定等がない限り（法基通9-1-9(1)）、当該事業年度終了時の株式の純資産価額が株式取得時の純資産価額をおおむね50％以上下回ることである（同9-1-9(2)）、価額の著しい低下とは、当該事業年度終了時の株式の価額がその帳簿価額のおおむね50％相当額を下回ることとなり、かつ、近い将来その価額の回収が見込まれないことである（同9-1-7・9-1-11・9-1-14参照）としている。

　平成23年度改正で、評価損と清算により引き継ぐ欠損金との二重控除を防止するため[53]、完全支配関係のある他の法人で、清算中のものその他の一定のものの株式または出資については、評価損は損金の額に算入しない（法税33条5項）とされた。

　親会社は、子会社の株式総数の98％（19万株）を保有していた。この株式は非上場で相場のない株式であり、このうち9万株は債務超過状態にあった。そのため子会社に増資払込みを行ったが、子会社の資産状態は著しく悪化し、株式の価額が著しく低下した。そこで親会社は、増資を行った事業年度の末日に子会社株式の評価換えを行い評価損を計上した。この評価損は親会社の損金に算入することができるだろうか。

　子会社に増資した後に子会社株式の評価損を親会社の損金に算入できるかが争われ、損金算入を認めなかった裁判例[54]がある。

Column

株式の評価損

　本件は、子会社株式の評価損の損金算入の可否が争われた。非上場株式の評価損の損金算入が認められる場合は、資産状態が著しく悪化した場合である。法人

53）　金子400頁。
54）　東京高判平成3・6・26判時1346号182頁（第一審東京地判平成元・9・25行集40巻9号1205頁）。

税法は，例外である資産の評価損の損金算入を認めるべく独自の規定を設けている（法税33条2項）。本条2項のいう「政令で定める事実が生じた場合」とは，災害による著しい損傷と同程度ないしはそれに準ずる程度に資産損失を生じさせるような事態であり，しかも，資産価値の減少は通常の予想を超えたものであって，その減少状態は固定的で回復の見込みのない状態ないしはそれに準ずるような状態であると解される。

　裁判所は，評価損の損金算入要件の資産状態が著しく悪化が生じたものと判断するわけにはいかない，と判示した。

　通達は，増資から相当の期間経過後において，改めて有価証券価額が著しく低下した事実が生じたと認められる場合を除き，増資後における評価損の損金算入を認めないとしている（法基通9-1-12）。上記の例にこれをあてはめると，増資を行った事業年度の末日に有価証券の評価換えを行い評価損の計上において，損金の算入を認めないということになる。

　会社法や企業会計は，有価証券および流動資産の著しい価値下落，あるいは固定資産に著しい価値の下落があった場合は，評価損の計上を強制している（会社計算規則5条3項）。また，市場価格のある資産やその時の時価または適正な価格を付すことが適当な有価証券等には，時価法を適用することができる（会社計算規則5条6項）。

（5）法人の役員給与・退職給与

① 役員給与の損金不算入

　法人が使用人（従業員）に対して支払う給与は人件費として損金を構成することは言うまでもない。しかしながら，法人税法は法人がその役員（代表取締役等）に対して支給する給与の額のうち下記の要件を満たさないものについては損金不算入としている（法税34条1項）。なお，この役員の範囲については，会社法が定める役員の範囲よりも広く，法人の使用人以外の者で実質的にその法人の経営に従事している者等も含まれる[55]。

　その要件とは以下のとおりである。

　イ）定期同額給与：その支給時期が1月以下の一定の期間ごとであり，かつ，

55）金子401頁。

当該事業年度の各支給時期における支給額が同額である給与

ロ）事前確定届出給与：役員の職務につき，所定の時期に税務署長への事前
　　届出により確定額支給する旨の定めに基づいて支給する給与

ハ）業績連動給与：法人が，政令の定める，その業務執行役員に対して支給
　　する業績連動給与で損金経理した上，一定の要件をすべて満たすもの[56]

なお，法人が支給する給与には，金銭のほか，現物給付，債務の免除等の経
済的利益も含まれる（法税34条4項）。たとえば役員に代わって，法人が寄附し
た場合に，その寄附金相当額を，個人の負担すべき費用であるとして，役員に
対する給与（賞与）として判断されることになる[57]。

②　不相当に高額な給与

また，法人が支給する役員給与でその金額につき，不相当に高額な部分の金
額についても，その内国法人の各事業年度の所得の金額の計算上，損金の額に
算入されない（法税34条2項）。

この不相当に高額な役員給与の額とは，その役員に対して支給した給与が，
当該役員の職務の内容，その内国法人の収益およびその使用人に対する給与の
支給の状況，その内国法人と同種の事業を営む法人でその事業規模が類似する
ものの役員に対する給与の支給の状況等に照らし，当該役員の職務に対する対
価として相当であると認められる金額を超える場合におけるその超える部分の
金額であり，この相当性の判断について具体的な算定方法など争いが多い（法
税令70条）[58]。

③　退職給与

退職給与（退職金）については，役員・使用人の報酬・給与と同じく，同族
的，閉鎖的法人における過大な損金算入という租税回避に用いられるおそれが
ある他，退職所得が，所得税法において，他の所得と比べて2分の1課税とし
て有利に扱われているという特殊な性格が課題となる[59]。つまり，想定以上
にある事業年度において法人所得が発生したため，役員を退職[60]させ，退職

56）他よりも厳格に要件を定められているが，近年はインセンティブの付与等に対応する
　　ため対象が拡大している。水野523頁以下。

57）東京高判平成8・11・27税資221号536頁。

58）東京高判平成23・2・24訟月58巻6号2464頁等。

59）水野530頁。

60）代表取締役から非常勤取締役等への職務分掌変更も含むものと解されている。東京地
　　判平成27・2・26税資265号順号12613。

給与を支給することで，租税負担を回避するような行為が想定され，退職の事実や恣意的な利益調整が問題となるのである。

　したがって，法人が，その退職した役員に対して支給する退職給与の額のうち，不相当に高額な部分の金額として政令（法税令72条）で定める金額は，法人の各事業年度の所得の金額の計算上，損金の額に算入されない（法税34条）。

　また，退職した特殊関係使用人（親族等）に対して支給する退職給与の額のうち，不相当に高額な部分の金額として政令（法税令72条の4）で定める金額は，その内国法人の各事業年度の所得の金額の計算上，役員と同様に損金の額に算入しないものとされる（法税36条の3）。

　この不相当性の判断にあたっては，業務に従事した期間，同種同規模の支給状況等を総合的に判断されるが，加えて役員の貢献度等の特殊な事情も考慮されるべきとされている[61]。

（6）寄附金等

　寄附金等とは，寄附金，拠出金，見舞金，その他いずれの名義をもってするかを問わず，内国法人が，金銭その他の資産，または，経済的な利益の贈与または無償の供与（法税37条）である。

　ただし，広告宣伝および見本品の費用，その他これらに類する費用ならびに，交際費，接待費および福利厚生費とされる隣接費用とは区分される。

　この法人税法上の寄附金とは，通常の寄附金，あるいは，民法上の贈与よりもその範囲が広く，経済的利益の無償の供与はすべて含まれることに留意が必要である。この点が法人税法の一つの特徴と考えられる。

　すなわち，寄附金とは法人の財産の減少ではあるものの，それが法人の事業との関連性があるものであるかどうかが不明確であり，損金性をもつのか区別が困難である。つまり，無制限に寄附金の控除を認めると実質的に国庫の負担によって寄附することと同意義となってしまうリスクがある。

　そこで，法人税法は寄附金の額の合計額のうち，その法人の資本等の金額，または当該事業年度の所得の金額を基礎として政令（法税令73条）で定めるところにより計算した金額（損金算入限度額）を超える部分の金額は，その法人の各事業年度の所得の金額の計算上，損金の額に算入しないこととしている。

　なお，国または地方公共団体に対する寄附金，財務大臣が指定したもの，特

61）　金子407頁。

定公益増進法人や認定特定非営利活動法人（認定NPO）寄附金の額は，上記限度額とは別枠で計算される。

　また，前記の無償取引にあるように，内国法人が，資産の譲渡または経済的な利益の供与をした場合において，その譲渡または供与の対価の額が，当該資産のその譲渡の時における価額，または当該経済的な利益のその供与の時における価額に比して低いときは，当該対価の額と当該価額との差額のうち実質的に贈与または無償の供与をしたと認められる金額は，寄附金の額に含まれるものとされている（法税37条8項）。

　この寄附金に対して，裁判例[62]では，寄附金に該当するか否かは，独立企業間で行われる同種の契約に基づく対価と乖離しており，特殊企業間における価格操作とされる事情のある場合にも認められるとしたものがある。

（7）租税公課の損金不算入

　内国法人が，納付する法人税の額は，各事業年度の所得の金額の計算上，損金の額に算入しない（法税38条1項）。法人税は，所得そのものに対する租税であると考えられるためである[63]。

　さらに，制裁としての側面を損なうことがないよう国税に係る延滞税，過少申告加算税，無申告加算税，不納付加算税，重加算税および印紙税法による過怠税，地方税法による延滞金，過少申告加算金，不申告加算金および重加算金，くわえて罰金および科料ならびに過料，独占禁止法等による課徴金および延滞金についても，内国法人の各事業年度の所得の金額の計算上，損金の額に算入しない（法税55条）。

（8）引当金・準備金

①　概　観

　引当金とは，将来の費用損失の発生に備え，その負担額の事業年度における見積金額を，実際に，当該事業年度において支出した金額ではないが，当該事業年度の収益に対応するものであるため，費用収益対応の原則に基づき，適正な利益情報の把握のため損金に算入する制度である。かつては企業会計にあわせて法人税法においても多数の制度が存在したが，現在では主として貸倒引当金と返品調整引当金（平成30年改正により廃止，経過措置あり）に整理されている。

62）東京地判平成12・2・3税資246号393頁。
63）水野539頁。

　また，準備金とは，将来支出されるものであるが，それに対応する収益が，当該事業年度のものであるわけではなく，企業の内部留保を助成するための措置であり租税特別措置に含まれ，特定業種・企業に対する優遇措置としての性格が強い。海外投資における損失の発生に対応する場合等に設けられる。

　両制度ともに，法人の内部に利益を留保することによって一定の目的を達成しようとするものであり，法定されることで無制限に認められるものではなく，恣意的な所得計算の発生を防止している[64]。

　②　貸倒引当金

　貸倒引当金とは，法人が，事業活動により，必然的に見込まれるその保有する金銭債権の貸倒れについて，あらかじめ，損失見込額として，損金経理により貸倒引当金勘定に繰り入れることが認められているものである。

　引当金の対象となる金銭債権には，個別に回収不能見込額を計算する「個別評価金銭債権」と，前3年間の実績貸倒率を用いて繰入限度額を定める「一括評価金銭債権」とに区分され，それぞれに引当金が定められる。

　なお，引当金による損失発生への備えではなく，実際に金銭債権が貸し倒れた場合は，損失として損金を構成する[65]。

（9）　欠損金と繰越欠損金

　欠損金とは，各事業年度の所得の計算上，損金の額が益金の額を超える場合，この超過する額をいう（法税2条19号）。ある事業年度の欠損金を過去の事業年度の利益と通算することを欠損金の繰戻しという。また，次年度以降の事業年度の利益と通算することを，欠損金の繰越しという。法人税法は，欠損金の生じた年度に青色確定申告を行い，かつ過去の関係年度に青色確定申告をしていたことを条件に，欠損金を当該事業年度開始の日前1年以内に開始した事業年度に繰り戻し，税額を計算しなおして，その差額の還付を認めている（法税80条）。また，欠損金の生じた事業年度に青色確定申告を行い，かつその後連続して確定申告をしていることを条件に，法人の各事業年度開始の日前10年以内に開始した事業年度において生じた欠損金を繰り越して，それをこれらの事業年度の所得の金額の計算上，欠損金額控除前の所得金額の50％まで損金の額に算入することとしている（法税57条1項）。このように，青色確定申告等を条件に，ある事業年度に欠損金が生じた場合，その後10年間その欠損金を繰り越す

64）　金子424頁。
65）　最判平成16・12・24民集58巻9号2637頁。

ことができる[66]とされており，この欠損を繰越欠損金という[67]。ただし，中小法人等については100％の額が損金算入することができる[68]。また，災害により損失が生じた場合には，青色申告をしていなくても繰越しを認めている（法税58条）。青色申告との関係については第2章第3節2（3）青色申告の特典参照。

（10）交際費

①　損金算入制限

　交際費とは，企業の支出する販売の促進や取引の円滑化目的のため，取引の交渉の相手方などを接待するために支出されるものである。具体的には交際費，接待費，機密費その他の費用で，企業が，その得意先，仕入先，その他事業に関係のある者等に対する接待，供応，慰安，贈答その他これに類する行為のために支出するものとされている（租特61条の4第4項）。すなわち，基本的には支出の目的と相手先が問題になるものと考えられる。

　この支出は，企業会計においては当然費用として扱われるが，法人税においては，資本の蓄積を阻害し，また，無駄な経費支出・濫費を抑制する必要があるという判断から，損金の算入に制限が設けられている。ただし，この制限は，現在は消費の拡大と経済の活性化のため緩和傾向にある。

　具体的には平成26年4月1日以後に開始する事業年度については，資本金の額または出資金の額が1億円以下である法人（中小法人）に関しては，限度額を以下のいずれかによるものとして選択が認められる。

　イ）交際費等のうち，飲食その他これに類する行為のために要する費用（接待飲食費）の50％に相当する金額

　ロ）定額控除限度額800万円

　なお，資本金1億円を超える大法人に関しては，従来の全額損金不算入から，

66）繰越控除の期間は，平成29年4月1日以後に開始する事業年度で発生した損失について9年から10年に延長（法税57条2項）。

67）大法人の場合，繰越欠損金の発生時期により，控除限度額が異なる。平成27年4月1日から28年3月31日までの間に開始する事業年度については65％，平成28年4月1日から29年3月31日までの間は60％，平成29年4月1日から30年3月31日までの間は55％に引き下げ，平成30年4月1日以後に開始する事業年度については50％に控除限度割合が見直された。国税庁HP「青色申告書を提出した事業年度の欠損金の繰越控除」（令和3年10月8日閲覧）。

68）中小法人の場合，発生時期に関係なく繰越欠損金の100％の控除限度額が維持されている。

上記イ）が適用されることとなった。また，資本金が5億円以上の大法人の完全支配関係にある法人（子会社）に関しては，資本金額によることとなく，大法人に対する損金算入制限を適用される。

② 交際費等の範囲

交際費等とは，上記のように交際費，接待費，機密費その他の費用で，企業が，その得意先，仕入先，その他事業に関係のある者等に対する接待，供応，慰安，贈答その他これに類する行為のための支出であるが，もっぱら，従業員の慰安のために行われる運動会，演芸会，旅行のために通常要する費用その他政令で定める費用[69]を除くとされており（租特61条の4），福利厚生費や，給与・役員報酬としての経済的利益，さらには，寄附金との区別が問題となる。

すなわち，交際費等への該当いかんによって，租税負担が変化することになり，そのため，他の費用項目との区別が重要と考えられ裁判例も数多い[70]。具体的には外国の得意先の接待旅行[71]，遊園施設の優待入場券の交付や業務委託料の適正額との差額[72]などが交際費としての要件を中心に争われている。

(11) 使途不明金・使途秘匿金

使途不明金とは，企業において支出について，その相手方，目的，内容等を秘匿する支出のことである。使途不明金は，会計的には，交際費，機密費等として処理されることが多いが，支出の相手先が確認できなければ，その適否や合理性が検証できず，損金に算入することは認められない。

また，役員に対して支給した機密費等の名目の金額で法人の業務のために使用したことが明らかではないものに関しては，役員給与等に含まれる。

さらに，支出の相手方が明示されないのみならず，使途が一切明らかにされないものについては，不法・違法な経費と結び付く危険があり，賄賂等の犯罪行為の温床となり得るため規制が強化されている。

すなわち使途不明金のうち一定の要件を満たす使途秘匿金については，当該法人の各事業年度の法人税額に，当該使途秘匿金の支出額の40％を加算した金額とするとされている（租特62条1項）。ただし，資産の譲受け，その他の取引の対価としての支払いが明らかなものは除外されている（同条2項）。

---

69) 帳簿等への記載を要件として1人あたり5,000円以下の飲食費等。
70) 東京高判昭和52・11・30行集28巻11号1257頁，東京高判平成15・9・9判時1834号28頁等。
71) 大阪地判平成4・1・22判時1475号62頁。
72) 東京地判平成21・7・31判時2066号16頁。

6　有価証券・デリバティブ取引

法人税法において，内国法人の有する資産の評価益・評価損の益金算入・損金算入は原則的に認められていない（法税25条1項・33条1項）。しかし，企業会計では，時価主義の下で，売買目的有価証券，デリバティブを中心とする一定範囲の金融資産および金融負債については期末評価を時価で評価し，評価損益を計上すべきであるという考え方が強くあった。こうした背景から，わが国では平成12年度税制改正で，有価証券の評価方法等に時価主義を導入した。

① 売買目的有価証券と法人税法

法人税法は，売買目的有価証券[73]を「短期的な価格の変動を利用して利益を得る目的で取得した有価証券として政令で定めるものをいう」（法税61条の3第1項1号）と定めている。さらに，内国法人が事業年度終了時に売買目的有価証券を保有する場合には，時価法により評価された金額をもって当該売買目的有価証券の評価額とする（法税61条の3第1項1号）としている。法人税法が時価主義の採用に至った理由は，近年の金融商品の多様化に伴い，有価証券およびデリバティブに対して時価評価の必要性が認識されるためであり，租税回避の防止や課税繰延べの問題等が考えられる。

② デリバティブ取引と法人税法

デリバティブ取引とは，金利，通貨の価額，商品の価額，その他の指標の数値として当事者間で約定された数値と将来の一定時期における現実の指標との差に基づいて算出される金銭の授受を約する取引をいう。

また，デリバティブ取引は，債権・株式など本来の金融商品から派生した金融商品で，先物取引（将来売買を行うことをあらかじめ現時点で予約する取引）・オプション取引（将来売買する権利をあらかじめ売買する取引）などの総称である。デリバティブ取引は，金融商品のリスクを低下させたり，一方では，リスクを覚悟しつつ高い収益性を追求する手法である。

法人税法が時価主義を導入したことにより，設けられた法人税法61条の5の規定で，デリバティブ取引[74]は，「みなし決済」が原則[75]とされた。法人税法61条の5第1項は，内国法人がデリバティブ取引を行った場合において，事業

---

[73] 有価証券の時価評価については，水野558頁以下参照。
[74] デリバティブ取引については，水野560頁以下参照，水野（惠）・前掲注31）書146頁以下。
[75] その例外として，ヘッジ目的のデリバティブ取引等は，一定の条件のもとで時価評価しないことを定めている。

年度終了時に未決済デリバティブ取引があるときは，決済したものとみなして算出した利益の額または損失の額（みなし決済損益額）は，益金の額または損金の額に算入する旨を定めている。

　デリバティブを利用して価格リスクを軽減する方法をヘッジといい，金利や為替等の変動によって被る損失を予防することを目的とした取引とされている。法人税法61条の6第1項は，内国法人が，ヘッジ対象資産等損失額を減少させる目的でデリバティブ取引等を行った場合，時価法の例外として，益金の額または損金の額に算入しないものと規定した。法人税法61条の5第1項の「デリバティブ取引を行った場合（行った日）」をめぐり争われた裁判例がある。

Column

「デリバティブ取引を行った日」をめぐる事件[76]

　「デリバティブ取引を行った日」とは，各決済期ごとの取引の日か，あるいは当初契約締結日かが争われた。東京地裁は，帳簿書類への記載はデリバティブ取引を行った日ごとにする必要があるが，原告の記帳は，帳簿書類記載の要件を満たしていないと判示し，原告の請求を棄却した。東京高裁は，帳簿書類への記載はスワップ契約締結時に行えば十分であるとしつつ，しかしながら本件の記帳は十分とはいえないとして，控訴を棄却した。

　裁判所の判断では，「取引を行った日」の解釈が異なったのである。

---

③　デリバティブ取引─先物，先渡し，オプション，スワップ等

　デリバティブは，基本的な金融商品を土台に，そこに新しい商品を組み合わせた金融商品であり，そこから生ずるキャッシュ・フローを交換するという特色がある。主なものに，先物，先渡し，オプション，スワップ等がある。

a）先物の定義　　先物とは，将来の売買について，あらかじめ現時点で，"将来時点（満期時）において，価格K（100）で株式を購入する"という約束

76）東京高判平成24・5・9税資262号順号11946（第一審東京地判平成22・12・14税資260号順号11570）。

〔図表9：先物の定義〕

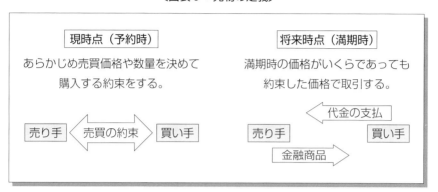

を結ぶものである。将来約束の日が来た時点で，売買を行う。

　契約期間中に原資産の価格が急上昇（120）すれば，その資産は満期時に契約時以上の価格をもつことになる。この場合，買い手は，市場価格より安い価格（100）で資産を入手できる。一方，原資産の価格が契約期間中に下落（80）する場合は，満期時には契約時の価格よりも低い価格となる。この場合，買い手は，市場価格より高い価格（100）で債券を購入しなければならない。逆に，先物売り契約（先物ショート）においては，市場価格より高い価格で債券を売却できるから，売り手は有利になる。

b）先渡しの定義　　先渡しとは，将来の一定の日にある資産を一定価格で売買することを，今日締結する取引で，取引数量，価格等を取引当事者が交渉によって相対で決定する取引をいう。

　先渡し契約の保有者は，ある商品を将来の決められた期日に，決められた価格で購入する義務がある。契約価格（先渡し価格）は最初に決定され，契約期間中に変更されることはない。一方，原資産の価格は時間とともに変化する。

　契約期間中に原資産の価格が急上昇すれば，満期時には契約価格以上の価値をもつことになる。よって，買い手は，市場価格より安い価格で資産（商品）を手に入れることができるから有利である。逆に，契約期間中に原資産の価格が下落すれば，満期には契約価格よりも低い価格となる。よって，売り手にとっては，市場価格より高い価格で資産を売却できるから有利となる。したがって，満期時には一方がこの契約から利益を得ることができ，もう一方は損失を被る[77]ことになる。

　c）オプションの定義　オプション[78]とは，その所有者に対し，資産をあらかじめ決められた価格で，将来のある時点や将来のある期間に購入（コール・オプション）または売却（プット・オプション）する「権利を与える契約」（義務ではない）である。

　先物取引とオプション取引は，将来の売買取引という点で似ている。違いは先物取引では，必ず決済する必要があるが，オプション取引では，選択権を有するので，証拠金を放棄することにより，選択権を行使する必要はない（水野562頁）。

　車のニューモデル（価格未定）の購入を例にあてはめると，以下のとおり。

Column

先物取引とオプション取引との相違

　先物取引ではニューモデルを100万円で購入する契約をする。これに対し，オプション取引ではニューモデルを100万円で購入できる「購入権」を買う。仮に，ニューモデルの価格が90万円に決定した場合，先物取引では100万円で買わなければならない。これに対し，オプション取引では，購入する権利を放棄し，市場で90万円で買うことが選択できる。

　なお，オプション取引において買い手は，権利を行使するか放棄するかを選択できるが，売り手は，買い手の意思に従う義務を負う。

　オプションの買い手と売り手，基本的には図表10のようになる。

d）スワップの定義　スワップ[79]は，二つの当事者間で交わされるあらかじめ決められた特定の期間に発生する一連の利益を交換する契約である。スワップとは，元来，等価値のものの「交換」という意味で，デリバティブ取引で交換するのは，将来にわたって発生する利息である。同じ通貨で異なるタイプの利息を交換する金利スワップでは，契約の当事者の一方が固定金利を支払い，

---

77) P. Boyle & F. Boyle, *Derivatives: The Tools That Changed Finance*, 4（Risk Waters Group Ltd 2001）.

78) オプションについては，水野562頁。水野(惠)・前掲注31）書159頁以下。

79) スワップについては，水野563頁。水野(惠)・前掲注31）書155頁以下。

〔図表10：オプションの買い手と売り手〕

	オプションの買い手	オプションの売り手
	「10,000円で買える権利」を500円で買う。	「10,000円で買える権利」を500円で売る。
原資産の価格7,000円の場合	権利を放棄する。買い手の損失は500円。	売り手は買い手の意思に従う。売り手の利益は500円。
原資産の価格12,000円の場合	権利を行使する。買い手は2,000円の利益 初めに支払った500円を考慮すると1,500円の利益。	買い手に権利を行使される。売り手は2,000円の損失 初めに受け取った500円を考慮すると1,500円の損失。

もう一方が変動金利を支払い，交換される支払額は名目元金に基づいて決定される。金利スワップは，金利リスクを管理するための効率的な手段であり，「いまや金利スワップ市場は驚くべき速さで成長し，デリバティブの中でも世界中で最も広く利用されている」[80]とされている。

　以上みてきたように，デリバティブは資本の移転を伴わないキャッシュ・フローだけが動いているという形態の取引であり，人の恣意性の介入余地が極めて高い金融商品である。さらに，デリバティブは，株式，確定利付証券，外国為替，商品等の金融資産から新たな価値を作り出すための多種多様な金融商品であるから，デリバティブの価格形成には株価や為替の変動による予測が欠かせない。このような特色から課税上の問題も多い。

> Column
>
> ### スワップポイントの額が収入すべき金額にあたるか
>
> 　本件は，FX取引に基づき毎月受領していた本件スワップポイントを総収入金額に算入せずに申告したところ，スワップポイントが雑所得に該当するとし更正処分を受けた。本件スワップポイントは，保有数量に応じたポイントが毎日積み立てられ，前月の最終営業日時点におけるスワップポイントの累積額が控訴人の取引口座の残高に反映され，翌月1日ころの日付で控訴人に通知できる状態とな

---

80) P. Boyle & F. Boyle, *supra* note 77, at 8.

っていた。控訴人は，本件スワップポイントは余剰証拠金の仮払金にすぎないから，収入の原因となる権利は未確定であり，「収入すべき金額」にあたらないと主張した。これに対し，東京高裁[81]は，本件ＦＸ取引の実態に照らすと，スワップポイントに係る収入の原因となる権利は，遅くとも毎月の最終営業日時点には，収入となるべき権利が発生した後，これを法律上行使することができるようになり，上記の時点で収入の原因となる権利は確定しており，その時点におけるスワップポイントの額は，「収入すべき金額」にあたると判示し，控訴を棄却した。

7　法人税額の計算
（1）各事業年度の所得に対する法人税

　法人税の課税標準は，各事業年度の所得の金額であり（法税21条），当該事業年度の益金の額から損金の額を控除した金額である。この金額に法人税の税率を適用することにより，法人税額が計算される。この適用税率は法人の区分により異なり，近年の国際状況等から引き下げられている。主な区分は以下のとおりである。

〔図表11：法人税額の算出〕

イ）普通法人，一般社団法人等（非営利型の一般社団法人および一般財団法人，公益社団法人および公益財団法人）または人格のない社団等：23.2％[82]（法税66条1項）

ロ）中小法人（普通法人で資本金の額もしくは出資金の額が1億円以下であるもの），非営利型の一般社団法人および一般財団法人，公益社団法人および公益財団法人または人格のない社団等で，年800万円以下の所得金額：19

81）東京高判平成25・4・18税資263号順号12204。
82）平成30年4月1日開始の事業年度に適用。

％[83]

ハ）公益法人等（一般社団法人等除く）：収益事業から生じた所得のみ19％
（法税66条3項）

ニ）協同組合等（単体）および特定の医療法人（単体）：19％

（2）税額控除

法人税額は，上記のように法人の課税標準である所得の金額に法人税率を適用して算出されるが，実際に納付する最終的な法人税額は，源泉徴収された所得税額（法税68条），および外国税額（法税69条）を控除することにより，算出される。具体的には，①利子，配当，給付補塡金，利息，利益，差益，利益の分配，報酬もしくは料金または賞金の支払につき，源泉徴収される所得税の額，および，②外国で支払った所得・法人税に相当する税額のうち，全世界所得のうち国外所得の占める割合を限度とする金額（外国税額控除限度額）である。これらは，二重課税を排する趣旨を有する。

また，研究開発の推進や一定の設備投資の振興，雇用の拡大等特定の政策目的を達成するため，一定の要件を充足した場合には上記法人税額から一定額を控除することもできる。この政策目的の税額控除には主に以下のようなものがある。

イ）試験研究を行った場合の法人税額の特別控除（租特42条の4）

ロ）中小企業投資促進税制（租特42条の6）

ハ）雇用促進税制（租特42条の12）

ニ）所得拡大促進税制（租特42条の12の5）

第5節　企業組織再編成

1　企業組織の形成

企業は，事業をより効率的に行うために，もっとも適した企業組織を形成しようとする。

（1）事業の拡大

事業を拡大するときには，他社を買収したり，他社と合併したりすることが

83）ただし，平成24年4月1日から令和5年3月31日までの間に開始する各事業年度の所得金額のうち年800万円以下の金額に対する法人税の軽減税率は特例として15％となっている。公益法人等・協同組合等も同様。

ある。

　水平的統合，すなわち同業他社の統合を行えば，規模の経済性や市場の支配
力が得られる。1個の製品を製造するよりも100個の製品を製造するほうが，
100個の製品を製造するよりも1万個の製品を製造するほうが製品1個あたり
の製造費用が安くなるならば，水平的統合によって効率的な生産を行うことが
できる。

　垂直的統合，すなわち原材料調達から製造を経て販売するまでの一連の流れ
の前後にある他社の統合を行えば，取引費用を削減できる。すなわち，継続的
な取引関係にある者同士が，それぞれの利害を考えて対立しながら取引を行う
のではなく，同一の企業として共通の利益を目指すことで，効率的に事業を行
えるようになる。

　多角化，すなわち別の事業を行う他社の統合を行えば，自社の持つ技術等の
資源を他の事業に用いたり，会社のリスクを減らしたりすることができる。複
数の異なる事業を行っていれば，一つの事業がうまくいかなくても，他の事業
で補うことができ，会社の持つリスクを軽減することができる。

　他社の持っている特定の資産を得るために，他社を統合することもある。他
社の持っているブランドや顧客，ノウハウ等の無形資産を利用するために，他
社を統合することがある。

（2）事業の縮小

　事業を縮小するときには，事業を売却したり，自社を分割したりすることが
ある。

　経営を効率的にするために，事業を縮小することがある。企業が大きいとき
には，個々の部門の貢献が見えにくくなり，事業に関わる者の意欲が低下する
かもしれない。また，経営判断が難しくなったり，判断に時間がかかるように
なったりするだろう。

　投資を呼び込むために，事業を縮小することもある。巨大な企業の株式は，
巨大であるというだけで価値が低くなるかもしれない。切り分けて売ったほう
が，より投資家のニーズに合いやすくなる。また，企業が複数の事業を行って
いる場合には，投資の判断が難しくなり，投資を呼び込みにくくなることがあ
る。投資家も証券アナリストも，複数の事業の先行きについて予測を立てて適
切に投資判断を行う能力を持っていないかもしれない。

（3）企業組織の形

　企業は，経営のトップに意思決定の権限を集中させることもあれば，各事業のセクションに意思決定の権限を分散させることもある。企業全体のことを考えて意思決定をすることを重視すれば，中央に権限を集中させる。事業ごとの迅速な意思決定が必要であると考えれば，権限を各事業に分散させる。

　社内の事業組織に経営上の権限を分ける仕組みとして，事業部制や事業本部制，カンパニー制がある。これらは，各事業組織に移す権限の大きさとその内容によって区別される。

　各事業組織を法的に独立した会社にして，より多くの権限を各事業組織に移す企業もある。持株会社制は，各事業組織がそれぞれ法的に独立した会社となり，この各事業会社の株式を持株会社が保有して支配して，持株会社がグループ全体としての意思決定を行うものである。

（4）企業組織と租税

　他社と統合したり，自社を分割したりするときには，そこで行われる資産の移転について，課税される。また，複数の事業を一つの会社の中で行うときと，複数の事業をそれぞれ別会社にして行うときでは，課税関係が異なってくることがある。

　租税制度は，税負担能力に応じた公平な課税を行うために，課税漏れが生じたりすることのないようにしなくてはならない。一方で，課税によって企業行動を歪めてしまい，効率的な組織を企業が形成するのを阻害しないようにしなくてはならない。

2　企業組織再編成税制

（1）組織再編における資産の移転

　組織再編とは，組織再編とは，合併，分割，現物出資，現物分配，株式交換，株式移転のことである。組織再編を行うときには，法人と株主において資産の移転が行われる。

　たとえば，会社が合併するときには，法人と法人の間と，株主と法人の間で，資産の移転が行われる。被合併法人は保有していた事業資産を合併法人に移転し，被合併法人の株主は保有していた被合併法人の株式のかわりに合併法人の株式を受け取る。

（2）組織再編における課税の原則

　組織再編に伴って資産を移転するときには，時価による資産の譲渡があった

〔図表12：合併時の資産の移転〕

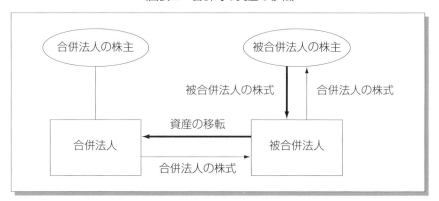

ものとして，その譲渡益に課税する。法人において資産を移転したときには，その保有資産を時価で譲渡したものとして，その譲渡益に課税する（法税62条1項）。株主において株式を移転したときも，株式を時価で譲渡したものとして，その譲渡益に課税する。ただし，株主が交付を受ける資産について，資本金額を超えて受け取る分については，利益の分配とみなして課税する（所税25条1項1号）。

　合併に伴って資産を移転するときにも，時価による資産の譲渡があったものとして，その譲渡益に課税する。被合併法人において，保有資産を時価で合併法人に譲渡したものとして，その譲渡益に課税する。被合併法人の株主において，被合併法人の株式を時価で譲渡したものとして，その譲渡益に課税する。ただし，被合併法人の株主が交付を受ける資産について，被合併法人の資本金額を超えて受け取る分については，利益の分配とみなして課税する。

（3）適格組織再編における課税

　一定の要件を満たし，適格組織再編に該当すれば，移転した資産の譲渡益に対する課税を繰り延べる。すなわち，移転した資産の帳簿価額を引き継ぎ，譲渡益を認識せず，この資産をつぎに譲渡するときまで課税を延期する。

　つまり，法人においては，適格組織再編に該当すれば，移転した資産の譲渡益に対する課税を繰り延べる（法税62条の2）。

　株主においても，株式のみの交付で現金等の資産を受け取らない場合には，保有していた株式の譲渡所得に対する課税を繰り延べる。また，適格組織再編に該当すれば，株主が交付を受ける株式等について，みなし配当課税を行わな

い（所税25条1項1号）。

　たとえば，適格合併においても，移転した資産の譲渡益に対する課税を繰り延べる。すなわち，移転した資産の帳簿価額を引き継ぎ，譲渡益を認識せず，この資産をつぎに譲渡するときまで課税を延期する。被合併法人において，移転した資産の譲渡益に対する課税を繰り延べる。被合併法人の株主において，保有していた株式の譲渡所得に対する課税を繰り延べる。また，被合併法人の株主が交付を受ける株式等について，みなし配当課税を行わない。

（4）適格組織再編の要件

　適格組織再編として課税を繰り延べるには，企業グループ内の組織再編成または共同事業を行うための組織再編成のどちらかにあてはまることが必要であ

〔図表13：組織再編成の要件〕

	企業グループ内の組織再編成	共同事業を行うための組織再編成	独立して事業を行うための分割・株式分配（スピンオフ）
適格要件	○100%関係の法人間で行う組織再編成 ・100%関係の継続 ○50%超関係の法人間で行う組織再編成 ①50%超関係の継続 ②主要な資産・負債の移転 ③移転事業従業者の概ね80%が移転先事業に従事（株式交換等・株式移転の場合は完全子法人の従業者の継続従事）④移転事業の継続（株式交換等・株式移転の場合は完全子法人の事業の継続）	①事業の関連性があること ②(イ)事業規模（売上，従業員，資本金等）が概ね5倍以内　又は(ロ)特定役員への就任（株式交換・株式移転の場合は完全子法人の特定役員の継続）③左の②〜④ ④支配株主（分社型分割・現物出資の場合は分割法人・現物出資法人）による対価株式の継続保有 ⑤関係の継続（株式交換・株式移転のみ）	①他の者による支配関係がないことの継続 ②特定役員への就任（株式分配の場合は完全子法人の特定役員の継続）③主要な資産・負債の移転 ④移転事業従業者の概ね80%が移転先事業に従事（株式分配の場合は完全子法人の従業者の継続従事）⑤移転事業の継続（株式分配の場合は完全子法人の事業の継続）

出典：財務省ウェブサイトより（https://www.mof.go.jp/tax_policy/summary/corporation/c06.htm）。

る（法税2条の12の8）。なお，平成29年度の税制改正により，独立して事業を行うための分割・株式分配が加えられた。

　それぞれの要件は，以下のとおりである。ただし，合併法人等の株式のみの交付（合併，分割および株式交換については，合併法人，分割承継法人または株式交換完全親法人の100％親法人の株式のみの交付を含む）をする場合であることが必要である。

（5）組織再編税制の趣旨

　組織再編に伴って資産を移転するときにも，他の方法による資産の移転と同様に，譲渡益に課税する。事業資産を売却して現金を受け取ったり，株式を売却して現金を受け取ったりしたときには，その譲渡益に課税される。組織再編における資産の移転にも課税しなくては，取引を歪めたり，組織再編の形式を利用して課税なしで資産の売却を行うなどの租税負担の回避を誘発したりしてしまう。

　適格組織再編において課税を繰り延べるのは，適格組織再編の前後において経済実態に実質的な変更がないので，課税を行うのは適当ではないからであると説明される[1]。すなわち，法人において事業資産に対する支配が継続しており，株主において投資が継続しているからであると説明される[2]。

　たとえば，適格合併のとき，株主において，被合併法人の株式を移転したといっても，現金を受け取るのではなく新たに合併法人の株式を受け取るのであり，合併法人への投資が継続する。被合併法人においても，事業資産を移転したといっても，現金を受け取るのではなく，合併法人において事業が継続するのであり，その事業に対する支配が継続するものとされている。

　適格組織再編において課税を繰り延べるのは，課税によって組織再編を阻害すべきではないからであると説明されることがある。この説明は，できるだけ租税が個人や企業の行動に影響を与えないようにするべきであるという中立の原則に基づくものである。

（6）欠損金の問題

　適格合併において，合併法人は，被合併法人の繰越欠損金を引き継ぐことができる（法税57条2項）。そうすると，多額の繰越欠損金を有する法人と適格合

1）税制調査会法人課税小委員会「会社分割・合併等の企業組織再編成に係る税制の基本的考え方」（平成12年10月3日）
2）水野580頁。

併することで，合併法人は所得を大幅に減らすことができてしまう。そこで，被合併法人からの繰越欠損金の引継ぎについては，一定の制限が設けられている（法税57条3項）。

3　連結納税

連結納税とは，複数の法人から成る企業グループをあたかも一つの企業であるかのように扱い，グループ内の個別の法人の損益を通算して，計算して申告する制度である（法税81条以下）[3]。

連結納税制度は，企業の経営形態に租税が影響を与えないようにするためのものである。一つの法人内においては，黒字の事業と赤字の事業があれば，その損益を通算して所得を計算することができる。事業ごとに別の法人としているときに，黒字の事業と赤字の事業があるときに，その損益を通算できないならば，法人税額が大きくなってしまう。そうすると，本来は個別の法人で行ったほうがよい事業を，税金が安いという理由で，一つの法人で行うようになってしまうかもしれない。そこで，グループ企業内の個別の法人の損益を通算させることで，租税が経営形態に対して中立になるようにしている[4]。

連結納税の適用は，強制ではなく，選択である。親法人と子法人の間に，完

〔図表14：連結納税のイメージ〕

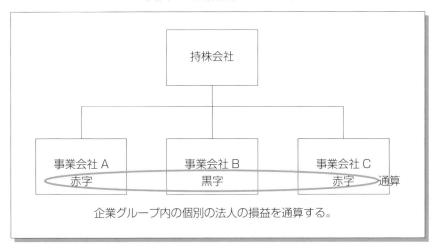

3）水野711頁。
4）水野711頁。

〔図表15：グループ法人税制のイメージ〕

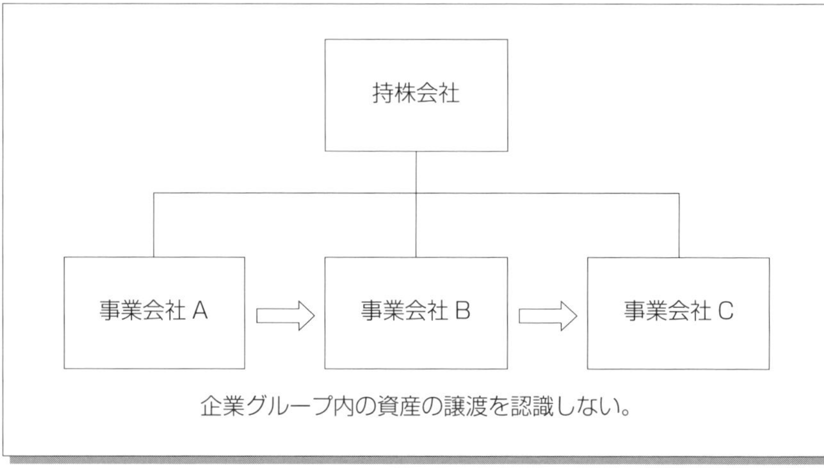

全支配関係があることが必要である。

　なお，令和4年4月1日以降に開始する事業年度から，連結納税制度からグループ通算制度に移行する。グループ通算制度とは，完全支配関係にある企業グループ内の法人同士の損益を通算する制度である。企業グループ内の各法人を納税単位として，各法人が個別に法人税額の計算および申告を行うものである。

4　グループ法人税制

　グループ法人税制とは，企業グループ内の法人間の取引をあたかも一つの法人内の取引であるかのように扱い，その取引における一定の資産の移転について課税を繰延べる制度である（法税61条の13)[5]。

　グループ法人税制も，企業の経営形態に租税が影響を与えないようにするためのものである。一つの法人内においては，ある事業から別の事業に資産を移転しても，資産の譲渡益は実現せず，課税されない。事業ごとに別の法人としているときには，ある法人から別の法人に資産を移転すれば，資産の譲渡益が実現し，課税されてしまう。そうすると，本来は個別の法人で行ったほうがよい事業を，税金が安いという理由で，一つの法人で行うようになってしまうかもしれない。そこで，グループ企業内の個別の法人間の一定の資産の譲渡につ

5）水野708頁。

き課税を繰り延べることで，適正な資産運用を阻害しないようにしている[6]）。

　グループ法人税制の適用は，選択ではなく，強制である。完全支配関係にある法人間の取引について適用される。

第6節　同族会社の課税

1　概　説

　同族会社とは，一般的には，少数の家族などの特殊な関係者により所有・支配される閉鎖的な法人を指し，わが国の法人において多数を占めるが，以下のように，他の法人と異なる同族会社の留保金課税（法税67条）と同族会社の行為・計算の否認規定（法税132条）が特別な制度として定められている。

　なぜ同族会社に対してこのような特別な制度が設けられているのであろうか。同族会社の特殊性とはどのようなものであろうか。

　一般に法人は，一つの独立した権利能力の主体と考えられるが，同族会社は他の法人と異なり，少数の関係者によって支配されていることにその特徴がある。すなわち同族会社は上場企業のように株主が多数の場合と異なり，少数の関係者相互の利害関係の対立が発生せず（利害が一致することも多い），また，株主と役員が同一であることが多いため通常とは異なる（あり得ない）取引が行われる可能性があり，ゆえに特殊な課税問題が発生する余地があるのである。

　たとえば，法人が保有する資産（時価100万円）をその役員に対して10万円で売買契約を行ったと想定しよう。法人にとってこのような契約は，当然損失が発生する契約であり，通常の経済取引では発生し得ない非合理的な（私物化といってもよいだろう）取引である。しかしながら，同族会社では少数の関係者によって支配されているため，経営と所有の分離が実効的ではなく，このような人工的な損失を発生させ法人税負担を免れ，またその役員に対して利益を移転するような恣意的な取引が行われ得るのである。さらに，法人税率と所得税率の相違に着目して法人の内部に利益を留保して，より高い所得税率の適用を免れるような行為も発生することになる。

　このような同族会社の特殊性に起因して，他にも配当に対する所得税と法人税の二重課税を回避するため損金控除可能な項目を活用し，過大な役員報酬・

6）水野709頁。

経費（旅費等）の支払等，さまざまな課税問題が発生することになる。

2 同族会社の定義

この同族会社とは，法人税法において株主等の3人以下，ならびに，この株主と特殊の関係のある個人および法人が有する株式の総数または出資の金額の合計額が，その会社の発行済株式の総数または出資金額の50%超に相当する会社（法税2条10号）と定義される。注意すべきは会社の規模を問わないことである。すなわち，大企業の子会社であっても条件を満たせば同族会社に該当することになる。

なお，上記にいう「特殊の関係」（法税令4条）とは，株主等の親族および株主等と事実上の婚姻関係と同様にある者や株主等から受ける金銭的利益その他の資産によって生計を維持している者が含まれ，さらには，これらと生計を一にする者もその対象となる。また，これら特殊関係者によって保有される法人も，「特殊関係」のある法人に該当することとされ，同族会社の特殊性に対応して広範囲に，判定の要素（同族関係者）としている。

同族会社の判定

$$\frac{株主等の3人以下および特殊関係者の株式の数または出資の金額}{会社の発行済株式の総数または出資金額} > 50\%$$

---

3 特定同族会社の特別税率（留保金課税）

上記のように同族会社は法人税と所得税の二重課税を回避し，さらには相対的に高率な所得税負担を回避するため，法人内部にその利益を留保する行為を行うことがある。これらの行為に対して法人税法は租税負担の公平性を担保するため，一定の同族会社（特定同族会社）[1]に対してその留保金額に対して特別の税率を課すことを定めている。これがいわゆる留保金課税である。

この留保金課税は内国法人である同族会社について，以下のように各事業年度の留保金額が法に定める留保控除額を超過した金額が対象となる。

$$留保所得 = 留保金額 - 留保控除額$$

---

[1] 上位1株主等で，持株割合が50%超となる被支配会社で，この判定の基礎となった株主等に被支配会社でない法人がある場合には，この法人をその判定の基礎となる株主等から除外して判定した場合でも被支配会社となるもの（法税67条1項・2項）。

　この留保所得に応じて，10％，15％，20％の税率による課税が通常の法人税負担に加算されることになる。

　本制度はそもそも法人における不当な内部留保を排除する趣旨であり，制度適用によって法人の通常の事業活動における合理的な内部資金の積立を阻害する可能性を有することから，留保控除額を超過したもののみを適用対象とする構造となっているが，合理的な内部資金留保額は個々の法人によって異なるものであり，また，経営判断によるものでもあって一律に定まるものではない。しかしながら，個々の法人に応じて適正な留保控除額を認定することは，行政庁が法人の判断・行動に介入することでもあり課税実務の執行上は困難であるため，一定の法定がなされている（法税67条3項・5項）。

　したがって，本制度は，法人の財務構造に影響を与える課税制度であることから，その適用対象は上記の同族会社すべてから，平成18年度の改正により適用を特定同族会社に限定し，中小企業の財務基盤への配慮が図られている。これは，中小企業はその規模から株主構造は少数とならざるを得ず，同族会社に該当する可能性が高いがゆえに，本制度の適用によって内部留保による資金調達が阻害される可能性が懸念されたためである。

4　同族会社の行為・計算の否認規定

（1）概略と沿革

　同族会社の行為・計算の否認規定とは，その法人の行為または計算で，これを容認した場合には法人税の負担を不当に減少させる結果となると認められるものがあるときは，その法人の行為または計算にかかわらず，税務署長の認めるところにより，その法人に係る法人税の課税標準もしくは欠損金額または法人税の額を計算することができるとするものである（法税132条，所税157条）。法人税法のみならず所得税法や相続税法においても同様の規定がおかれている。

　この規定は，大正12年に制定された非常に長い歴史をもつ規定である[2]。昭和40年度の法人税法の改正までは，この否認規定が用いられることが多かったが，その適用は主として同族会社における通常より過大な役員報酬を否認し，あるいは役員賞与と認定（損金不算入）する事案が多く，同族会社と同族判定株主との間における無償取引や貸付けを否認する際に活用されていた。

　しかしながら，昭和40年の法人税法全面改正により，前記のような過大な役

　2）清永敬次『租税回避の研究』第3編第1章（ミネルヴァ書房，1995）参照。

員報酬の否認（法税34条），寄附金の損金算入を制限する規定（法税37条），さらには，法人税法22条に，無償取引（無償による資産の譲渡や，無償貸付けなどの役務の提供）の個別的規定が設けられたこともあり，実際の同族会社の行為・計算の否認規定の適用は減少し，その適用が限定される傾向にある。

　ただし，この制度は同族会社の行為全般に対する包括的な否認規定であるため，近年においてもその適用をめぐっては争いが生じている。

　近年の適用となった事例では，親子会社である同族会社が，子会社の増資を行った際，親会社が，子会社の時価よりも高額で新株を引き受けることにより，その後，子会社の株式の売却により損失を生じさせ，子会社に対する貸付利子収入に対する課税を免れようとした事例[3]，これとは逆に，持株会社である親会社が，外国法人である関連会社を利用し，別の100％支配外国法人の増資を行い，当該関連会社に，増資にあたり新株の有利発行を行うことにより，当該親会社の有する支配外国法人の株式の価値を大幅に減少させた事例がある[4]。また，最近の事例では国際的経営戦略の観点から設立された法人が保有する株式をその発行会社に譲渡し，みなし配当の益金不算入と譲渡損失による欠損金を発生させ，当該法人と発行法人が連結納税申告を行う際に，当該欠損金を利用し法人税の負担を免れた事例[5] などがある。

　なお，最近の法人税法の改正により，合併・分割等の組織再編成や，連結納税制度においても，同様の規定が設けられている（法税132条の２・132条の３）。

（２）同族会社の行為・計算の否認規定の性格

　今日においては，この同族会社の行為・計算の否認規定は，同族会社における租税回避の否認規定であると解すべきであるとされている[6]。

　しかしながら，実際においては，租税回避行為と仮装行為とは，概念では区別されていても，個別事案においては，仮装行為として立証は困難であり，その真実性を否定するのは決して容易ではなく，そこで，この同族会社の行為・計算の否認規定には，仮装行為の認定を容易にし，行政庁の立証責任の困難を救う意義が存在しているとも評価される[7]。

　たとえば，同族会社の役員である未成年者に対して，役員報酬を支払ったこ

3）東京地判平成12・11・30訟月48巻11号2785頁。
4）東京地判平成13・11・9訟月49巻8号2411頁。
5）東京高判平成27・3・25訟月61巻11号1995頁。
6）水野698頁。
7）水野699頁。

とにつき，実際には，権利能力を制限される，未成年者が事業に従事していたとは考えられないとして，役員報酬の支給が否認されたものがある[8]。

（3）同族会社の行為・計算の否認規定の適用要件

同族会社の行為・計算の否認規定の適用要件に関して法は「不当に減少させる」という文言を使用しており，不確定概念を利用している[9]。なお，この不確定概念の利用に関しては課税要件明確主義に反するのではないかという考えもあり得るところであるが，裁判例では，課税要件明確主義に反するものではないと解されている[10]。

それではこの不当とは具体的にどのような意味を有するのであろうか。

この規定の適用によって法人税の負担を不当に減少させる結果となると認められる同族会社の具体的な行為に関しては，

　イ）同族会社でなければなしえないような行為・計算を否認する規定であるとする考え方[11]

　ロ）経済的に不合理な行為・計算を否認する規定であると解釈すべきであるという考え方[12]

として二つの見解の対立が見られた[13]。

しかしながら，同族会社とは，もともと，法律上の定義であり，同族会社でなければなしえないような行為・計算という基準の立て方自体が，不合理であり，適当ではないと指摘される[14]。

一方，経済的合理性に依拠することは直観的には理解しやすいが，条文における「これを容認した場合には法人税の負担を不当に減少させる結果となると認められるもの」を解釈したものであるのか定かではない[15]。

ただし，法人税の負担を不当に減少させるとは，事業上の必要性のない，すなわち経済的に合理性を欠いた取引が対象となるということも可能であると考えられる[16]。実際に，繰越欠損金の引継ぎのため，通常とは異なる合併（逆さ

8）最判平成11・1・29税資240号342頁。
9）金子541頁。
10）最判昭和53・11・30訟月25巻4号1145頁。
11）たとえば，東京高判昭和26・4・23行集25巻10号1310頁，東京高判昭和40・5・12税資49号596頁。
12）東京高判昭和49・10・29行集25巻10号1310頁。
13）金子542頁。
14）水野700頁。
15）水野700頁。

合併）を行った事案について，純経済人として不合理な租税負担を免れる行為
であるとして，同族会社の行為・計算の否認規定により，否認した事例[17]に
あるように，事業目的のない，租税負担の軽減のみを目的とした行為であるが
ゆえに否認されたとも考えられる[18]。

　このように考えると，同族会社の行為・計算の否認規定の適用にあたっては，
第一に，当事者の特殊関係に着目して，その行為・計算が適正なものなのかど
うか，異常なものであるのか否かが問題とされ，第二に，当該行為の事業上の
必要性の認定，事業目的の存在を問うことになり，事業上の必要性は，同族会
社，あるいは，同族株主に拠るものであり同族会社によって，その事業上の必
要性や事業目的が明らかにされなければならないと考えられる[19]。この判
断[20]には経営判断に関わる事業目的の内容というよりも，事業目的自身の有
無が問題となることであろう。

（4）所得税と同族会社の行為・計算否認規定

　法人税法のみならず，同族会社の行為・計算否認規定は，所得税法にも規定
されている（所税157条）。

　その趣旨は，同族会社が少数の株主ないし社員によって支配されているため，
当該会社またはその関係者の税負担を不当に減少させるような行為や計算が行
われやすいことにより税負担の公平を維持するため，そのような行為や計算が
行われた場合に，それを正常な行為や計算に引き直して更正または決定を行う
権限を税務署長に認めることにあるとされる[21]。

　なお，法人税法においては，「法人の税負担」が不当に減少される場合とさ
れるのに対して，所得税法では，「会社又はその関係者の税負担」と規定して
おり，一部対象が異なるものと考えられる。

　具体的には納税者個人がその所有する不動産の賃貸にあたり，その同族会社
である不動産管理会社を介在させて，その不動産管理会社に賃貸し，不動産管
理会社が第三者に転貸することにより賃料を収受する事案では，不動産管理会
社から受け取る賃料を，実際の相場よりも低額にすることによって，納税者個

16）水野701頁。
17）広島地判平成2・1・25行集41巻1号42頁。
18）水野701頁。
19）水野702頁。
20）東京地判令和元・6・27訟月66巻5号521頁。
21）水野704頁。

人の所得税負担を不当に減少させることを企図した裁判例[22]が存在する。

　この判決において同族会社の行為または計算が「所得税の負担を不当に減少させる結果となると認められる」か否かは，もっぱら経済的，実質的見地において，当該行為または計算が通常の経済人の行為として不合理，不自然なものと認められるかどうかを基準として判断すべきであるとしている。

　すなわち，不動産管理会社の事案においては，低額な賃借料収入による納税者の所得税の金額を適正な賃貸料の額に引き直し，通常の所得税の金額を算定することになる。しかしながら，不動産賃貸料は，不動産の種類・構造・立地条件・建築年数等によって非常に異なるものであるから，本件物件の適正な賃貸料を直接算定することは極めて困難であり，仮にそれが可能であったとしても，その数値の合理性，正確性には疑問があるとされ，それに代えて不動産管理会社の管理料割合の算定という方法が考えられるとされている。つまり，適正な金額に引き直す際の実際の適正金額の算定が議論となる。

　また，納税者が，保有株式を同族会社に譲渡する際に，その取得に必要な金額を無利息かつ無期限で同族会社に貸し付けたところ，同族会社等の行為または計算の否認規定を適用によって納税者に通常の貸付けに伴う利息相当分の雑所得があるものとしてこの否認規定を適用し，所得税の更正を行った事例[23]では，所得税における同族会社の行為・計算否認規定に係る要件として，

　　イ）同族会社等の行為または計算が存在すること
　　ロ）同族会社等の行為または計算が経済的合理性を欠くこと
　　ハ）同族会社等の行為または計算の結果，株主等の所得税の負担が減少したこと

と判断して，同族会社の行為・計算の否認規定の適用にあたっては，株主等に租税回避の意図ないし税負担を減少させる意図が存在したことは必要ではないと判断しており，租税回避に対する主観的な意図を考慮していない。このように所得税法においては，同族会社等の行為・計算の経済的合理性の欠如に着目し，判断の基準を同族会社等の行為・計算においているものの，その効果として否認対象を個人の行為・計算としていることからこの解釈が課題とされている[24]。

22）最判平成 6・6・21訟月41巻 6 号1539頁。
23）最判平成16・7・20判時1873号123頁。
24）水野705頁。

第6章

相続税・贈与税

第1節　相続税

1　相続税の意義と根拠
（1）相続税のはじまり

　相続税は，相続や遺贈によって個人から個人に財産が移転する場合に課税される租税であり，日露戦争の戦費調達のため明治38年に導入された。人の死をもって課される相続税の根拠としては，①富の再分配，②生前蓄積所得の清算，③老後扶養の還元をあげることができる。

　まず，租税の機能の一つである富の再分配は，相続という偶発的な事象によって財産を無償で取得することに担税力を見出すもので，資産性所得を分離課税として低税率を適用している所得税の補完税的性質も有している[1]。つまり，遺産は被相続人の生前の経済的手腕によって蓄積されたものであるから，相続を契機として一部は社会に返還されるべきとし，被相続人の遺産に対して累進税率を課すことによって，富の集中を抑制する機能を有するのである。この被相続人による富の蓄積という観点からは，相続のタイミングで生前に受けた社会上の特典や課税逃れを把握し，清算するという相続税の根拠が導き出される[2]。

　さらに，相続税は他の税目に比べて比較的税収が安定しているため，少子高齢化が進む現代社会においては，老後における扶養の社会化が高齢者の資産の維持に寄与していることからも，生前の老後扶養に対する還元という観点に基づいて，年金や医療費といった社会保障費用の財源としても注目されている（図表1参照）。

　また，相続税はその国の文化を色濃く反映する相続制度と密接に関係するため，所得税や法人税と比較しても国によって多様であり，中国やインドのよう

1）水野876頁。
2）北野弘久＝小池幸造＝三木義一編『争点相続税法〔補訂版〕』15頁（勁草書房，1996）。

〔図表 1 ：税目別の税収推移〕

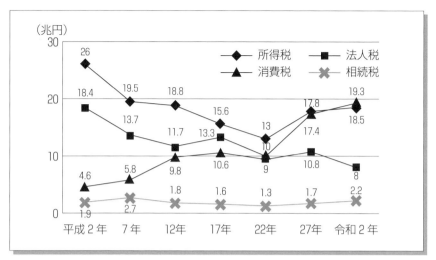

出典：財務省「一般会計税収の推移」，「相続税の課税件数割合及び相続税・贈与税収の推移」より作成。

　に元来相続税が存在しない国もあれば，香港やスウェーデンなどのように，相続税を廃止した国もある。日本の平成26年度相続税課税対象者は約 4 ％だったが，基礎控除引き下げ等の改正が適用された平成27年度以降は対象者が倍増し，令和元年度の課税対象者は約 8 ％となっている。さらに，被相続人 1 人あたりの平均課税価格は約 1 億3,000万円，平均税額は約1,700万円と高額になることから，相続税のない国を介したタックススキームが講じられることも多く，グローバル化の影響を強く受けている[3]。

（ 2 ）相続と遺贈

　相続税法に80カ所以上登場する「相続又は遺贈」は，民法上の文言である。この相続と遺贈の違いをみてみると，相続とは「被相続人の財産に属した一切の権利義務を承継する」こと（民896条）であり，これに対して遺贈とは，遺言者が遺言によって財産を贈与することをさし，さらに包括遺贈と特定遺贈に分類できる（図表 2 参照）。この他，死を契機とする財産移転には遺贈の規定が準用される死因贈与もあるが，遺贈と死因贈与との違いは，遺贈は遺言者の単

---

3 ）国税庁「令和元年分相続税の申告実績の概要」（2020）。

〔図表2：相続と遺贈の分類〕

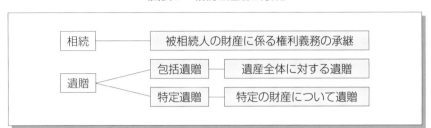

独行為であるのに対して，死因贈与は当事者の合意による契約となる点にある。

　法定相続人以外に財産を取得させたい場合には遺贈が有効だが，法定相続人の遺留分との問題も生じるため注意が必要となる。

2　相続税の仕組み

（1）遺産税方式と遺産取得税方式

　相続税の仕組みは，大きく遺産税方式と遺産取得税方式とに分けることができ，アメリカやイギリスは遺産税方式を，ドイツやフランスは遺産取得税方式を採用している。①遺産税方式とは，被相続人の遺産を対象に課税する制度であり，②遺産取得税方式とは遺産を取得した者の取得財産を対象として課税する制度である。日本の相続税制度では，明治憲法における民法上の家制度に応じた家督相続が存在していたことから，その創設時より遺産税方式を採用していた。昭和22年の憲法改正により家督相続が廃止された後も遺産税方式は継続されたが，昭和25年のシャウプ勧告に基づく税制改正により遺産取得税方式へと変更になった[4]。

　しかし，仮装分割や虚偽申告が後を絶たず，相続税の課税の公平性を維持することが難しくなったことや，遺産を分割することを前提とした制度下では，長子単独相続が多い農業・中小企業用資産を相続した場合に相続税負担が重くなることから，昭和33年に遺産取得税方式の建前を維持しつつ，すべての相続人が納める相続税の総額を，①遺産の総額，②法定相続人の数，③その法定相続分という客観的な計数によって決定する，「法定相続分課税方式による遺産取得税方式」の導入によって問題の解消を図った[5]。この方式によれば，均等に分割した場合も単独で相続した場合も相続税総額が変わらないため，遺産取

　4）北野弘久『コンメンタール相続税法』1頁（勁草書房，1974）。
　5）税制特別調査会「相続税制度改正に関する税制特別調査会答申（昭和32年12月）」。

得税方式を採用していた際に生じていた課税上の不公平が解消されることから，同方式は現行の相続税法においても採用されている（☞第1節3）。

（2）納税義務者

相続税法では，相続または遺贈により財産を取得した個人が，その財産取得時に，①国内に住所を有している場合，②国内に住所を有していない場合のそれぞれについて，納税義務者となることを定めている（相税1条の3第1項1号・2号）。

相続人が①の場合または②のうち日本国籍を有する場合は，原則として相続または遺贈により取得したすべての財産に対して相続税が課せられる無制限納税義務者になる（相税2条1項）。ただし，これらの相続人が，外国人被相続人[6]または非居住被相続人[7]から財産を取得し，①のうち一時居住者[8]に該当する場合または②のうち日本国籍を有し，10年以内に国内に住所を有していたことがない場合もしくは②のうち日本国籍を有しない場合の，いずれかに該当

〔図表3：相続税の納税義務者〕

相続人／被相続人		国内に住所あり	国内に住所なし		
			日本国籍あり		日本国籍なし
		一時居住者	10年以内に国内に住所あり		
国内に住所あり	外国人被相続人	国内財産のみ課税	すべての財産に課税	国内財産のみ課税	
国内に住所なし	非居住被相続人	国内財産のみ課税		国内財産のみ課税	

6）外国人被相続人とは，相続開始の時において，在留資格を有し，かつ，国内に住所を有していた被相続人をいう（相税1条の3第3項2号）。

7）非居住被相続人とは，相続開始の時において国内に住所を有していなかった被相続人で，①相続開始前10年以内に国内に住所を有し，かつ，日本国籍を有していなかった者，または，②同期間内に国内に住所を有していたことがない者をいう（相税1条の3第3項3号）。

8）一時居住者とは，相続開始の時に在留資格を有しており，相続開始前の15年以内に国内に住所を有していた期間が10年以下である者をさす（相税1条の3第3項1号）。

する場合には，日本国内にある財産のみに対して相続税が課せられる制限納税義務者になる（同条2項）。さらに，相続時精算課税（☞第2節5）の適用財産を取得している場合にも相続税の納税義務者となる（相税1条の3第1項5号）。

このように納税義務の規定が複雑になっている理由には，過去の租税回避事例をふまえこれを防止するために，たびたび法改正が行われたという背景がある。納税義務の判断について，かつては住所の有無に重点を置いていたが，グローバル化が進むにつれて人も物も移動が容易になったことから，従来の基準では課税の公平が維持し難くなった。そのため，納税義務者の認定については，まず相続時という一時点での住所判断から，5年という期間判断へと変更され，さらにその期間が10年，15年と延長された。あわせて，課税財産の範囲については，相続人だけでなく，被相続人の状況においても期間判断へと変更されている。

令和3年度税制改正では，高度外国人材等の就労促進の観点から，就労等で日本に居住した外国人が死亡した場合には，その居住期間にかかわらず，外国に居住する家族等（相続人）が取得する国外財産を相続税の対象から除外することが定められている。

（3）相続財産

相続税の課税対象となる財産には一般的な相続財産だけではなく，実質的にみて相続財産と同等であることから相続税法上相続財産とみなされる，みなし相続財産も課税対象財産に含まれる。

① みなし相続財産（図表4）

相続人が納税義務者に該当する場合，相続財産が相続税の課税対象となる財産かどうかを明らかにする必要がある。相続税法では，相続開始時の遺産だけではなく，生命保険金のように被相続人の死によって相続人が経済的利益を得るという実質的に相続財産といえるものを「みなし相続財産」として課税の対象としている[9]（相税3条・4条）。

② 非課税財産（図表5）

これに対して，被相続人から遺産として受け継いだ財産であっても，非課税財産に該当する場合には相続税の対象にならない（相税12条）。非課税財産は，公益性や国民感情への配慮，社会政策的観点から，課税対象とすることが適当

9）生保年金二重課税事件—最判平成22・7・6判タ1324号78頁。

でないものについて，限定列挙されている。

③　小規模宅地等

相続財産に該当する場合でも，被相続人の自宅や事業用の資産については，被相続人死亡後の遺族らの生活を考慮し，小規模宅地等の特例として以下のような相続税負担軽減の特例が設けられている（租特69条の 4 ）。

ａ）被相続人または被相続人と生計を一にしていた親族（相続人含む）が，事業の用に供していた宅地については，その評価額の20％〜50％を相続税の課税価格に算入する。また，相続開始の日が平成27年 1 月 1 日以後の場合，ｂ）被相続人等の居住の用に供されていた宅地等については，330㎡に限り評価額の20％のみを課税価格に算入する[10]。ただし，相続開始前 3 年以内に贈与または相続時精算課税を選択した贈与により取得した宅地等については，この特

〔図表 4 ：主なみなし相続財産〕

みなし相続財産	ⓐ 死亡保険金 ⓑ 退職手当・給与 ⓒ 生命保険契約に関する権利 ⓓ 定期金給付契約に関する権利 ⓔ 被相続人が受取人である定期金給付契約に関する権利 ⓕ 被相続人の死亡により相続人等が受ける定期金 ⓖ その他遺贈により取得したものとみなされるもの

〔図表 5 ：主な非課税財産〕

非課税財産	ⓐ 皇室経済法によって皇嗣が受けたもの ⓑ 墓所，霊廟，祭具等 ⓒ 宗教・慈善・学術など公益目的事業の用に供するもの ⓓ 精神・身体に障害のある者への給付金 ⓔ 相続人の取得した死亡保険金の一定額 ⓕ 相続人の取得した退職手当金等の一定額 ⓖ 国等に寄附した公益に著しく寄与する相続財産

[10] 本件特例の適用の対象となる「居住の用に供されていた宅地等」は，「主として居住の用に供していた宅地等」に限られないものと判断されている（福岡高判平成21・2・4 税資259号24頁）。

例を受けることはできない。また，平成31年度税制改正によって，相続前3年以内に事業の用に供された宅地も，特例の対象から除外された。

　小規模宅地等の特例は，まず通達（昭和50年6月20日付直資5-17通達「事業又は居住の用に供されていた宅地の評価について」）によって導入され，その後昭和58年に租税特別措置法において法律として制度化された。当初の居住要件では，二世帯住宅のうち入口が二つある場合など，その構造によっては小規模宅地等の特例の適用対象外となっていたが，平成25年度税制改正によって構造上区分のある二世帯住宅も特例の適用対象となった。さらに同改正により，被相続人が介護を必要として老人ホームに入居したため，相続開始時自宅に居住していなかった場合にも，その居住用宅地を貸付け等に用いていない限りにおいて，小規模宅地等の特例の適用が可能になった[11]。

Step up

グローバル化と相続

　相続は日本国内で完結するものばかりではなく，国際結婚や海外在留邦人の増加によって，日本と海外の国・地域の法律関係が問題になるケースがある。相続は①被相続人の人格の承継と，②被相続人の死亡を原因とする財産権の移転という二つの性質を有している。日本では，相続を親族関係に基づく財産・身分の承継制度と捉え，とくに①の性質を重視し，法律については法の適用に関する通則法36条に「相続は，被相続人の本国法による」ものと定めている。

　つまり，相続については財産の種類や場所を問わず被相続人の国籍のある国の法律が適用されることになる（相続統一主義）。一方アメリカでは，相続財産が動産の場合には被相続人の本国法または住所地法，不動産の場合には所在国の法律を準拠法としている（相続分割主義）。

　そのため，アメリカの国籍を有する被相続人が日本国内に不動産を所有している場合，その不動産の相続については不動産所在地国の日本法が準拠法となる（適用通則法41条）。

　人や物の移動が容易になったこともあり，各国の法律を駆使した租税回避スキームが年々巧みになってきているため，国際的な課税ルールが重要となる（☞第

11）ただし，被相続人特例の適用が認められなかった事例もある（東京地判平成23・8・26税資261号146頁）。

8章第1節）。

3　相続税の計算

（1）課税価格─ステップ1

　ここからは，相続税の計算方法をみていく。相続税の仕組み（☞第1節2）にあるように，日本は遺産税方式と遺産取得税方式の折衷方式を採用しているので，難しいイメージを持つかもしれないが，相続税の計算手順は大きく三つのステップに分かれている（図表6参照）。

　ステップ1で財産を取得した相続人ごとに行った計算を，ステップ2で合算し，再びステップ3で分割しているのは，上述したように単純な遺産取得税方式を採用した場合の財産分割による租税回避防止と同時に，農家や中小企業の事業を親（被相続人）から子（相続人）へ継承していく場合に，事業用の相続財産の性質上分割できずに1人の相続人の負担が重くなりすぎてしまうことを避けるためでもある。

　まずステップ1では，相続財産から非課税財産を除き，みなし相続財産および相続開始前3年以内に行われた贈与財産を加算する（相税19条）。ただし，婚姻期間が20年以上の配偶者から贈与された居住不動産やその取得費のうち2,000万円以下の部分については特定贈与財産として除外される。また，債務控除として被相続人の葬式費用や，被相続人の所得税，消費税などの公租公課も控除できる。

　なお，相続人または受遺者間での協議が長期化し，相続税の申告期日（☞第1節5）までに遺産分割が確定しない場合には，相続人が民法に定める法定相

〔図表6：相続税の計算手順─3ステップ〕

① 相続税の課税価格：各相続人・受遺者ごとの相続財産計算

② 相続税の総額：ステップ1を合計し控除を適用

③ 各相続人の相続税額：ステップ2を分割し税率適用

続分に従って財産を取得したものとして相続税額を算出しなければならない（相税55条）。

（2）相続税の総額―ステップ2

ステップ2では，ステップ1で算出した課税価格を合算し，基礎控除を引いた課税遺産総額から相続税の総額を計算する。遺産に係る相続税の基礎控除額は課税最低限を示すものであり，3,000万円に相続人1人あたり600万円が加算される。この計算方式では，相続人数が多くなれば控除額も増加することから，税負担軽減のみを目的とした養子縁組が負担の公平を確保する観点から問題となり[12]，現在では被相続人に実子がいる場合には1人，いない場合には2人と養子の数が定められている（相税15条）[13]。

課税価格から基礎控除を差し引いた課税遺産総額が算出された後は，法定相続分によって各相続人に分配されたものとして，それぞれの相続分ごとに税率を乗じ，合算した金額を相続税の総額とする（図表7参照）。

（3）相続税額―ステップ3

最終ステップでは，相続税の総額を課税価格の合計額に対するその相続人の課税価格の割合によって按分し，各相続人の相続税額を算出する（相税17条）。各相続税額については，相続人によって贈与税額控除や外国税額控除などの適用により税額から一定額を差し引くことができる。とくに配偶者控除では，法

〔図表7：相続税税率〕

取得金額	税率	控除額
～1,000万円	10%	―
1,000万円超～3,000万円	15%	50万円
3,000万円超～5,000万円	20%	200万円
5,000万円超～1億円	30%	700万円
1億円超～2億円	40%	1,700万円
2億円超～3億円	45%	2,700万円
3億円超～6億円	50%	4,200万円
6億円超～	55%	7,200万円

---

12) 税制調査会「税制改革についての中間答申（昭和63年4月）」29頁。
13) 養子縁組無効確認請求事件―最判平成29・1・31民集71巻1号48頁。

〔図表 8：相続税の計算　全体図〕

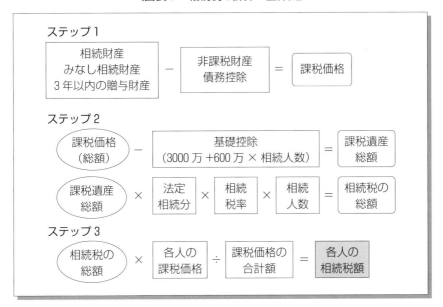

定相続分または 1 億6,000万円のいずれか多い金額までの取得分に係る税額はないものとされる（相税19条の 2）。この制度の趣旨は，①配偶者は被相続人の財産形成に寄与していること，②配偶者の老後の生活保障，③短期間で次の相続税課税がなされることにある[14]。

　また，世代を飛び越えることによる相続税の回避を防止するために，被相続人の配偶者，1 親等の血族（兄弟姉妹，親子）や代襲相続人である孫以外の者が，相続または遺贈によって財産を取得した場合には，相続税額の20％を加算される（相税18条）。

4　相続税法と遺産分割─民法・所得税法との交錯

（1）民法と相続税法

　これまで，相続税について相続税法を中心にみてきたが，相続税法に規定されている「相続人」（民886条～895条），「法定相続分」（民900条）等はいずれも民法からの借用概念である。さらに，相続税額の計算にかかる相続税の総額（相税16条）や，未分割遺産に対する課税（相税55条）においても，民法の相続

14）北野弘久編『現代税法講義〔 5 訂版〕』183頁（法律文化社，2009）。

分の規定が基盤とされている。このように，相続税法は民法の法律関係を基礎
として構成しているため，相続税法にかかる議論は，民法と相続税法の交錯の
議論にもなる[15]。

　ただ，民法上の効果が，相続税法上も無条件に適用されるわけではなく，そ
の適用範囲が条文によって異なる場合もある。たとえば，民法896条では相続
財産について，「相続人は，相続開始の時から，被相続人の財産に属した一切
の権利義務を承継する。ただし，被相続人の一身に専属したものは，この限り
でない。」と定めているが，相続税法では，本来の相続財産のほかに，みなし
相続財産（☞第1節2（3））も相続または遺贈により取得したものとしている。
こうした民法と相続税法との関係では，代償分割や跡継ぎ遺贈などが議論とな
っている[16]。

（2）所得税法と相続税法

　所得税法では非課税所得として，「相続，遺贈又は個人からの贈与により取
得するもの（相続税法…の規定により相続，遺贈又は個人からの贈与により取
得したものとみなされるものを含む。）」については，所得税を課さないと定め
られている（所税9条1項17号）。同規定の趣旨は，「相続税又は贈与税の課税
対象となる経済的価値に対しては所得税を課さないこととして，同一の経済的
価値に対する相続税又は贈与税と所得税との二重課税を排除した」点にあ
る[17]。

　このように，同一の経済価値を有する相続財産については，相続税または贈
与税が課税された場合，所得税においては非課税財産としてその課税対象から
除外される。具体例として，年金払特約付の生命保険契約における年金のみな
し相続財産該当性として所得税・相続税の二重課税が争われたケースでは，年
金支給額の一部は相続税の課税対象となる経済的価値と同一のものということ
ができ，当該部分についての所得税課税は二重課税にあたるため，所得税の課
税対象とならないと判示された[18]。

　これまで，相続税法による課税は相続による経済的価値の移転に対する課税
であり，一方，所得税法による相続財産の値上益に対する課税は資本所得への

15）民法と相続税法については，水野931頁。
16）三木義一＝占部裕典＝田中治編著『租税判例分析ファイル〈3〉相続税・消費税編』
　　103頁・71頁（税務経理協会，2006）。
17）前掲注9）。
18）前掲注9）。

課税であるため，二重課税は存在しないとされてきた。しかし，当該相続財産をその後譲渡した場合の譲渡所得との関係性についてみると，相続時に時価で課税されているにもかかわらず，所得税法60条ではその時価課税をなかったこととして，被相続人の取得価額をそのまま引き継ぐことが規定されており，ここにも二重課税についての議論が存在する。

Step up

代償分割と相続税

　相続財産の中には，不動産のように遺産分割によって相続人に財産を細分化できないもの，または農地のように細分化することで価値がなくなってしまうものがある。そのような相続財産を相続する場合，相続人の1人が相続財産を取得し，他の相続人には代わりに金銭（代償財産）を支払う分割方法を代償分割という。代償分割が行われた場合，①代償財産支払者には相続により取得した財産から支払った代償財産を控除した価額に，②代償財産取得者には代償財産の価額に課税される。

　代償分割によって相続財産を取得した後に当該財産を譲渡する場合，譲渡所得の計算における取得価額に代償金が含まれるか否かが問題になる。これは，民法909条の「遺産の分割は，相続開始の時にさかのぼってその効力を生ずる」と定めている遡及効の効力についての解釈の違いによるものである。つまり，遡及効によって，相続開始時までさかのぼって代償金の支払いをなかったことにしてしまうか，それとも，代償金の支払いがなければ相続財産を取得できないと考えるかという2点に大別される。判例は代償金を取得価額に含めないと判断しているのに対し，学説は異論を唱えるものが多い[19]。

5　申告手続

（1）原　則

　相続税の納税義務は，相続または遺贈によって財産を取得したときに成立する（税通15条2項4号）。相続税は申告納税方式を採用しているため，納税義務

---

19)　水野忠恒「所得税と相続税の交錯」ジュリ1020号154頁（1993），占部裕典「代償分割における相続税と所得税の課税関係」税法学541号3頁（1999）。

者が自ら申告手続を行わなければならない。そのため，相続または遺贈により財産を取得した者，または被相続人に係る相続時精算課税制度（☞第2節5）の適用者は，被相続人から上記の事由により取得した財産の課税価格の合計額が遺産の基礎控除額を超える場合において，相続税の課税価格に係る相続税額があるときは，申告書を提出しなければならない。課税価格の合計額が，基礎控除を超えない場合には申告書を提出する必要はないが，小規模宅地等の特例を受けるためには申告が必要となる（☞第1節2（3））。

　相続税の申告期限は，その相続の開始があったことを知った日の翌日から10カ月以内であり，課税価格，相続税額その他財務省令で定める事項を記載し，申告書を被相続人の死亡時の住所地の所轄税務署長に提出しなければならない（相税27条）。なお，この期間内に国内に住所および居所を有しないこととなる場合には，有しないこととなる日までに申告しなければならない。また，同一の被相続人から相続または遺贈により財産を取得し，申告書を提出すべきものまたは提出することができるものが2人以上いる場合，当該申告書の提出先の税務署長が同一であるときは，申告書を共同して提出することができる（相税27条5項）。

（2）遺産未分割の場合

　遺産分割が難航し，申告期限以内にすべての財産を分割できない場合には，各共同相続人らが民法の規定による相続分の割合に従って当該財産を取得したものとしてその課税価格を計算する（相税55条）。この場合，各相続人の取得する財産が確定していなくても，相続税の納税義務は成立しているとされる[20]。

〔図表9：相続税申告の期限〕

20）東京高判昭和46・2・26訟月17巻6号1021頁。北野他編・前掲注2）25頁。

　ただし，その後の遺産分割の結果が，民法の規定に従って計算された課税価格と異なる場合には，修正申告書の提出または更正の請求によって税額が確定される。遺産分割の確定による更正の請求は，その事由が生じたことを知った日の翌日から4カ月以内に限り，納税地の所轄税務署長にすることができる（相税32条1項1号）。

第2節　贈与税

1　贈与税の歴史
　贈与税とは，個人から個人へ贈与があった場合に，その贈与によって取得した財産に対して課される税である。贈与については租税法上に定義規定がなく，民法において「贈与は，当事者の一方がある財産を無償で相手方に与える意思を表示し，相手方が受諾をすることによって，その効力を生ずる。」と規定されている（民549条）。

　相続税導入時，贈与に対しては相続税法で相続開始前1年以内の贈与を相続とみなして相続税を課すという緩やかな規定が適用されていたため，それ以前に生前贈与を行うことによって相続税を回避する動きがみられた。そこで，昭和22年に相続税法を全面的に改正し，「すべての贈与に対して贈与税を課税するとともに，納税義務者を受贈者から贈与者に改める」として，相続税の補完税たる機能を有する贈与税が創設された[1]。その後シャウプ勧告を受けて，昭和28年に過去の贈与財産の累積額をもって財産取得者に課税する累積的取得税として今日の受贈者課税へと移行したのである[2]。

　こうした背景によって導入された贈与税は，相続税に比べ基礎控除額が低く，税率が高くなっている。これは，生前贈与による相続税回避の防止を目的としており，相続税の補完税という贈与税の性質に基づくものである。みなし贈与に関する規定が多い点からも同様のことがいえる。

2　贈与税の仕組み
（1）納税義務者
　贈与税の仕組みも相続税と同様に，遺産税方式と遺産取得税方式に分類され

1）「第92回帝国議会衆議院所得税法を改正する法律案外六件委員会議録（昭和22年3月22日）」48頁。
2）水野951頁。

〔図表10：贈与タイプと税目〕

受贈者＼贈与者	個人	法人
個人	贈与者　なし 受贈者　贈与税	贈与者　所得税（みなし譲渡） 受贈者　法人税（時価）
法人	贈与者　法人税（時価） 受贈者　所得税（給与・一時）	贈与者　法人税（時価） 受贈者　法人税（時価）

る。遺産税方式のアメリカ，イギリスでは贈与を行った贈与者が納税義務者となる。一方，日本が採用している遺産取得税方式では，贈与税を納める義務は，贈与を受けた受贈者にある。

　相続税の納税義務者の分類と同様，贈与においても，財産を取得した時に①国内に住所を有している受贈者，②国内に住所を有していない受贈者の，それぞれの場合について，納税義務者となることを定めている（相税1条の4）。

　①の場合または②のうち日本国籍を有する場合は，原則として贈与により取得した財産のすべてに対し，贈与税が課せられる無制限納税義務者になる（相税2条の2第1項）。ただし，外国人贈与者または非居住贈与者から取得する財産で，①のうち一時居住者に該当する場合または②のうち日本国籍を有しており，10年以内に国内に住所を有していたことがない場合，もしくは②のうち日本国籍を有しない場合のいずれかに該当する場合には，制限納税義務者として贈与によって取得した国内財産にのみ贈与税が課される（同条2項）。

　なお，贈与税は個人間での贈与にのみ課税される。個人から法人，法人から個人，法人から法人への贈与については贈与税ではなく，所得税，法人税が課税されるため，所得税法（☞第4章），法人税法（☞第5章）との整理が必要である（図表10）。

（2）課税財産と非課税財産

　贈与税では，有形無形を問わず経済的価値のあるすべての財産が課税対象となる。相続税負担の回避を防止するという性質から，純粋な贈与財産だけではなく低額譲渡のように実質的に贈与により取得したものとみなす場合も含まれるため，租税法上の贈与は一般的な贈与よりも広い概念をもつ（図表11）。

〔図表11：主なみなし贈与財産〕

みなし贈与財産	ⓐ　信託受益権 ⓑ　保険金の取得 ⓒ　定期金の給付 ⓓ　著しく低い価額の対価で譲渡を受けた財産 ⓔ　債務免除・債務引受け ⓕ　負担付贈与 ⓖ　その他利益の享受

　また，贈与税の対象とならない非課税財産の主なものとして，①法人から受けた贈与財産，②生活費や教育費に充てるための扶養義務者が行う贈与で通常必要なもの，③一定の公益事業者が取得した公益事業用財産，④香典，祝金，見舞金等で必要と認められるものがある[3]。贈与税の非課税項目は政策性が強く，平成27年度税制改正により，教育資金，結婚，出産に関する資金の贈与の一定額が非課税となる制度が創設された。

（3）申告手続

　贈与税は，贈与によって財産を取得した時に納税義務が成立する（税通15条2項5号）。相続税と同様に贈与税も申告納税方式を採用しているため，納税義務者は法定手続に従って，期限内に申告書を提出する必要がある。受贈者は，その1暦年中に贈与により取得した財産の課税価格に係る贈与税額がある場合，取得した年の翌年の2月1日から3月15日までに課税価格，贈与税額などを記載した申告書を，受贈者の納税地の所轄税務署長に提出しなければならない。

　なお，贈与税の計算過程（☞第2節3）において配偶者控除を適用した結果，贈与税額がない場合であっても，配偶者控除の適用を受けるためには申告書の提出が要件となっている。

3　贈与税の計算

（1）課税価格―ステップ1

　贈与税の計算は，相続税に比べると課税価格と税額の計算の2ステップというシンプルな計算構造になっている。贈与税は暦年課税であり，1月1日から12月31日までの間に贈与によって取得した財産の合計額を課税価格とする（相

3）水野958頁。

〔図表12：贈与税の計算手順―2ステップ〕

①　贈与税の課税価格：受贈者の暦年の贈与財産計算

②　相続税の税額：ステップ1に控除と税率を適用

税21条の2）。贈与によって取得した財産には，本来の①贈与財産および②みなし贈与財産が含まれ，非課税財産は除外される。

　贈与税の非課税措置としては，経済危機対策として平成21年に創設された措置である，親からの住宅取得資金の贈与がある。これは受贈者がその直系尊属から住宅用家屋の新築，取得または増改築等について，一定額を贈与税の課税価格に算入しないものとする非課税制度である（租特70条の2）。同制度は当初平成23年までの措置だったが延長され続けている。

　この他にも，同様に直系尊属からの贈与として，上記教育資金の一括贈与を受けた場合の非課税措置がある。この特例の趣旨は，60歳以上が資産の65％以上を保有しているという現状を踏まえて，人材育成・雇用対策として高齢者の資産を若年層に移転させ，教育・人材育成のサポートに活用して経済の活性化をめざすことにある[4]。ここでは，平成25年4月1日から令和5年3月31日までの間に，30歳未満の個人がその直系尊属から教育資金に係る一定の贈与を受けた場合には，1,500万円までの金額が贈与税非課税となる（租特70条の2の2）。

（2）基礎控除と税率―ステップ2

　ステップ1で算出した課税価格からは，贈与税の基礎控除として受贈者1人あたり110万円を差し引くことができる。また，贈与者と受贈者の関係に応じて基礎控除の他に，配偶者控除や住宅資金，教育資金の非課税措置が講じられている。

　贈与税の配偶者控除は，①財産を夫婦で協力して築いていること，②夫婦間での贈与認識の希薄さ，③配偶者の老後生活への配慮から設けられている。相続税同様に，婚姻期間が20年以上の配偶者から居住用不動産または居住用不動産を取得するための金銭の贈与を受けた場合には，その年分の贈与税の課税価

4）平成25年1月11日閣議決定「日本経済再生に向けた緊急経済対策」。

〔図表13：贈与税の計算　全体図〕

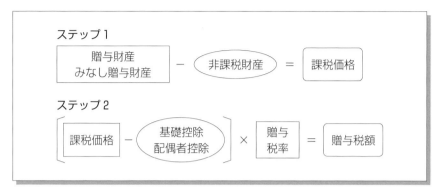

〔図表14：贈与税率表〕

直系尊属からの贈与		一般贈与
金　額	税　率	金　額
200万円以下	10%	200万円以下
400万円以下	15%	300万円以下
600万円以下	20%	400万円以下
1,000万円以下	30%	600万円以下
1,500万円以下	40%	1,000万円以下
3,000万円以下	45%	1,500万円以下
4,500万円以下	50%	3,000万円以下
4,500万円超	55%	3,000万円超

格から2,000万円までの金額が控除される（相税21条の6）。なお，相続税における未成年者控除に対応する規定は贈与税には存在しない。

　贈与税額は，ステップ1で算出した課税価格から基礎控除を差し引いた価額に一定の税率を乗じて求めることができる。これまでの贈与税率は10%～50%までの6段階だったが，平成25年度税制改正により平成27年1月1日の贈与から，直系尊属からの贈与とそれ以外の贈与とを区別し，異なる税率表が適用されることとなった（図表14）。

4　低額譲渡

遺贈または贈与により，著しく低い価額の対価で財産の譲渡を受けた場合は，当該財産の譲渡を受けた者がその財産の譲渡があった時に，その対価と譲渡時の時価との差額に相当する金額を，譲渡した者から贈与により取得したものとみなされる（当該財産の譲渡が遺言によりなされた場合には，遺贈により取得したものとみなす）（相税7条）。

低額譲渡を行うと，有償ではあるが，著しく低い対価により資産を譲渡することで所得税の負担を軽減し，かつ贈与税の課税を回避し，さらには生前に譲渡することによって相続税の対象からも外すことが可能となる。相続税法では課税の公平性という観点から，こうした低額譲渡に対しては贈与の意思や租税回避の意図の有無にかかわらず，著しく低い価額（対価）と時価との差額分を贈与とみなして課税する。

「著しく低い価額の対価」に該当するか否かについては，①財産の譲渡の事情，②譲渡価額と相続税評価額との対比，③同種の財産の市場価額の動向等を勘案して社会通念に照らして判断すべきとされる[5]。また，相続税法における時価については，課税時期においてそれぞれの財産に応じ，不特定多数の当事者間で自由な取引が行われた場合に通常成立する価額[6]，すなわち客観的交換価値とされている[7]。

Column

著しく低い価額の対価って？

相続税法が適用される「著しく低い価額の対価」とは，具体的に示すとすればいくらになるのだろうか。所得税法では譲渡時の2分の1に満たない価額とされているが，これが相続税法にも同様に適用されるかについては否定的な見解が多くなっている。

相続税法7条の適用をめぐっては，夫が妻らに土地を路線価（☞第3節2）で売却したことにつき，課税庁に著しく低い価額にあたらないとされたケースがある（東京地判平成19・8・23判タ1264号184頁）。このケースは路線価と時価との

5）横浜地判昭和57・7・28判タ480号140頁。
6）東京地判平成7・7・20行集46巻6＝7号701頁。
7）最判平成22・7・16判時2097号28頁。

差額に着目した租税回避スキームだったのだが，判決では租税回避の意図の有無は問わず，「著しく低い価額の対価」とは，対価に経済合理性のないことが明らかな場合をいうもので，社会通念に従い時価と譲渡の対価との差が著しいか否かによって判断すべきであるとして，課税庁の処分が取り消された。

　納税者の予測可能性と課税の公平性という観点からは，「単に低い価額」と「著しく低い価額」の違いはどうあるべきなのだろうか。

5　相続時精算課税制度
（1）相続時精算課税制度の仕組み

　贈与税は暦年課税を原則としているが，一定の要件を満たした場合には相続時精算課税を選択することができる（相税21条の9）。相続時精算課税制度は，本来贈与時に暦年課税される贈与税を，相続時にその贈与財産の贈与時の価額と相続財産の価額とを合算し，相続税と贈与税を一体化させて課税する仕組みである。この制度は，少子高齢化が進むにつれ相続による資産移転の時期が大幅におくれていることを懸念し，親世代から子世代への早期資産移転および消費拡大と経済活性化を目的として平成15年に導入された。

　相続時精算課税制度には，贈与財産の種類，贈与回数，年数制限はないが，①贈与者が60歳以上の父母または祖父母であること，②受贈者が20歳以上の推

〔図表15：相続時精算課税制度と一般贈与の比較〕

相続時精算課税制度		一般贈与
60歳以上の父母・祖父母	贈与者	制限なし
20歳以上の子・孫	受贈者	制限なし
必要（受贈者が贈与者ごとに）	選択	不要
2,500万円／人	非課税枠	110万円／年
なし（配偶者は対象外）	配偶者措置	配偶者控除あり
20%	税率	10〜55%
届出後〜相続開始	計算期間	暦年
贈与時，相続時精算	納付	贈与時

定相続人（贈与者の直系卑属のうちもっとも先順位の相続権のある者）または孫でなければならない。

（2）計算と手続

　相続時精算課税制度では，受贈者1人あたり2,500万円の非課税枠が設けられ，同制度を選択してから何度贈与があっても，贈与総額が2,500万円以下であれば贈与税は課税されない。贈与総額が2,500万円を超えた場合には，超えた価額に一律20％の贈与税率が課せられるが，相続税計算時に贈与税額控除を適用することができる（相税21条の13）。同制度を選択した場合には，贈与者が死亡したときに贈与者からの贈与財産を相続財産（図表6ステップ1）に加えて相続税の計算を行い，贈与時に納付した贈与税を控除した残額を相続税額とし，控除する贈与税額の方が多い場合には還付を受けることができる。

　同制度を選択する場合，受贈者はその年の翌年2月1日から3月15日までに，その年に贈与によって取得した財産について，届出書を税務署長に提出しなければならない（相税21条の9第2項）。この制度は贈与者ごとに選択できるため，母親からの贈与を暦年課税，父親からの贈与を精算課税とすることも可能であるが，一度選択した場合には暦年課税に戻すことはできない。

　相続時精算課税のメリットとしては，①非課税枠が暦年課税よりも大きいため，一度に多額の贈与ができること，②財産移転がスムーズにできること，③贈与時の価額で相続時に精算されるため，値上がり資産では節税になることなどがある。一方デメリットとしては，①贈与者・受贈者制限，②小規模宅地等の特例適用不可，③相続時精算課税制度を一度選択すると撤回できないことなどがあるため，相続時精算課税制度の選択については，受贈者のライフスタイルや贈与財産の性質を考慮する必要がある。

Column

結婚と税金

　租税制度の構築において，中立性とはどのように考えるべきなのだろうか。
　課税単位では，課税の中立性と家族（☞第4章第9節2）についてふれたが，今日では事実婚や同性婚など家族の形が多様化している。日本では同性婚は認められていないため，法律婚の配偶者以外は租税法上の配偶者控除の適用を受けることができない。つまり，法律婚以外の家族は，家族として支えあって生きてい

るにもかかわらず，税金が高くなってしまう場合が生じるのである。

　同性婚については，同性婚配偶者の遺産税の配偶者控除について争われたアメリカのWindsor判決で，最高裁が配偶者控除の不適用を違憲であると判断し，同判決後には同性婚を認めない法律を違憲とする判決が下されている（Obergefell判決）。

　日本でも，同性婚訴訟で初めて憲法14条違反を認める判決が下された（札幌地判令和3・3・17（平成31（ワ）267））。家族の形に中立な税制とはどうあるべきか，考える必要があるだろう。

第3節　財産評価

1　評価の原則―時価

　ここまで，相続税と贈与税についてその課税価格の計算方法をみてきたが，財産の評価は課税価格を大きく左右するため，きわめて重要である。相続税法22条では評価の原則として，「相続，遺贈又は贈与により取得した財産の価額は，当該財産の取得の時における時価」によるものと定めている。相続は財産の無償移転であるため，被相続人と相続人間での具体的な対価が存在しないことから，課税対象となる取得財産の評価は時価によることを原則としている。では具体的に時価とはどのように算出されるのか。

　判例では時価について，「相続税法で，あくまでも時価に課税価格を見出しているのであって，理論的価値に課税することを認めてはいない」と述べられている[1]。また，同法22条の趣旨は，「課税の統一，公平のため，原則的には相続税法の趣旨は，多種多様な財産を納税者の公平の確保等の観点から，評価に関する通達により統一的な評価がされることを予定している相続財産の時価を評価基本通達に基づく画一的な評価方法によって定めるもの」とされる[2]。つまり，評価の原則は時価によるものと定められているが，その時価の算定方法は通達に定められているのである。

　その財産評価基本通達（以下「評価通達」とする）においては，「時価とは，

1）東京高判平成13・3・15訟月48巻7号1791頁。
2）東京高判平成27・12・17訟月62巻8号1404頁。

課税時期…において，それぞれの財産の現況に応じ，不特定多数の当事者間で自由な取引が行われる場合に通常成立すると認められる価額をいい，その価額は，この通達の定めによって評価した価額による。」と定められている。具体的にみると，同法23条〜26条では，地上権および永小作権，定期金に関する権利などの4種の財産の評価について定められているのみで，実務としては財産評価のほとんどを評価通達に委ねている。

　このように，財産評価については，行政機関の内部指針である通達によって個別具体的に評価方法を定めている。この趣旨は，あらかじめ定められた評価方法によって画一的な評価を行う課税実務上の取扱いによって，①納税者間の公平，②納税者の便宜，③徴税費用の節減という効果をもたらすとされ，これを形式的にすべての納税者に適用して財産の評価を行うことは，租税負担の実質的公平をも実現することができ，租税平等主義にかなうものとされている[3]。

　しかしながら，あくまでも評価通達は「目安」「基準」であるため，財産の評価は相続時における個別の実情を考慮して行われるべきであり，通達と異なる評価をしたからといって直ちに違法となるわけではない[4]。したがって，評価通達の適用によってかえって実質的な租税負担の公平を著しく害し，相続税法の趣旨に反する場合には，評価通達による評価方法以外の他の合理的な方法によって評価されるものと解されている[5]。

2　通達による評価方法
（1）土　地

　評価通達では，宅地，農地など土地を区分したうえでその評価方法を定めており，大きく①路線価方式と②倍率方式に分類される。市街地に対しては路線価方式が適用され，道路に面する1㎡あたりの価額（路線価）を基に算出する。宅地の価額がおおむね同一と認められる一連の宅地が面している路線ごとにあらかじめ路線価を設定し，これに各宅地の特殊事情を加味してその価額を算定する（図表16）。路線価は，売買実例価額，公示価格，鑑定評価額，精通者意見価格等を基として，奥行価格や側方路線影響加算等の補正を加え，国税局長が路線ごとに評定する。

　3）大津地判平成9・6・23訟月44巻9号1678頁。
　4）東京高判平成7・12・13行集46巻12号1143頁。
　5）評価通達に合理性がないとされた事案として，東京高判平成25・2・28税資263号33頁。評価通達によらない評価が採用された事案として，東京高判令和2・6・24金判1600号36頁。

〔図表16：路線価の計算例〕

路線価　100千円／㎡

面積　200㎡

宅地の評価額
＝路線価×補正率等×宅地面積
100千円×200㎡＝2,000万円
（補正率１の場合）

〔図表17：路線価図〕

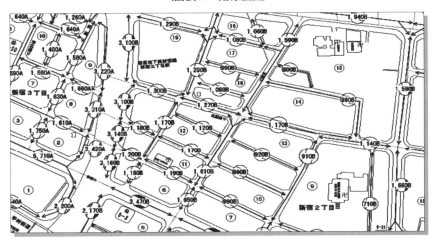

　１月１日時点の路線価が公表されると，相続税・贈与税の課税に１年間適用
されるため，年度中に地価が下落してもその価格が路線価を下回らないよう，
評価上の安全性を考慮して路線価は定められる[6]。路線価による評価について
判例は，「価額の評定方法として不合理とはいえず，……各補正率についても
不合理な点はなく，宅地の客観的時価の算定方法としての一般的合理性を有し
ているものといえる」と判断している[7]。
　路線価が定められていない土地については，その土地の固定資産税評価額に
一定の倍率を乗じて計算する倍率方式が適用される。倍率方式では，固定資産
税評価額に，国税局長が一定の地域ごとにその地域の実情に則するように定め

　6）北野弘久編『現代税法講義〔5訂版〕』189頁（法律文化社，2009）。
　7）東京地判平成7・7・20行集46巻6＝7号701頁。

る倍率を乗じて計算した金額によって評価する。倍率方式で用いられる倍率は，路線価方式同様，売買実例価額，公示価格，不動産鑑定士等による鑑定評価額等を基にして定められ，評価割合が80％程度になるように設定されている[8]。

（2）株　式

課税価格を計算するうえで，株式および株式に係る権利の評価は①上場株式，②気配相場のある株式，③取引相場のない株式に区分し，評価通達に基づいて1株ごとにその価額を評価する。

①上場株式とは証券取引所で取引されている株式であるため，取引価格から時価を把握しやすい。上場株式の原則的な評価方法としては，次の4方法のうちもっとも低い価額をもって評価額が決定される（財基通169(1)）。

1	課税時期の最終価格
2	課税時期の属する月の最終価格の月平均額
3	課税時期の属する前月の最終価格の月平均額
4	課税時期の属する前々月の最終価格の月平均額

この評価方法は，株価が景気によって大きく左右されることに依拠している。たとえば，リーマンショックの直後は平均株価が1カ月半で約40％も下落したように，相続開始の日によって評価額が大きく異なっては，課税の公平を維持しているとは言い難い。そのため，相続開始の日の最終価格という1時点で評価額を決定せずに，直近の3カ月という期間を設け，もっとも低い金額を評価額としたのである。ただし，上場株式であっても，負担付贈与または個人間の対価を伴う取引により取得した場合は，その株式が上場されている取引所の公表する課税時期の最終価格によって評価する（財基通169(2)）。これは相続税法に定める評価額と時価との差を利用した租税回避を防止するためである[9]。

②気配相場のある株式とは，登録銘柄や店頭管理銘柄の株式および公開途上にある株式をさす。登録銘柄や店頭管理銘柄の株式である場合には，市場で取引されており，取引価格が明らかになるため，上場株式の原則評価と同様の方法によって評価額を決定する。これに対して，公開途上にある株式の場合は，株式上場の手続を進めているとはいえ，相続開始時点では取引価格がないため，

8）路線価方式の問題点として，北野弘久＝小池幸造＝三木義一編『争点相続税法〔補訂版〕』216頁（勁草書房，1996）。

9）北野編・前掲注6）190頁。

その株式の公開価格によって評価される。

　さらに，③取引相場のない株式は，まず評価会社を従業員数・総資産価額・取引金額によって大会社，中会社，小会社に区分し，それぞれの区分に応じた評価方法により株式の評価額を決定する（財基通178）。

　計算方法は，事業内容が類似する上場会社複数の株価の平均値等をもとに取引相場のない株式の評価を行う類似業種比準方式と，評価会社の資産から負債等を控除して評価額を求める純資産価額方式，そしてその併用方式の三つの評価方法がある。大会社の株式価額は類似業種比準方式と純資産価額方式，中会社は類似業種比準方式と純資産価額方式の併用方式と純資産価額方式，小会社は純資産価額方式と併用方式のそれぞれどちらかを選択することができる（財基通179）。

第7章

消費税

第1節　概　説

1　消費税導入の経緯

　消費税法は，昭和63年の抜本的な税制改革の一環として，昭和63年12月30日に成立し（法律第108号），平成元年4月1日から適用された。消費税（以下，一般概念の消費税と区別するために消費税法上の消費税を「消費税」と記述する）が創設されるまでの経緯をみると，昭和50年以降，わが国は経済活動の停滞により税収が大幅に減少し，歳入の約3割を公債に依存する状況にあり，中長期的な視点から社会保障や社会資本充実等に必要な財源調達方法を模索しているところであった。昭和53年12月に当時の大平正芳内閣の下で一般消費税（仮称）の導入案が検討されたが，廃案とされた。その後，昭和62年の中曽根康弘内閣による「売上税」導入案の議論を経て，昭和63年12月に，当時の竹下登内閣は税制の抜本改革において，「高齢化社会を展望し，時代の流れを踏まえた公平，中立，簡素を基本理念として社会共通の便益を賄うために国民が広く負担を分かち合うことが望ましい」という観点から，消費全般に負担を求める「消費税」を導入するに至った[1]。

2　消費課税の制度と種類

（1）直接消費税と間接消費税

　消費課税は，物品やサービスの消費行為に担税力を認めて課税するものであり，直接消費税と間接消費税に分類される。直接消費税は，物品やサービスを直接消費する者を納税義務者として直接課税されるものであり，たとえばゴルフ場利用税，入湯税等が挙げられる。間接消費税は，わが国の「消費税」のように最終的な消費よりも前の段階の製造業者，卸売業者，小売業者が納税義務者となり税額が納付され，これがその物品やサービスの取引価額に上乗せされ

1）国税庁「昭和63年改正税法のすべて」（1989）246～247頁。

て最終的に物品やサービスを購入する消費者に税負担が転嫁されることが予定されているものである[2]。なお，転嫁とは，税額が価格の一部として移転することをいう。

（2）個別消費税と一般消費税

　間接消費税は，個別消費税と一般消費税に区分される。個別消費税は，酒，たばこ，石油等の特定の物品やサービスのみに異なる税率で課税されるものである。これらのうち，酒，たばこのような嗜好品は過度な消費を抑えるという社会政策的な観点から，その物品に対して課税されるとした。揮発油税は，道路財源の確保等を目的としてガソリンに課税される。個別消費税の代表となる物品税は，奢侈品に課税することを根拠に昭和15年に採用されたが，国民の所得水準の増加および価値観の多様化に伴い，奢侈品と生活必需品の区別が困難になったこと，課税されるものと課税されないものとの間に不均衡が生じていること等，税制の公平性や中立性の観点から問題があるとされた[3]。平成元年に物品税が廃止されることに伴い，多段階の一般消費税として「消費税」が採用された。

　一般消費税は，(a)単段階一般消費税と(b)多段階一般消費税に区分される。単段階一般消費税は，製造段階，卸売段階，小売段階のうち単段階のみに課税されるものであり，製造者売上税，卸売売上税および小売売上税がある。単段階一般消費税は，多段階消費税と比較すると，課税の累積を生じることや税負担の割合が一定しないことから中立性を損ねるとされる。多段階一般消費税は，取引の各段階において課税されるもので，これにはあらゆる物品やサービスの

　2）消費課税の理論については，金子778〜828頁，同『租税法理論の形成と解明』373頁（有斐閣，2010），水野1002〜1089頁，消費税の理論的問題と判例の動向については，『田中治先生税法著作集〈第4巻〉租税実体法の諸相と論点―相続税，消費税，地方税』147〜135頁。たとえば，東京地判平成9・8・8行集48巻7＝8号539頁，最判平成11・7・19判時1688号123頁，岡山地判平成2・12・4判時1424号47頁では「消費税」は，「最終的な消費行為よりも前の段階で物品やサービスに対する課税が行われ，税負担が物品やサービスのコストに含められて最終的に消費者に転嫁することが予定されている間接消費税であり，しかも，各取引段階において移転，付与される附加価値に着目して課される附加価値税の性質を有する多段階一般消費税」であるとされる。

　3）消費税・付加価値税の制度上の問題等については，金子宏「総論―消費税制度の基本的問題」日税研論集30巻2頁（1995），水野忠恒『消費税の制度と理論』（弘文堂，1989），村井正編「消費税の論点と実務対応」税理臨時増刊号（ぎょうせい，2013），金子宏・佐藤英明・渡辺智之・関口智・上村敏之・谷口勢津夫・辻美枝・渕圭吾・金井肇・金井恵美子・西山由美・増井良啓「消費税の研究」日税研論集70号所収の諸論文，また税制調査会編『税制の抜本的見直しについての答申（昭和61年10月）』（1986）84頁。

売上高を課税標準とする取引高税（turnover tax）と，付加価値を課税標準として課税される付加価値税がある。取引高税は，すべての物品やサービスの売上高に課税される多段階売上税であるが，前段階の税額が控除されないため，各段階の課税が累積されるという欠陥があるとされている。実際，わが国では，取引高税は昭和23年から実施されたが，翌年末に廃止された。

　わが国の「消費税」は多段階消費税であり，原則としてあらゆる物品やサービスを課税対象とし，仕入れに係る前段階の税額を控除することにより付加価値が計算される。したがって，「前段階税額控除型付加価値税」ともよばれている。このような特色を有する「消費税」は，前段階の税額が控除されることにより課税の累積が排除されるため，中立性が保たれている[4]。

3　「消費税」の基本的仕組み

　わが国の「消費税」は，取引の各段階において課税資産の譲渡等の対価を課税標準として消費税率を適用し算出された税額から，課税仕入れに係る前段階の税額が控除される前段階控除型付加価値税である。消費税法では，国内において「課税資産の譲渡等」（消税5条1項）を行う個人事業者および法人は，消費税の納税義務があると規定されている。消費税法は，消費税を課さないこととされる一定のものを除き，原則として，事業として対価を得て行われる資産の譲渡および貸付けならびに役務の提供（以下「資産の譲渡等」という）（消税2条1項8号）を行う者に対して「課税資産の譲渡等」（消税2条1項9号）の対価の額を課税標準として（消税28条1項），消費税の税率を適用して課税されると規定している（消税29条）。令和元年10月1日より消費税率は6.3％（消費税および地方消費税を合わせて8％）から7.8％（地方消費税は消費税額を課税標準として78分の22，消費税および地方消費税を合わせて10％）に引き上げられ，これと同時に軽減税率6.24％（地方消費税を合わせて8％）が適用されている。

　消費税の課税標準は，その「課税期間」（個人事業主は，1月1日から12月31日までの期間（暦年），法人は事業年度）中において（消税19条），国内で行った課税資産の譲渡等のうち，免税取引とされるものを除いてその課税資産の譲渡等に係る課税標準金額の合計額である（消税45条1項1号）。事業者は，課税標準額に対する消費税額から，その課税期間中に国内において行った課税仕入れに係る消費税額（課税仕入れに係る支払対価の額（税込み）に110分の7.8（軽減税

4）水野1002〜1008頁参照。名古屋高判平成25・3・28税資263号順号12188，福岡高判平成24・3・22税資262号順号11916，東京地判平成9・8・8行集48巻7＝8号539頁。

〔図表1：消費税の基本的仕組み〕

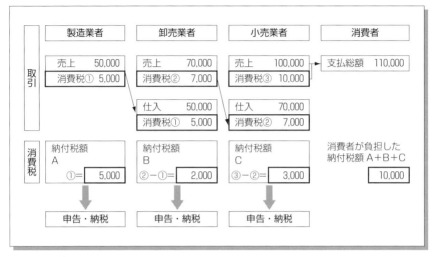

国税庁HP参照。

率108分の6.24）を乗じて算出した金額）を控除することができる「前段階税額控除方式」を採用している。これを「仕入税額控除」という（消税30条）。ここでいう「課税仕入れ」とは，事業者が，事業として他の者から資産を譲り受け，もしくは借り受け，または役務の提供を受けることをいう（消税2条1項12号）。

第2節　消費税の課税対象（国内取引）

1　消費税の課税対象となる国内取引

「消費税」の課税対象は，国内において事業者が行った「資産の譲渡等」および「特定仕入れ」である（消税4条1項）。また「課税資産の譲渡等」とは，資産の譲渡等のうち消費税を課さないこととされるもの以外のものをいう（消税2条1項9号）。

平成27年度税制改正では，「国境を越えた役務の提供に係る課税の見直し」に伴い「資産の譲渡等」から「特定資産の譲渡等」に該当するものを除くとともに，「特定仕入れ」を課税対象に加えることとされた（消税4条1項）。特定資産の譲渡等とは，事業者向け電気通信利用役務の提供および特定役務の提供をいう。すなわち，国外事業者から受けた事業者向け電気通信利用役務の提供

〔図表2：課税対象取引の判定〕

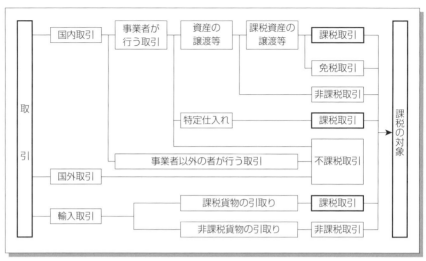

国税庁HP参照。

および特定役務の提供を特定仕入れとして，これらの役務の提供を受けた課税事業者にリバースチャージ方式として納税義務を課すこととされた（消税2条1項8号の2・8号の4・8号の5）（本改正の詳細は，本章第4節3を参照）。

（1）資産の譲渡等

前述のとおり，「資産の譲渡等」とは，事業として対価を得て行われる資産の譲渡および資産の貸付けならびに役務の提供のことである。さらに，代物弁済による資産の譲渡のほか負担付き贈与による資産の譲渡，金銭以外の資産の出資，土地収用法等に基づく資産の譲渡など対価を得て行われる資産の譲渡もしくは貸付けまたは役務の提供に類する行為として，政令（消税令2条）で定めるものも資産の譲渡等に含まれる（消税2条1項8号）[1]。この場合の「資産」とは，棚卸資産や固定資産等の有形資産のほか商標権や特許権等の無形資産も

1）札幌地判平成17・11・24税資255号順号10208は，土地収用法等に基づく資産の譲渡が消費税法上の資産の譲渡等にあたるか否かについて「起業者が事業のために必要があるとして土地収用法等に基づき資産を収用する場合，当該資産の所有権その他の権利はいったん消滅し，起業者（収用者）が当該権利を原始取得するものと解されるから，当該資産につきその同一性を保持しつつ他人に移転することととみることはできず，当該収用する行為は，本来，前記の「資産の譲渡」にはあたらないことになる。しかし，起業者が当該権利を取得し，当該資産をそのまま使用するという実態に着目すれば，実質的には資産の譲渡と変わらない」とした。

含まれる[2]。また「資産の譲渡」とは，資産につき同一性を保持しつつ他人に移転させることであり[3]，交換も譲渡にあたる。

　つぎに，「資産の貸付け」とは，「資産に係る権利の設定その他他の者に資産を使用させる一切の行為で，その行為のうち電気通信利用役務の提供に該当するもの以外」のものが含まれる（消税2条2項，なお「電気通信利用役務の提供」については本章第4節を参照のこと）。ここでいう資産に係る権利の設定とは，課税実務では土地に係る地上権もしくは地役権，特許権等の工業所有権に係る実施権もしくは使用権または著作物に係る出版権の設定をいう（消基通5-4-1）。さらに，「役務の提供」とは，たとえば土木工事，修繕，運送，保管，印刷，広告，仲介，興行，宿泊，飲食，技術援助，情報の提供，便益，出演，著述その他のサービスを提供することをいい，弁護士，公認会計士，税理士，作家，スポーツ選手，映画監督，棋士等によるその専門的知識，技能等に基づく役務の提供もこれに含まれる（消基通5-5-1）。

（2）特定仕入れ

　前述のとおり，「特定仕入れ」とは，事業として他の者から受けた特定資産の譲渡等をいう（消税2条1項8号の2・8号の4・8号の5・4条1項）。後述するとおり，国外事業者から電気通信利用役務の提供を受ける課税事業者および特定役務の提供を受ける者は，「リバース・チャージ方式」により納税義務が生ずることとされる（第7章第4節参照）。

　上述のように，消費税の課税対象となる国内取引は，つぎの要件のすべてに該当する取引である（消税2条1項8号・4条1項）。①国内において行うものであること（国内取引），②事業者が事業として行うものであること，③対価を得て行われるものであること，④資産の譲渡，資産の貸付けおよび役務の提供であることである。上記の要件のうち，国内取引か否かの判定基準（上記①）は後述することとし（第7章2節6），以下では，まず，上記②ないし④の要件を詳述した後，①の国内取引の判定について考察する。

　2）金子792頁，福岡高判平成24・3・22税資262号順号11916は，船腹調整事業に関連して流通する「留保対象トン数使用承諾書」につき，消費税法2条1項8号にいう「資産」にあたるとした（消基通5-1-3）。

　3）東京地判平成9・8・8行集48巻7＝8号539頁，東京高判平成10・4・21税資231号718頁，前掲注1）札幌地判平成17・11・24等は，「資産の譲渡」とは，「資産につきその同一性を保持しつつ他人に移転することをいい，単に資産が消滅したという場合はこれに含まれない」としている。

2 事業者が事業として行う取引

前述のとおり，消費税の課税対象は，事業者が「事業として」行う取引である。ここでいう「事業者」とは，個人事業者および法人をいう（消税2条1項3号・4号）。消費税法では，所得税法上の納税義務者とは異なり，事業者たる個人または法人が非居住者ないし外国法人であるかどうかを問わない。また事業者には，国，地方公共団体，公共法人，公益法人，人格のない社団等も含まれる（消税3条・60条）。

「事業として」の意義内容は，「消費税の趣旨・目的に照らすと所得税法上の『事業』の概念と異なり，その規模を問わず，『反復・継続・独立して行われる』ものであるというべきである」とされる[4]。個人間において事業以外の取引が行われることがあるが，この場合には，「事業として」行われた取引にあたらないので，課税対象外とされる。消費税法上の事業は，所得税法上の事業の概念と類似性があるが，「消費税」（付加価値税）は利益に対する租税ではなく消費に対する租税であることに留意する必要がある[5]。

消費税の課税対象となる取引が事業上のものに限定されているのは，「事業として行われた取引でなければ付加価値を生じない」という考え方もあるが，事業規模でなくても，取引であれば付加価値が生じているとみることもできることから，実際上の取引の把握の問題，つまり「行政の実行可能性」の問題であるとされる[6]。

3 対価を得て行われる取引

国内において，事業者が事業として「対価を得て行われる資産の譲渡等および特定仕入れは消費税の課税対象」とされる。したがって，その取引に「対価性」があるかどうかが問題となる[7]。「対価性」とは，資産の譲渡等に対して反対給付を受けることをいう。課税実務では，寄附金，祝金，見舞金等は，原則として資産の譲渡等に係る対価にあたらないとされる。また保険金または共済金は，保険事故の発生に伴い受けるものであるので，資産の譲渡等の「対価」に該当しないとされる（消基通5－2－4，同5－2－14）。

4）最判平成16・6・10税資254号順号9666，なおイギリスの付加価値税における「事業」の判断基準を明示したPer Lord Cameron in Commissioners v. Morrison's Academy Boading House Association（1977）については，阿部雪子「税目間で比較する『事業の範囲』の判断」税理61巻6号（2018）14頁。

5）最判平成元・6・22税資170号769頁。

6）水野1030頁。

　損害賠償金は，心身または資産につき加えられた損害の発生に伴い受領する
ものであり，資産の譲渡等の「対価」に該当しないとされる。さらに，事業上
の費用の補填や資産の移転に要する費用に充てられるものとして交付を受ける
補償金は，対価補償金にあたらないとされる[8]。

4　みなし譲渡

　上述のとおり，消費税の課税対象となる国内取引は，国内において事業者が
対価を得て行う資産の譲渡等であり，対価を得て行われない取引（「対価性」が
ない取引）は課税の対象外とされる。ただし，つぎに掲げる行為は事業として
対価を得て行われた資産の譲渡等とみなす（消税4条5項）[9]。たとえば，①個
人事業者が棚卸資産または棚卸資産以外の資産で事業の用に供していたものを
家事のために消費し，または使用した場合におけるその消費または使用する場
合であり（消税4条5項1号），一般に「自己消費」とよばれている。②法人が
資産をその役員に対して贈与した場合におけるその贈与である（消税4条5項
2号）。③法人が資産を役員に譲渡した場合において，その対価の額がその譲
渡の時におけるその資産の価額に比して著しく低いときである。これらの場合

7）対価性の検討として，『田中治先生税法著作集〈第4巻〉』311頁，吉村典久「消費税
　の課税要件としての対価性についての一考察─対価性の要件と会費・補助金」金子宏編
　『租税法の発展』396頁（有斐閣，2010）。大阪地判平成21・11・12税資259号11310は，
　Xが賃貸用マンションの各戸にオール電化設備を設置するにあたり，電力会社から電化
　手数料の名目で受領した金員に「対価性」があるか否かについて「オール電化の採用そ
　れ自体に対する謝礼又は報奨金としての性質を有することは疑いのないところである」
　として，対価性を否定した。

8）水野1028頁。弁護士会が司法修習生の弁護実務修習の委託を受けた対価として司法研
　修所から受け取った委託金が，国（最高裁判所）からの補助金にあたるか否か（「消費
　税」の対価性の有無）が問われた京都地判平成23・4・28訟月58巻12号4128頁（大阪高
　判平成24・3・16税資262号順号11909）は，「司法修習委託金は，特定の事務又は事業
　を助長するために恩恵的に交付される給付金である補助金に近い性質を有するというこ
　とも不可能ではない。しかし，司法修習委託金は，弁護実務修習の指導に要する経費に
　充てることをその使途とすることは明らかであり，…弁護士会が弁護実務修習の委託を
　受けてこれを実施したからこそ支払われるものであることは否定できなく，補助金等に
　係る予算の執行の適正化に関する法律の定める手続がとられていないことなどにも照ら
　せば，…特定の政策目的を図るための給付金であるとまではいえないと解される」とし，
　補助金に該当せず対価性があるとされた。

9）なお，所得税法および法人税法上も，有償に限らず無償による資産の譲渡について譲
　渡があったものとみなされる。たとえば，個人が無償の贈与として個人に対して資産の
　贈与を行う場合には，受贈者に贈与税が課税される。また，個人が法人に資産の贈与を
　行う場合，贈与を受けた法人は，その資産を時価で取得したものとして益金に算入され
　る（法税22条2項）。この場合，贈与を行ったその個人はみなし譲渡として譲渡所得が
　生ずるものとされる（所税59条1項）。

には，その価額に相当する金額をその対価の額とみなすとされている（消税28条1項但書）。

5　課税対象外取引（不課税取引）

前述のとおり，消費税法は，課税対象となる要件として，「国内において事業者が事業として対価を得て行う資産の譲渡等（特定資産の譲渡等を除く）および特定仕入れ並びに保税地域から引き取られる外国貨物である」と定めている。したがって，この要件のいずれにも該当しない取引は，「不課税取引」として課税の対象外とされる。すなわち，国外において行われる資産の譲渡等（国外取引），国内取引のうちで事業者以外の者が行う取引，対価性がない取引，資産の譲渡等および特定仕入に該当しない取引が不課税取引となる。

6　国内取引の判定基準

（1）資産の譲渡または貸付けの内外判定

消費税法では，「国内」で行われる資産の譲渡等を「消費税」の課税対象としているが，国内と国内以外の双方において取引が行われる場合には，その取引が国内取引であるか否かが問題となる。そこで，消費税法は国内取引か否かの判定基準（以下「内外判定」という）について，つぎのように規定している（消税4条3項1号）。

資産の譲渡等のうち，「資産の譲渡または貸付け」がある場合には，その取引が国内において行われたかどうかは，原則として，その譲渡または貸付けが行われる時にその資産が所在していた場所により判定される（消税4条3項1号）。ただし，船舶，航空機，鉱業権，特許権，著作権，国債証券，株券その他の資産で，その資産の譲渡または貸付けが行われる時において，その資産の所在場所を明確に判断することが難しい場合には，政令（消税令6条1項・9条）で定める場所によって判定される（図表3参照）。

（2）役務の提供（サービスの提供）の内外判定

資産の譲渡等のうち，役務の提供（電気通信利用役務の提供を除く）について，その取引が国内において行われたかどうかは，原則としてその役務の提供が行われた場所によって判定される（消税4条3項2号）[10]。したがって，役務の提供の行われた場所が国内であれば，その役務の提供を行う者が国外の事業者であっても国内取引として課税対象とされる（図表4参照）。

つぎに，その役務の提供が国内および国内以外の地域にわたって行われるなど政令（消税令6条2項）で定めるものである場合は，そこで定める場所によ

〔図表３：資産の譲渡または貸付けの内外判定（消税令６条１項・９条）〕

資産の種類		判定場所
船舶	登録を受けた船舶	船舶の登録をした機関の所在地（消税令６条１項１号）
	登録を受けていない船舶	その譲渡または貸付けを行う者の当該譲渡または貸付けに係る事務所等の所在地（消税令６条１項２号）
航空機	登録を受けた航空機	その航空機を登録した機関の所在地（消税令６条１項３号）
	登録を受けていない航空機	その譲渡または貸付けを行う者の当該譲渡または貸付けに係る事務所等の所在地（消税令６条１項３号）
鉱業権もしくは租鉱権または採石権その他土石を採掘もしくは採取する権利		鉱業権に係る鉱区もしくは租鉱権に係る租鉱区または採石権等に係る採石場の所在地（消税令６条１項４号）
特許権，実用新案権，意匠権，商標権，回路配置利用権または育成者権（これらの権利を利用する権利を含む）		これらの権利の登録をした機関の所在地（消税令６条１項５号）
公共施設等運営権		公共施設等の所在地（消税令６条１項６号）
著作権（出版権および著作隣接権その他これに準ずる権利を含む）または特別の技術による生産方式およびこれに準ずるもの		これらの譲渡または貸付けを行う者の住所または本店もしくは主たる事務所等の所在地（消税令６条１項７号）
営業権または漁業権もしくは入漁権		これらの権利に係る事業を行う者の住所または本店もしくは主たる事務所等の所在地（消税令６条１項８号）
有価証券	有価証券（ゴルフ場利用株式等を除く）	当該有価証券が所在していた場所（消税令６条１項９号イ・９条１項１号）
	登録国債	登録国債の登録をした機関の所在地（消税令６条１項９号ロ）
	合名会社，合資会社または合同会社の社員の持分，協同組合等の組合員または会員の持分その他法人の出資者の持分	持分に係る法人の本店または主たる事務所の所在地（消税令６条１項９号ハ・９条１項２号）
	貸付金，預金，売掛金その他の金銭債権（ゴルフ等利用の預託に係る金銭債権を除く）	金銭債権に係る債権者の譲渡に係る事務所等の所在地（消税令６条１項９号ニ・９条１項４号）
ゴルフ場利用株式等，ゴルフ等利用の預託に係る金銭債権		ゴルフ場その他の施設の所在地（消税令６条１項９号ホ・９条２項）
上記以外の資産でその所在していた場所が明らかでないもの		その譲渡または貸付けを行う者のその譲渡または貸付けに係る事務所等の所在地（消税令６条１項10号）

＊非居住者の場合を除く。

〔図表４：役務の提供，原則（消税４条３項・４項）〕

役務の種類	判定場所
役務の提供（電気通信利用役務の提供を除く）	その役務の提供が行われた場所（消税４条３項２号）
役務の提供が国際運輸，国際通信その他の役務の提供でその役務の提供が行われた場所が明らかでないものとして政令（消税令６条２項）に定める場合（電気通信利用役務の提供を除く）	政令（消税令６条２項）で定める場所（消税４条３項２号）
電気通信利用役務の提供	その役務の提供を受ける者の住所もしくは居所（現在まで引き続いて１年以上居住する場所をいう）または本店もしくは主たる事務所の所在地（消税４条３項３号）。ただし，上記に定める場所がないときは，国内以外の地域で行われたものとする。
特定仕入れ	特定仕入れを行った事業者が，その特定仕入れとして他の者から受けた役務の提供につき，上記の２号または３号に定める場所が国内にあるかどうかにより行うものとする（消税４条４項）。

り判定される（図表５参照）[11]。ここにいう「役務の提供」とは，①運輸（旅客または貨物の輸送），②通信，③郵便または信書便，④保険，⑤専門的な科学技術に関する知識を必要とする調査，企画，立案，助言，監督または検査に係る役務の提供で，生産設備等の建設または製造に関するもの，⑥上記（①〜⑤）

10）東京地判平成22・10・13税資260号順号11533は，消費税法施行令６条２項の趣旨について，「消費税法上の原則的な扱いとして役務の提供が行われた場所を管轄の基準とするが，個々の役務の提供が国内及び国内以外の地域にわたって行われる場合には，役務の提供場所の把握が事実上極めて困難であることにかんがみ，国内に事務所等の物理的な存在のある事業者についてのみ課税を行うことで課税上の便宜及び明確化を図ったものと解される」としている。大阪高判令和元・11・29税資269号順号1334は，Ｘが本邦内の港湾に停泊中の外国船籍の貿易船舶の乗組員に対し，本邦内の土産品などの商品を，船舶内で販売した行為が輸出免税にあたるか否かについて，「国の制定する租税法の施行地，すなわち，その効力の及ぶ場所的範囲は，特段の定めのない限り，我が国の主権の及ぶ地域たる我が国の領土及び領空（本邦）の全域にわたる」と判示し，船舶内での販売行為は，「国内」において行われたものであり輸出免税にはあたらないとした。
11）消費税施行令６条２項６号に規定する『国内及び国内以外の地域にわたって行われる役務の提供』の意義について，「役務の提供が国内と国外との間で連続して行われるもののほか，同一の者に対して行われる役務の提供で役務の提供場所が国内及び国内以外の地域にわたって行われるもののうち，その対価の額が国内の役務に対応するものと国内以外の地域の役務に対応するものとに合理的に区別されていないものをいうと解すべき」であるとされている（前掲注10）東京地判平成22・10・13）。なお，本判決では，国内で行われた役務の提供の場所の区別，その対価の額が区別されているとされた。

〔図表5：役務の提供，特例（消税令6条2項）〕

役務の種類		判定場所
国内および国内以外の地域にわたって行われるもの	旅客または貨物の輸送（国際輸送）	旅客または貨物の出発地もしくは発送地または到着地（消税令6条2項1号）
	通信（国際通信）	発信地または受信地（消税令6条2項2号）
	郵便または信書便	差出地または配達地（消税令6条2項3号）
保険		保険事業者（保険契約の締結の代理をする者を除く）の保険契約の締結に係る事務所等の所在地（消税令6条2項4号）
専門的な科学技術に関する知識を必要とする調査，企画，立案，助言，監督または検査に係る役務の提供で生産設備等の建設または製造に関するもの		生産設備等の建設または製造に必要な資材の大部分が調達される場所（消税令6条2項5号）
上記以外の役務の提供で，国内および国内以外の地域にわたって行われる役務の提供その他の役務の提供が行われた場所が明らかでないもの		役務の提供を行う者の役務の提供に係る事務所等の所在地（消税令6条2項6号）

に掲げる役務の提供以外のもので，国内および国内以外の地域にわたって行われる役務の提供その他の役務の提供が行われた場所が明らかでないものである（消税令6条2項1号〜6号）。なお，役務の提供のうち「電気通信利用役務の提供」および「特定仕入れ」の内外判定に関しては，本章第4節で詳述する。

Column

日米を転戦するカーレースのマネージメントは，国内取引か，国外取引か？

　国内および国内以外の地域にわたって行われる役務の提供では，役務の提供場所が国内と国内以外に合理的に区別されているかどうか，また，その対価が国内を役務の提供場所とする額と国内以外を役務の提供場所とする額に合理的に区別されているかどうかにより内外判定を行うものとされる（東京地判平成22・10・13税資260号順号11533）。

第3節　「消費税」と国際取引

1　消費税の課税対象（国際取引）

　国際取引では，「消費税」（付加価値税）の課税について，調整措置が必要となる。物品（貨物）を輸出する場合，その輸出品を課税対象として取り扱うこともあるが，その物品を輸入する国においても，その輸入品を課税対象とする場合がある。このようなときは，付加価値税の課税の重複が生じてしまうので，この重複を避けるために調整が必要となる。

　わが国の「消費税」は，各取引段階において売上課税が行われ，前段階の税額が控除されるが，その後，輸出または輸入により取引が続く場合にも課税の累積を排除するため，前段階の税額控除が行われる。つまり，わが国では輸出取引については，付加価値税の課税は物品の消費地で行われるものとして輸出の段階では課税されないものとし，これまでの仕入れに係る前段階の税額が還付されるような調整措置が講じられている。これは，仕向地原則（destination principle）ないし「消費地課税主義」の考え方によるものである。この調整を「国境税調整」という[1]。

　国境税調整では，輸出品の売上高に「ゼロ税率」を乗じて税額をゼロとしたうえで，その輸出売上に係る仕入税額を控除し，その控除不足額を還付額とするものである。要するに，仕向地原則では，国内において消費されない物品には「消費税」（付加価値税）を課税しないものとし，仕向地において課税されるのが原則であるため，国際的にも競争に対して中立性が維持される。他方で，原産地原則（origin principle）は，物品の製造が行われる原産地において付加価値税が課税される。原産地原則では，国内において物品を購入する者は消費税（付加価値税）が転嫁（上乗せ）されて負担することになるが，輸入物品には税は課されず，輸出取引ではその仕入れに係る前段階の税額が，輸入する国において控除されるため，同様に，国外企業にとって有利となる結果，国際的には仕向地原則がより適正な調整方法であるとされている[2]。

　1）消費に対する国際課税上の原則については，水野忠恒『消費税の制度と理論』172～187頁（弘文堂，1989），水野1073頁，同『サービス貿易と課税問題─消費課税を中心として』48～51頁（総合研究開発機構，1990），渡辺智之「国際的サービス取引と課税」租税法研究34号67～74頁（2006）等参照。See, OECD Taxing Consumtion, ch7 at 112, 1988.

2　消費税の課税対象となる輸入取引

（1）輸入取引

　輸入取引については，保税地域から引き取られる外国貨物に消費税が課せられる（消税4条2項）。これは，「消費地課税主義」ないし「仕向地原則」によるものである。つまり，外国から輸入され，その後国内で消費される資産は，国内における資産の譲渡等（国内取引）との間の競争条件を等しくするために輸入される外国貨物に消費税が課せられる。ここにいう外国貨物とは，関税法（2条1項3号）に規定する外国貨物をいい，外国から本邦に到着した貨物で輸入が許可される前のもの，および輸出の許可を受けた貨物である（消税2条1項10号）。課税貨物とは，保税地域から引き取られる外国貨物のうち，非課税規定（消税6条2項）により「消費税」を課さないこととされるもの以外のものをいう（消税2条1項11号）。

　保税地域とは，外国貨物の関税納入や輸入許可，通関完了までの間または輸出される貨物の税関手続が終了するまでの間，外国貨物を保管しておく場所である。保税地域には，指定保税地域，保税蔵置場，保税工場，保税展示場および総合保税地域の5種類があり，主に港湾や空港の近くに設けられている。

（2）みなし引取り

　保税地域に保管してある外国貨物を引き取らずその場においてそれが消費され，または使用される場合には，その消費または使用をした者がその消費または使用の時にその外国貨物をその保税地域から引き取るものとみなして，消費税の課税対象とされる（消税4条5項）。これは，「みなし引取り」とよばれている。

3　輸出免税

　前述のとおり，わが国の「消費税」は仕向地原則に基づいて課税が行われているので，国内で消費されない輸出品は消費税が免除されて（消税7条1項），仕向地国（輸出国）において付加価値税（間接税）が課税される。これにより，仕向地国等の条件と同じく課税されるため，国際競争上，中立性が維持される。これを輸出免税という。この場合の「輸出」とは，関税法では内国貨物を外国に向けて送り出すことをいう（関税2条1項2号）。

　つぎに，輸出免税の対象となる輸出取引等の範囲には，事業者（免税事業者

　2）水野1072〜1074頁。

を除く）が国内において行う課税資産の譲渡等のうち，①本邦からの輸出として行われる資産の譲渡または貸付け（消税7条1項1号），または②外国貨物の譲渡または貸付け（消税7条1項2号），③国内および国内以外の地域にわたって行われる旅客もしくは貨物の輸送（国際輸送）または通信（国際通信），郵便または信書便（国際郵便等）（消税7条1項3号，消税令17条2項5号），④もっぱら輸送の用に供される船舶または航空機の譲渡もしくは貸付けまたは修理で政令（消税令17条1項・2項1号・2号）で定めるもの（消税7条1項4号），⑤もっぱら国内および国内以外の地域にわたってまたは国内以外の地域間で行われる貨物の輸送の用に供されるコンテナーの譲渡もしくは貸付けまたは修理（消税令17条2項2号），⑥船舶または航空機の水先等の役務の提供（消税令17条2項3号），⑦外国貨物の荷役，運送，保管，検数，鑑定等の役務の提供（消税令17条2項4号），⑧非居住者に対して行われる無形固定資産等の譲渡，貸付け（消税令17条2項6号），⑨非居住者に対して行われる役務の提供のうち一定のものがあるとされる（消税令17条2項7号）[3]。

4　外国旅行者向け消費税免税制度（輸出物品販売場制度）

　さらに，免税制度には，輸出物品販売場における輸出物品の譲渡に係る取扱いがある。輸出物品販売場における資産の譲渡は，国内における資産の譲渡にあたるが，外国人旅行者の場合，出国の際に国外へ持ち出すことが前提とされる取引である。そのため，実質的には，輸出取引に類似する取引といえる。そこで，一定の条件を満たす販売場における輸出物品販売については，消費税が免除される（消税8条1項）。つまり，輸出物品販売場を経営する事業者が非居住者に対して，通常生活の用に供する物品で輸出するために政令（消税令18条2項）で定める方法により購入されるものの譲渡を行った場合には，その物品の譲渡は消費税が免除される（消税8条1項）。輸出物品販売場とは，事業者の経営する販売場で納税地を所轄する税務署長の許可を受けた販売場をいう（消税8条6項）。その他にも，輸出取引等として消費税が免除される取引は租税特別措置法に規定されている（租特85条1項・86条1項等）。

3）国際取引に関する消費税の課税問題については，水野1072〜1089頁。東京高判平成28・2・9税資266号順号12797は，外国法人が主催する訪日ツアーの客に対して，日本の子会社が宿泊や飲食などの役務提供を行い，その対価の支払を親会社から受けた当該役務の提供は，輸出免税取引にあたらないとした。

第4節　国境を越えた役務の提供に係る課税

1　概　説

　平成27年度改正前までは，役務の提供のうち，①その役務の提供が行われた場所が明らかである場合には，その役務の行われた場所で内外判定を行うものとし，②役務の提供が行われた場所が明らかでない場合には，政令（消税令6条2項）で定める一定の役務の提供に該当するときは，そこで定める場所により判定するものとされていた。また，③上記以外の役務の提供で，国外の事業者が国境を越えて国内の事業者や消費者に向けて行う電子書籍，音楽，広告の配信等（電子商取引）の役務の提供は，国外取引として消費税の課税対象外とされ，他方で，その役務の提供者が国内事業者である場合には，消費税が課せられていた。そのため，国内外の事業者間における税負担が異なり，競争条件に不均衡が生じていた。

2　電気通信利用役務の提供
（1）電気通信利用役務の提供の内外判定基準

　上述の問題に対応するため，平成27年度改正では国境を越えて行われる役務の提供のうち「電気通信利用役務の提供」の内外判定基準を次のように取り扱うものとした。ここにいう「電気通信利用役務の提供」とは，資産の譲渡等のうち電気通信回線を介して行われる著作物の提供その他の電気通信回線を介して行われる役務の提供である（消税2条1項8号の3）。たとえば，電気通信利用役務の提供にあたる取引には，インターネット等の電気通信回線を介して行われる電子書籍，電子新聞，音楽，クラウド上のソフトウエアの提供，インターネット等を通じた広告の配信などの役務の提供や電気通信回線を介してのみ行う英会話教室・コンサルテーションなどの役務の提供がある[1]。

　消費税法では，役務の提供に係る内外判定を，①「電気通信利用役務の提供を除く役務の提供」と，②「電気通信利用役務の提供」に区分し（消税4条3項2号・3号），「電気通信利用役務の提供を除く役務の提供」の内外判定については，これまでと同様，原則として役務の提供が行われた場所とされている

　1）財務省「平成27年度税制改正の解説」832頁（2015），電子商取引に係る消費税等の取扱いについては，吉川宏延『消費税・地方消費税のしくみと制度』223〜251頁（税務経理協会，2015）。

（消税4条3項2号）。また，役務の提供が行われた場所が明らかでないものとして政令（消税令6条2項）で定めるものである場合には，そこに定める場所により判定される（消税4条3項3号）（第2節6（2）参照）。また，「電気通信利用役務の提供」は，その電気通信利用役務の提供を受ける者の住所もしくは居所または本店もしくは主たる事務所の所在地で国内取引か否かの内外判定がなされる。ここにいう「居所」とは，「現在まで引き続いて1年以上居住する場所」である（消税4条3項3号）（図表4参照）。

　要するに，これまで「電気通信利用役務の提供」の場合には，役務の提供を行う事業者の役務の提供に係る事務所等の所在地で内外判定が行われていたが，改正後は，その役務の提供を受けた者の住所や居所等で判定されるので，国外事業者が国内の事業者や消費者に対して行う電気通信利用役務の提供は，「国内取引」とされた。これにより，国内外の役務の提供者の違いによる内外判定の差異は解消された。

　先に述べたように，平成27年度改正では「資産の貸付け」の範囲から「電気通信利用役務の提供に該当するもの」を除くものとし（消税2条2項），消費税法上，著作物の提供については著作権や著作隣接権の譲渡または貸付けの場合と役務の提供の場合とで区分することとされた[2]。

（2）特定役務の提供

　国外事業者である俳優，音楽家，芸能人およびスポーツ選手などの外国人タレント等が来日して行う役務の提供は，国内取引に該当するため，消費税の課税対象とされるが，一般に外国人タレント等は日本における滞在期間が短いと考えられるため，適切な申告納税を求めることは困難である。そこで，平成27年度改正では，外国人タレント等が国内で行う役務の提供について「特定役務の提供」と定義し，特定役務の提供を受ける事業者に対しては，事業者向け電気通信利用役務の提供と同様にリバース・チャージ方式により消費税の納税義務が課せられるとした[3]。

3　国境を越えた役務の提供に係る課税方式（リバース・チャージ方式）

　上述のとおり，国外事業者が国境を越えて国内事業者や消費者に電気通信利用役務の提供を行う場合には，国内取引にあたるとして「消費税」が課せられるとしたが，国外の事業者に納税義務を課すことは税務執行上，限界があると

2）財務省・前掲注1）「平成27年度税制改正の解説」833頁。
3）財務省・前掲注1）「平成27年度税制改正の解説」858頁。

〔図表6：リバース・チャージ方式〕

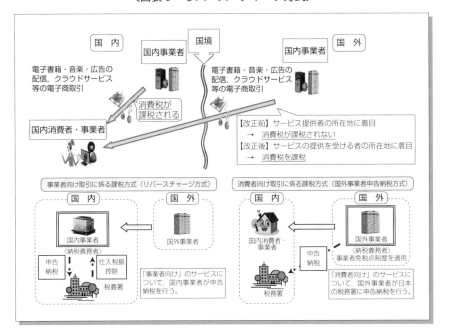

出典：財務省HP

された。そのため，電気通信利用役務の提供のうち，①「事業者向け電気通信
利用役務の提供」（BtoB，「B（事業者）」とは，課税事業者をいう）と，②それ以
外の「消費者向け電気通信利用役務の提供」（BtoC，「C（消費者）」とは，最終
消費者とともに一般事業者も含まれる）に分けて，「事業者向け電気通信利用役
務の提供」を行った場合には，納税義務者がその役務の提供を行う事業者から
役務の提供を受ける事業者（課税仕入れを行った事業者）に転換される「リバー
ス・チャージ方式」が採用された[4]。

　「事業者向け電気通信利用役務の提供」とは，国外事業者が行う電気通信利
用役務の提供のうち，当該電気通信利用役務の提供に係る役務の性質または当
該役務の提供に係る取引条件等からその役務の提供を受ける者が，通常，事業
者に限られるものである（消税2条1項8号の4）[5]。ここにいう国外事業者と
は，所得税法上の「非居住者」たる個人事業者および法人税法上の「外国法

　4）リバースチャージ制度の検討として，村井正編『入門国際租税法』298～299頁（清文
　　社，2013）。

人」である（消税2条1項4号の2）。

4　リバース・チャージ方式に係る「消費税」の課税対象

（1）特定資産の譲渡等

　本章第2節でも述べたように，平成27年度改正では，国境を越えた役務の提供について見直しが行われた結果，「消費税」の課税対象は，国内において事業者が行った「資産の譲渡等」（「特定資産の譲渡等」に該当するものを除く）に「特定仕入れ」を加えることとされた（消税4条1項）。ここにいう「特定仕入れ」とは，事業として他の者から受けた特定資産の譲渡等をいう。すなわち，国外事業者から受けた事業者向け電気通信利用役務の提供および特定役務の提供であり，これらの役務の提供（特定資産の譲渡等）はリバース・チャージ方式により課税対象とされた（消税2条1項8号の2・8号の4・8号の5・4条1項）。

　「特定資産の譲渡等」とは，「事業者向け電気通信利用役務の提供」（消税2条1項8号の4）および「特定役務の提供」である（消税2条1項8号の5・8号の2）。ここにいう「特定役務の提供」とは，資産の譲渡等のうち国外事業者が行う演劇その他の政令（消税令2条の2）で定める役務の提供で，その役務の提供について映画もしくは演劇の俳優，音楽家その他の芸能人または職業運動家の役務の提供を主たる内容とする事業として行う役務の提供のうち，国外事業者が他の事業者に対して行う役務の提供で，電気通信利用役務の提供に該当するものを除くものとされている（消税2条1項8号の5）。

（2）特定仕入れの内外判定基準

　先に述べたように，平成27年度改正ではリバース・チャージ方式により「特定仕入れ」は消費税の課税対象とされた。「特定仕入れ」が国内取引にあたるか否かは，他の者から受けた「役務の提供」に係る場所（消税4条3項3号）が国内にあるかどうかによって判定される（消税4条4項）[6]（図表4参照）。

5）財務省・前掲注1）「平成27年度税制改正の解説」839頁。
6）平成28年4月1日以後，「特定仕入れ」には，他の者から受けた「特定役務の提供」が含まれる。その内外判定は，その役務の提供が行われた場所（消税4条3項2号）が国内にあるか否かによってなされる。

第5節　非課税取引

1　非課税
（1）国内取引における非課税

　消費税法は，原則として国内において行われる「資産の譲渡等」を課税対象としている。ただし，消費税法別表第一（第6条関係）に掲げる一定範囲のものは，「消費税」を課税しないものとされる（消税6条1項）。たとえば，国内取引ではつぎに掲げる「資産の譲渡等」を非課税としている（消税別表第一）。①土地および土地の上に存する権利の譲渡および貸付け（1号），②有価証券および支払手段等の譲渡（2号），③利子を対価とする資産の貸付け，信用の保証，信託報酬および保険料等を対価とする役務提供（3号），④郵便事業株式会社等が行う郵便切手類等（郵便切手，印紙等）の譲渡（4号イ），地方公共団体等が行う証紙等の譲渡（4号ロ），物品切手等（商品券，プリペードカード）の譲渡（4号ハ），⑤国や地方公共団体等が行う事務手数料等（登記，登録，検査，検定，公文書の交付等）の徴収（5号イおよびロ），裁判所法等（執行官，公証人等）の手数料（5号ハ），外国為替及び外国貿易法等の外国為替業務（5号ニ）である。これらは，消費税の性格から課税対象としてなじまないため，非課税とされる[1]。

　また，⑥健康保険法等，生活保護法，労働者災害補償保険法および自動車損害賠償保障法等に基づく療養および医療等の給付等（6号），⑦介護保険法に基づく介護サービス費の支給および社会福祉法に基づく更生保護事業等の資産の譲渡等（7号），⑧医師，助産師等による資産の譲渡等（8号），⑨墓地，埋葬等に関する法律に基づく埋葬料等（9号），⑩身体障害者の使用に供する物品等の譲渡，貸付け（10号），⑪学校教育法に基づく教育に関する役務の提供（11号），⑫学校教育法に基づく教科用図書の譲渡（12号），⑬住宅の貸付け（13号）については，特別な配慮から非課税とされる（消税6条1項・別表第一）。

1）金子宏『租税法理論の形成と解明』380頁（有斐閣，2010）では，消費税法上の非課税取引のうち「金融取引，保険取引，土地取引は決してその性質上消費税になじまないわけ」でなく再検討を要するとされている。同様の考え方として，村井正「消費税法上の非課税取引は全廃か，課税選択権か——最善策が無理であれば次善策を」税研173号25頁（2014）。

（2）輸入取引における非課税

　国内における非課税取引との均衡を図るという観点から，保税地域から引き取られる外国貨物のうち，①有価証券等，②郵便切手類，③印紙，④証紙，⑤物品切手等，⑥身体障害者用物品，⑦教科用図書は非課税とされる（消税6条2項・別表第二）。

2　非課税取引と免税取引の比較

　非課税と免税の違いについて考えてみると，非課税取引は消費税が課税されないため，その仕入れに係る税額控除はできないことになるが，免税となる輸出取引等は，その仕入れに係る税額は原則として控除できる（消税30条1項）。

Column

仮装通貨の譲渡は消費税の課税対象となるか？

　仮装通貨とは，インターネットを通じて電子的に取引され，財貨・サービスの販売，提供等の対価として現金等に代えて決済手段として利用されるものである。消費税法上，銀行券，政府紙幣，硬貨，小切手，為替手形等の支払決済手段その他これに類するものは，消費に負担を求めるという消費税の性格上，課税することにはなじまないという理由から非課税とされている（消税6条1項・別表第一第2号）。これまで仮装通貨は，支払手段に該当しないものとされていたが[2]，「資金決済に関する法律」（平成21年法律第59号）が改正されたことに伴い「支払手段」として位置付けられた。また，EU等において仮装通貨の譲渡が非課税とされていること等から，平成29年度改正では，仮装通貨の譲渡は，消費税が非課税とされた（消税令9条4項・48条2項1号）。

第6節　消費税の納税義務者

1　国内取引の納税義務者

これまで述べてきたように，国内において，課税資産の譲渡等を行う事業者

2）なお，支払決済手段については，外国為替及び外国貿易法（昭和24年法律第228号）6条1項7号参照。

は，消費税を納める義務がある（消税5条1項）。ここでいう「事業者」とは，個人事業者および法人をいう（消税2条1項3号・4号）。国や地方公共団体，公共法人，公益法人，人格のない社団等も事業者に含まれる。

2　輸入取引の納税義務者

先に述べたとおり，課税貨物を保税地域から引き取る者は，「消費税」を納める義務がある（消税5条2項）。国内取引では事業者のみが納税義務者となるが，輸入取引は，事業者以外に消費者個人も納税義務者とされる。また，免税事業者が輸入者となる場合には，その免税事業者が納税義務者とされる。

3　電気通信利用役務の提供に係る納税義務者

（1）概　要

国境を越えた役務の提供では，課税仕入れのうち，「特定課税仕入れ」を行う事業者は「消費税」の納税義務者とされる（消税5条1項）。電気通信利用役務の提供のうち，①「事業者向け電気通信利用役務の提供」と，②「消費者向け電気通信利用役務の提供」に分けて，事業者向け電気通信利用役務の提供は，その役務の提供を受ける事業者（「特定課税仕入れ」を行った事業者）に納税義務が課せられる。ここにいう「事業者向け電気通信利用役務の提供」とは，国外事業者が行う電気通信利用役務の提供に係る役務の性質またはその役務の提供に係る取引条件等から，その役務の提供を受ける者が通常事業者に限られるものをいう（消税2条1項8号の4）。また，「消費者向け電気通信利用役務の提供」とは，「電気通信利用役務の提供（消税2条1項8号の3）」から「事業者向け電気通信利用役務の提供（消税2条1項8号の4）」を除いた概念であり，「消費者向け電気通信利用役務の提供」の中には，事業者が利用する電気通信利用役務の提供が含まれること，その提供者には国外事業者だけでなく国内事業者も存在しうるとされている[1]。消費者向け電気通信利用役務の提供では，国外においてその役務の提供を行った国外事業者が納税義務者とされる（図表6参照）。

（2）「事業者向け電気通信利用役務」の提供を行う国外事業者の義務

国外事業者が国内において国内事業者に対して行う事業者向け電気通信利用役務の提供では，その役務の提供を行う国外事業者は消費税の課税対象とされないので，消費税の納税義務は生じない（消税4条1項・5条1項）。しかし，

---

1) 財務省「平成27年度税制改正の解説」835頁（2015）。

その国外事業者は，その役務の提供を受ける国内事業者にリバース・チャージ
により納税義務が生ずることをあらかじめ表示することが義務付けられている
（消税62条）。

4　資産の譲渡等の帰属
（1）資産の譲渡等の帰属の判定
　消費税法では，「消費税」の納税義務者を判定する場合，資産の譲渡等の対
価の帰属についての実質判定を行うために，所得税法12条および法人税法11条
と同様に，消費税法13条1項の規定が設けられている。当該規定は，「法律上
資産の譲渡等を行ったとみられる者が単なる名義人であって，その資産の譲渡
等に係る対価を享受せず，その者以外の者がその資産の譲渡等に係る対価を享
受する場合には，当該資産の譲渡等は当該対価を享受する者が行ったものとし
て，この法律を適用するものとされている（消税13条1項）。また，特定仕入れ
についても同様の取扱いが規定されている（消税13条2項）。所得の帰属と同様，
この規定は実質所得者課税の原則を定めたものであり，資産の譲渡や役務の提
供の対価に関して法律的帰属説と経済的帰属説があるとされる。学説では，法
律的帰属説が妥当であるとされている[2]。消費税法13条は，所得税法12条，法
人税法11条と同様に解釈するものとされている。

（2）信託財産に係る資産の譲渡等の帰属
　消費税法では，信託の受益者は，集団投資信託や法人課税信託を除き信託財
産に属する資産を有するものとみなされ，かつ，当該信託財産に係る資産等取
引はその受益者の資産等取引とみなされることから，信託財産に係る資産の譲
渡等は信託の受益者に帰属する（消税14条1項）。なお，信託の受益者には，信
託の変更をする権限を有し，その信託の信託財産の給付を受ける者も含まれる
（同条2項）。また，法人課税信託の受託者は，各法人課税信託の信託資産等お
よびそれ以外の固有資産等ごとに，それぞれ別の者とみなして，消費税法が適
用される（消税15条）。

5　小規模事業者に係る納税義務の免除
（1）免税事業者（基準期間の課税売上高1,000万円以下）の特例
　わが国では，小規模事業者の納税事務負担等に配慮し，事務の簡素化を図る
ことを目的として消費税の納税義務の免除の特例が設けられている。この特例

2）金子807頁。

では，事業者のうちその課税期間（消税19条）の基準期間における課税売上高が1,000万円以下である者は，その課税期間中に国内で行った課税資産の譲渡等につき，「消費税」を納める義務が免除される（消税9条1項）[3]。納税義務が免除される事業者は，一般に「免税事業者」とよばれている。ここにいう課税期間とは，個人事業者については，その年の1月1日から12月31日までの期間をいい（消税19条1項1号），法人については，事業年度をいう（消税19条1項2号）。また基準期間とは，納税義務の有無を判定する基準となる期間であり，個人事業者についてはその年（課税期間）の前々年をいい，法人についてはその事業年度（課税期間）の前々事業年度をいう（消税2条1項14号）。つぎに，基準期間における課税売上高とは，基準期間中に国内において行った課税資産の譲渡等の対価の額（税抜）から，売上に係る対価の返還等の額（税抜）を控除した金額をいう（消税9条2項1号）。

　ところで，小規模事業者の納税義務の免除の特例は，平成元年に「消費税」が導入されて以来，課税期間の基準期間における課税売上高が3,000万円以下の事業者を対象に適用されていた。そのため，事業者の約6割以上が免（除）税事業者とされているという問題が生じていたとされる。平成15年度税制改正では，この特例の適用対象を基準期間の課税売上高が1,000万円以下に引き下げることとされた[4]。

（2）特定期間

　基準期間における課税売上高が1,000万円以下の免税事業者は，仮に事業開始の1期目の課税期間の課税売上高が3,000万円，第2期目の課税期間における課税売上高が5,000万円であっても，第1期および第2期の課税期間は免税事業者に該当するため，消費税の納税義務が免除される。しかし，多額の課税売上高があるにもかかわらず，消費税の納税義務が免除されることは課税の公平の観点から問題があることから，平成23年度改正では，基準期間における課税売上高が1,000万円以下である事業者も，「特定期間」における課税売上高が1,000万円を超えるときは，当該個人事業者のその年または法人の事業年度について小規模事業者の免税制度（免税事業者の特例）は適用されないものとし

　3）消費税法9条および同法28条の解釈については，田中治「納税義務者・課税取引と非課税取引」金子宏編『租税法の基本問題』702～708頁（有斐閣，2008）。参照，最判平成17・2・1民集59巻2号245頁。
　4）水野1019～1021頁。

た（消税9条の2第1項）[5]。ここにいう特定期間とは，事業者の区分に応じ，つぎのとおりとなる（消税9条の2第4項）。すなわち，①個人事業者は，その年の前年1月1日から6月30日までの期間，②その事業年度開始の日以後6月の期間，③その事業年度の前事業年度が短期事業年度である法人のその事業年度の前々事業年度開始の日以後6月の期間をいう（消税9条の2第4項1号～3号）。個人事業者はその年の前年の1月ないし6月までの期間，法人は基本的には前事業年度開始の日から6月の期間をいう。

6　高額特定資産の取得に係る納税義務の免除

平成28年度改正では，会計検査院の指摘を受けて免税事業者の特例および簡易課税制度の適用を受けない課税事業者は，課税期間中に当該「高額特定資産」の課税仕入れを行った場合，当該高額特定資産の仕入れ等の日の属する課税期間の翌課税期間から当該高額特定資産の仕入れ等の日の属する課税期間の初日以後3年を経過する日の属する課税期間までの各課税期間において，免税事業者制度および簡易課税制度の各特例が，適用されないものとした（消税12条の4・37条3項3号）。ここにいう「高額特定資産」とは，棚卸資産または調整対象固定資産であって，課税仕入れに係る支払対価の額（税抜価額）が一の取引の単位につき1,000万円以上のものをいう（消令25条の5第1項1号）。

第7節　消費税の課税標準と税率

1　消費税の課税標準

「消費税」の「課税標準」は，「課税資産の譲渡等の対価の額」である（消税28条1項）。ここにいう「課税資産の譲渡等」とは，資産の譲渡等のうち消費税法6条1項の非課税規定に基づき「消費税」を課さないこととされるもの以外のものをいう（消税2条1項9号）。また「対価の額」とは，課税資産の譲渡等にあたって対価として収受し，または収受すべき一切の金銭または金銭以外の物もしくは権利その他，経済的な利益の額をいう（消税28条1項括弧書）。この場合に，「課税資産の譲渡等」には，課されるべき消費税額および当該消費税額を課税標準として課されるべき地方消費税額に相当する額を含まない（消税28条1項）[1]。

5）財務省「平成23年度税制改正の解説」644頁。

2　課税貨物に係る課税標準（輸入取引）

　輸入取引では，保税地域から引き取られる課税貨物に係る消費税の課税標準は，その課税貨物につき関税定率法（4条～4条の9）の規定に準じて算出された価格に，その課税貨物の保税地域からの引取りに係る消費税以外の消費税等の額（個別消費税の額）および関税の額に相当する金額を加算した金額である（消税28条4項）。ただし，「付帯税」の額に相当する額を除く（消税28条3項）。この場合の消費税以外の消費税とは，個別消費税であり，その課税貨物の保税地域からの引取りに係る酒税，たばこ税，揮発油税等があるとされる（税通2条1項3号）。

3　特定課税仕入れに係る課税標準

　消費税法では，「特定課税仕入れ」に係る消費税の課税標準は，その特定課税仕入れに係る支払対価の額である（消税28条2項）。ここにいう支払対価の額とは，対価として支払い，または支払うべき一切の金銭または金銭以外の物もしくは権利その他経済的な利益の額をいう。特定課税仕入れに係る消費税の課税標準は，他の国内取引に係る課税標準の計算と異なり，税抜計算を行う必要はない。その理由は，国内事業者における特定課税仕入れは，国外事業者が行う事業者向け電気通信利用役務の提供に係るものであって，当該国外事業者に消費税の納税義務が生じないからである。

　本章第4節で述べたように，特定課税仕入れを行った国内事業者は，①その特定課税仕入れについて消費税の納税義務が生ずるが（消税4条1項・5条1項・9条1項），国外事業者による表示（消税62条）の有無は，国内事業者における特定課税仕入れに係る納税義務に影響はないとされる。また，②課税売上

1）「消費税」と個別消費税等に関連して，たとえば東京地判平成18・10・27判タ1264号195頁では，入湯税は，その性質上，消費税の課税標準である「課税資産の譲渡等の対価の額」には含まれないが，入湯税に相当する金額と温泉施設に利用料の額が明確に区分されていない場合，利用者から受け取った入湯税相当額が温泉施設の使用料に係る対価の額に含まれるか否かについて，「請求者や領収書等に入湯税の相当額が記載されているか，事業者において預り金や立替金等の科目で経理しているかといった点のみならず，…（入湯税）の性質や税額，周知方法，事業者における申告納税の実情等の諸般の事情を考慮し，少なくとも当事者の合理的意思解釈等により，課税資産の譲渡等に係る当事者間で授受することとした取引額と入湯税とを区別していたものと認められるとき」は，入湯税相当額が課税資産の譲渡等の対価の額に含まれないとした。また，徳島地判平成10・3・20税資231号179頁は，ガソリンスタンドの軽油引取税相当額が課税資産の譲渡等の対価の額に含まれるか否かにつき，「当該軽油引取税相当額を課税資産の譲渡等の対価の額から除く理由はない」とした。

割合が95％以上である課税期間は，当分の間，その課税期間中に行った特定課税仕入れはなかったものとして消費税法の規定が適用される旨の経過措置が設けられている（平成27年改正法附則42条）。この経過措置は，簡易課税制度の適用を受ける課税期間においても同様とされる（平成27年法附則44条2項）。ただし，課税売上割合は，その課税期間が終了するまで確定しないため，特定課税仕入れに該当する仕入れは，事後的に確認できるようにする必要があるとされる。

4　消費税の税率

　現行の「消費税」の税率は，7.8％（地方消費税2.2％を合わせると10％）である（消税29条）。また，後述のとおり軽減税率は6.24％（地方消費税1.76％含めて8％）である。平成元年に消費税が導入された当時の税率は3％であったが，その後，平成9年4月1日から地方消費税分と合わせて4％（地方消費税と合わせて5％）に引き上げられた。社会保障費の増大や財政健全化のために平成26年4月1日より6.3％（地方消費税1.7％を含む8％）に引き上げられた。平成27年10月1日からは7.8％（地方消費税2.2％を含めて10％）に引き上げられることになっていたが，経済状況等を勘案してその時期が平成29年4月1日まで延期することとされた[2]。さらに，平成28年6月1日に政府は，世界経済の不透明感が増す中で新たな危機に陥ることを回避するため，平成29年4月1日に予定されていた消費税率7.8％（地方消費税2.2％を含めた税率は10％）への引上げ時期を，平成31（令和元）年10月1日に再延期することとした[3]。

5　軽減税率

（1）軽減税率の導入

　平成28年度改正では，消費税の税率が10％に引き上げられることが予定されたことに伴い，とくに低所得者には過重な税負担が強いられることが予想されるため，消費税の逆進性を緩和し，低所得者への税負担の軽減を目的として「軽減税率制度」を導入することとした。この制度は，国内において事業者が行う課税資産の譲渡等のうち，飲食料品等の軽減対象資産の譲渡等・課税貨物に対する軽減税率が6.24％（地方消費税1.76％と合わせた税率は8％）の税率が適

　2）複数税率の問題については，水野1046～1052頁，西山由美「消費税の複数税率構造──EUにおける最近の議論からの考察」ジュリ1273号181頁（2004）。
　3）本改正については，平成28年法律第85号「社会保障の安定財源の確保等を図る税制の抜本的な改革を行うための消費税法の一部を改正する等の法律等の一部を改正する法律（抜本改革法等改正法）」参照，「平成24年8月（抜本改革法等改正法）の解説」974頁。

用される（抜本改革法等改正法（以下「改正法」という）附則34条1項)[4]。この改正法において，消費税率10％の引上げ時期が平成31年10月1日に変更されたことに伴い，軽減税率制度の導入時期も平成31年10月1日に延期された。軽減税率の導入に伴い，適格請求書等保存方式（インボイス方式）が平成35年（令和5年）10月1日に延期することとされた（第8節3参照）。

（2）軽減税率の対象

　軽減税率の適用対象は，国内取引と輸入取引に区別される（平成28年改正法附則34条1項)[5]。国内取引では，軽減税率の適用対象となる取引は，課税資産の譲渡等のうち，①飲食料品の譲渡（酒類を除く）および②新聞の定期購読契約に基づく譲渡をいう。ここにいう飲食料品とは，食品表示法（2条1項）に規定する食品，および食品と食品以外の資産が一の資産を形成し，または構成している一定の資産をいう。ただし，酒税法（2条1項）に規定する酒類，外食および一定のケータリングサービスに該当するものは除かれる。新聞については，一定の題号を用い，政治，経済，社会，文化等に関する一般社会的事実を掲載する新聞で1週に2回以上発行する新聞に限るものとされる（平成28年改正法附則34条1項）。また，食品と食品以外の資産があらかじめ一体となっている資産で，その一体となっている資産に係る価格のみが提示されているもの

〔図表7：軽減税率制度の対象品目〕

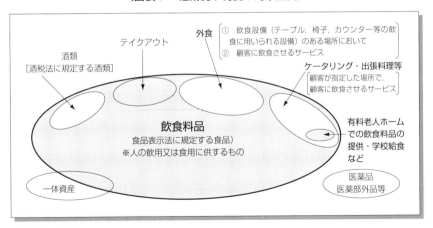

財務省HP参照。

4）財務省「平成28年度税制改正の解説」773頁。
5）財務省「平成28年度税制改正の解説」775頁。

のうち，税抜価額が1万円以下であって，一体資産の価額のうちに食品に係る部分の価額の占める割合が3分の2以上のものに限り，飲食品として，その譲渡全体が軽減税率の適用対象となる（平成28年改正法附則34条1項1号）（図表7参照）。

　つぎに，輸入取引では，軽減税率の適用対象は，保税地域から引き取られる課税貨物のうち，上記の飲食料品に該当するものである（平成28年改正法附則34条2項）。

Column

複数税率とインボイス

　わが国では，消費税率の引き上げにともない，軽減税率の導入が予定されている。消費税は，前段階税額控除型付加価値税であるため，複数税率を適用するためには，インボイス（invoice）方式が必要であるといわれている。インボイス控除方式（invoice credit method）とは，取引において売主から買主に対してインボイス（送り状）が送付され，これに基づいて仕入れに係る税額が控除される仕組みである。インボイスにより，前段階の仕入れに係る税が正確に把握できるため，取引当事者間に「相互牽制作用（self-policing）」[6]が働く結果，非課税取引や複数税率の適用も円滑に行うことができるとされる。付加価値税を採用するOECD加盟33か国のうち，主要国の税率の概要は次のとおりである。

	標準税率	軽減税率		標準税率	軽減税率
日本	10%	8％	オーストラリア	10%	0％
フランス	20%	2.1/5.5/10(%)	カナダ	5％	0％
ドイツ	19%	7％	イタリア	22%	4/10(%)
イギリス	20%	5％	韓国	10%	0％
スウェーデン	25%	0/6/12(%)	オランダ	21%	6％

＊なお，日本については現行法による。

出典：OECD Tax Policy Studies,The Distributional Effects of Consumption Taxes in OECD Countries,（2014）No.22, at 18.

6）水野1067頁。

第8節　仕入税額控除

1　仕入税額控除の意義

　前述したように，消費税法では，その課税期間における課税資産の譲渡等の対価を課税標準として，それに税率を適用し，算出された税額から課税仕入れに係る税額を控除して消費税の納付税額が算出される。こうした多段階の一般消費税であるわが国の「消費税」は，前段階の税額が控除されることにより各取引段階における消費税額の累積が排除されている。この控除は，「仕入税額控除」とよばれている[1]。

　免税事業者を除く事業者は，国内において行う課税仕入れ，特定課税仕入れおよび保税地域から引き取る課税貨物に係る消費税額を，その課税仕入れを行った日の属する課税期間の課税標準に対する消費税額から控除して計算される（消税30条1項）。このようにして，わが国の「消費税」（付加価値税）では，付加価値が計算されることから，前段階税額控除型付加価値税ともよばれている。ここにいう課税仕入れとは，事業者が事業として他の者から資産を譲り受け，もしくは借り受け，または役務の提供を受ける場合であり，当該他の者が事業として当該資産を譲り渡し，もしくは貸し付け，または当該役務の提供をした場合に課税資産の譲渡等を行った場合に該当するもので，消費税が免除されるもの以外のものに限られる（消税2条1項12号）。この場合の「他の者」とは，課税事業者に限らず免税事業者や消費者も含まれる。先に述べたように，課税事業者（納税義務者である事業者）は，仕入税額控除を適用できるが，免税事業者から資産を譲り受けた場合にはこれを適用できない[2]。

　つぎに，「課税仕入れに係る支払対価の額」とは，課税仕入れの対価の額をいう。具体的には，課税仕入れの対価として，支払い，または支払うべき一切

1）仕入税額控除に関する検討として，田中治「消費税における仕入税額控除の存在理由と判例動向」金子宏編『租税法の発展』273頁（有斐閣，2010）。

2）名古屋高判平成25・3・28税資263号順号12188は，「流通の各段階で課税するという消費税の性質及び累積課税を避けるという趣旨に鑑みれば，当該経済的出捐が課税仕入れの相手方の第三者に対する債務の弁済である場合に，同相手方の当該債務負担行為が消費税の課税対象とならない不課税取引であるにもかかわらず，課税仕入れに係る仕入税額控除を認めるべき合理的理由は全くなく，そのような債務の弁済金は「課税仕入れに係る支払対価」には該当しないと解するのが相当である」とした上で，課税仕入れは，取引の相手方において課税資産の譲渡等にあたるか否かを考慮すべきであるとした。

の金銭または金銭以外の物もしくは権利その他経済的な利益の額をいい，消費税額およびその消費税額を課税標準として課されるべき地方消費税相当額が含まれる（税込金額）（消税30条6項，平成28年改正法附則34条2項）。課税仕入れに係る消費税額は，その課税仕入れに係る支払対価の額に110分の7.8（軽減税率適用分は108分の6.24）を乗じることによって，その課税仕入れに係る支払対価の額から消費税相当額のみが算出される（消税30条1項）。

　特定課税仕入れとは，課税仕入れのうち特定仕入れに該当するものをいう（消税5条1項）。特定仕入れとは，事業として他の者から受けた特定資産の譲渡等をいう（第2節参照）。特定課税仕入れに係る支払対価の額に100分の7.8を乗じることによって特定仕入れに係る消費税額が算出される。

Column

付加価値税

　付加価値税（VAT：Value Added Tax）は，1954年にフランスで初めて導入され，その後，1973年にEC諸国の統一税として採用された。付加価値とは，一般に，「経済活動によって新たにつけ加えられた価値」と定義されている。付加価値税は投資財をどのように取り扱うのかにより消費型，所得型，総生産(GNP)型などに分類される。

　消費型付加価値税は，売上高に係る税額から原材料などの仕入高（投資財を含む）に係る税額を控除し，その差額を納付または還付するという仕組みであり，多段階取引課税における課税の累積の排除が可能となるので，「投資や貯蓄に中立」であるため優れているとされている。消費型では，投資財の購入費を一括して控除できるが，所得型は，投資財の購入費につき減価償却費の控除がなされる。これに対して，総生産（GNP）型は，投資財の減価償却費の控除は行われない。

　付加価値の算出方法には，加算法と減算法がある。前者は，賃金，利潤，利子，地代などの要素所得を合計するものであり所得型である。後者は，売上高から仕入高を控除する形式であり消費型である。消費型付加価値税はフランスで導入されて以来，わが国の「消費税」をはじめEU型付加価値税として採用されている。

2　仕入税額控除の算定方法

（1）仕入税額控除の算定

　ところで，事業者が行う資産の譲渡は，課税資産の譲渡等とは限らない。課税資産の譲渡等以外の非課税取引や不課税取引が含まれる場合があるからである。前述のように，仕入税額控除は，課税の累積を排除することを目的とするものであるので，課税の累積が生じない課税資産の譲渡等以外の資産の譲渡等に要する課税仕入れ等に係る消費税額は，仕入税額控除の適用対象とならない。

　したがって，課税資産の譲渡等に要する課税仕入れに係る消費税額は，仕入税額控除が適用されるが，課税資産の譲渡等以外の資産の譲渡等に要するその課税仕入れに係る消費税額は，仕入税額控除の適用が認められない。

（2）課税売上割合

　仕入税額控除を算定するにあたり，課税期間における課税売上高が5億円以下の事業者は，その仕入税額控除の計算において，課税期間における課税売上

〔図表8：仕入税額控除の計算方法の適用〕

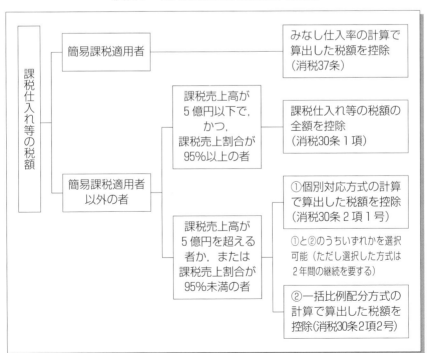

割合が100分の95以上（その他の資産の譲渡等の額が5％未満）であるならば，その課税期間における課税仕入れに係る消費税額の全額を控除することが認められている（消税30条1項）。他方で，課税期間における課税売上高が5億円超の事業者，または課税期間における課税売上割合が100分の95未満の事業者のその仕入税額控除の計算においては，①「個別対応方式」または②「一括比例配分方式」のいずれかの方法により算出される（消税30条2項）。ここでいう「課税売上割合」とは，事業者が課税期間中に国内において行った「資産の譲渡等」の対価の額（消税28条1項）の合計額のうち，その事業者がその課税期間中に国内において行った「課税資産の譲渡等（特定資産の譲渡等に該当するものを除く）」の対価の額の合計額の占める割合として政令（消税令48条）で定めるところにより計算される割合である（消税30条6項，図表9参照）。

　まず，「個別対応方式」では，その課税期間中に国内において行った課税仕入れ等に係る消費税額のうち，a）課税資産の譲渡等にのみ要するものすべてを控除できる。他方で，b）その他の資産（非課税資産）の譲渡等にのみ要するものは非課税であるので，控除できない。また，c）課税資産の譲渡等とその他の資産の譲渡等に共通して要するものについては，その仕入額の合計額に課税売上割合を乗じて計算した金額（c）を，課税資産の譲渡等にのみ要する課税仕入れ等の税額（a）に加算する方法により控除することができる（消税30条2項1号）[3]（図表9，10参照）。

〔図表9：課税売上割合の考え方〕

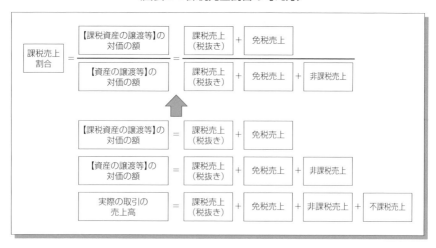

　つぎに，一括比例配分方式では，個別対応方式により課税仕入れ等について仕入税額控除を個々に区分することが難しい場合にその課税期間中における課税仕入れ等の税額の合計額（上記 a ）と c ）の合計額）に課税売上割合乗じて計算する方法により仕入税額控除を算出する（消税30条2項2号）。個別対応方式による仕入税額控除の計算ができる場合にも，一括比例配分方式を選択適用できる。一括比例配分方式を適用した場合には，適用した課税期間の初日から同日以降2年を経過する日までの間に開始する課税期間でなければ個別対応方式

〔図表10：個別対応方式の仕入控除税額の考え方〕

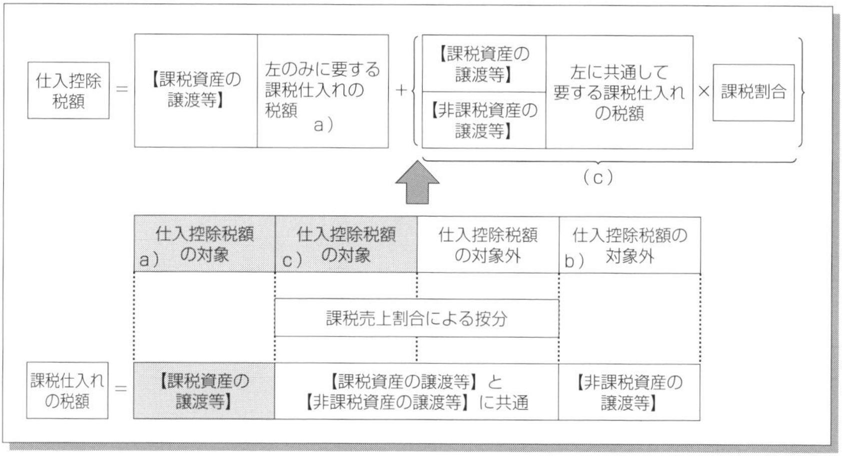

〔図表11：一括比例配分方式の仕入控除税額の考え方〕

3）なお，この個別対応方式における a ）～ c ）の判定について，さいたま地判平成25・6・26税資263号順号12241では，「消費税法30条の規定に照らすと，仕入れた資産が，仕入日の属する課税期間中に譲渡されるとは限らないため，控除額の算定においては，仕入れと売上げの対応関係が切断し，当該資産の譲渡が実際に課税資産の譲渡に該当したか否かを考慮することなく，仕入れた時点において，課税仕入れに当たるか否かを判断するものとしたと解される」としている。

に変更できない。

（3）「消費者向け電気通信利用役務」の提供を受けた国内事業者の仕入税額控除の制限

　消費税法では，「電気通信利用役務の提供」が国内で行われたか否かの判定は，その提供を受ける者の住所等で行うものと規定されている（消税 4 条 3 項 3 号）。したがって，国外事業者が，国内の事業者や消費者に対して行う「消費者向け電気通信利用役務の提供」は，国内取引としてその国外事業者に申告納税義務が生ずる。また，その消費者向け電気通信利用役務の提供を受けた国内の課税事業者は，課税仕入れが発生し，原則として，仕入税額控除制度の適用が認められる（消税30条 1 項）。しかし，納税義務者である国外事業者は国外に所在しているため，税務執行上，限界があるといわれている。そこで，国外事業者の納税のないまま国内の課税事業者による仕入税額控除適用という問題が生じることが懸念されるため，国内において行った課税仕入れのうち，国外事業者から受けた「消費者向け電気通信利用役務の提供」は，当分の間，仕入税額控除制度の適用の対象外とする旨の経過措置が設けられた（平成27年改正法附則38条 1 項本文）。

　他方で，適正な申告納税を行う可能性が高いとされる一定の国外事業者から提供を受ける「消費者向け電気通信利用役務の提供」は，仕入税額控除制度の適用を認めることとした（平成27年改正法附則38条 1 項但書）。国税庁長官による登録を受けた国外事業者（以下「登録国外事業者」）から受けた「消費者向け電気通信利用役務の提供」の場合には，一定の帳簿および請求書等の保存を要件として，仕入税額控除制度の適用が認められる（平成27年改正法附則38条 1 項但書・ 2 項・ 3 項）。この経過措置の対象は，国外事業者から受けた消費者向け電気通信利用役務の提供に限られる（平成27年改正法附則38条 1 項本文）。

3　仕入税額控除の適用要件

（1）帳簿および請求書等の保存

　前述のとおり，消費税法では，帳簿および請求書等に基づいて課税売上高を計算し，それに税率を乗じた税額から，課税仕入れに係る税額を控除して消費税の納付税額が算出されると規定している。帳簿および請求書等は，消費税の納税義務を確定するための重要な資料・情報となるものである。仕入税額控除は，事業者がその課税期間の課税仕入れ等に係る税額の控除に係る帳簿および請求書等の保存がない場合には適用されない（消税30条 7 項）[4]。

　事業者は，仕入税額控除の適用を受けるために，政令（消税令50条1項）で定めるところにより，帳簿および請求書等（消税30条7項）を整理し，これらを所定の期間または場所において，税務職員による検査（消税62条）のときに適時に提示することが可能なように保存しなければならない[5]。

（2）帳簿および請求書等の意義

　消費税法上，帳簿とは，課税仕入れの場合，つぎの事項が記載されたものであると規定されている。①課税仕入れの相手方の氏名または名称（消税30条8項1号イ），②課税仕入れを行った年月日（消税30条8項1号ロ），③課税仕入れに係る資産または役務の内容（消税30条8項1号ハ），④課税仕入れに係る支払対価の額である（消税30条8項1号ニ）。なお，特定課税仕入れに関する帳簿も基本的には同様の事項とされる（消税30条8項2号イ〜ニ）。

　また，請求書等とは，つぎに掲げるように課税資産の譲渡等を行った者が作成する書類の場合，①書類の作成者の氏名または名称（消税30条9項1号イ），②課税資産の譲渡等を行った年月日または課税資産の譲渡等についてまとめて書類を作成する場合の一定の期間（消税30条9項1号ロ），③課税資産の譲渡等に係る資産または役務の内容（消税30条9項1号ハ），④課税資産の譲渡等の対価の額（消税30条9項1号ニ），⑤書類の交付を受ける事業者の氏名または名称が記載されたものである（消税30条9項1号ホ）。

　4）参照，増井良啓「消費税法30条7項にいう『保存』の意義」ジュリ1161号204頁（1999）。

　5）消費税法30条7項の趣旨について，最判平成16・12・16民集58巻9号2458頁は，「法30条7項の規定の反面して，事業者が上記帳簿又は請求書等を保存していない場合には同条1項が適用されないことになるが，このような法的不利益が特に定められたのは，資産の譲渡等が連鎖的に行われる中で，広く，かつ，薄く資産の譲渡等に課税するという消費税により適正な税収を確保するには，上記帳簿又は請求書等という確実な資料を保存させることが必要不可欠である判断ためであると考えられる」としている。

　　また帳簿等の記載事項に関して，東京地判平成9・8・28行集48巻7＝8号385頁（最判平成11・2・5税資240号627頁）は，「法30条8項が，『前項に規定する帳簿とは，次に掲げる帳簿をいう。』と規定していることからずれば，同条7項で保存を要求されている帳簿とは同条8項に列記された事項が記載されたものを意味することは明らかであり，また，同条7項の趣旨からすれば，右記載は真実の記載であることが当然に要求されているというべきである。すなわち，法は，仕入税額控除の要件として保存すべき法定帳簿には，課税仕入れの年月日，課税仕入れに係る資産又は役務の内容及び支払対価の額とともに真実の仕入先の氏名又は名称を記載することを要求しているというべきである」とした。

（3）適格請求書等保存方式（「インボイス方式」）の導入

　複数税率制度では，適正な課税を確保し，わが国の「消費税」の前段階税額控除の仕組みを適正に機能させるために，売手側と仕入側において，その適用税率を一致させることが要求される。複数税率の実施に伴い，わが国では，欧州諸国の付加価値税制度において採用されている「インボイス方式」の導入が検討された。インボイス方式とは，売手側に，必要な情報を記載した請求書等（「インボイス」といわれる）の発行を義務付けるとともに，仕入側は，当該請求書等の保存を仕入税額控除の適用要件とする制度である。平成28年度改正では，軽減税率の導入に併せて，平成35年（令和5年）10月1日からインボイス方式とされる「適格請求書等保存方式」を実施することとされている（消税57条の2）[6]。

（4）インボイスの発行手続（登録と交付義務）

　適格請求書等保存方式では，課税資産の譲渡等を行う事業者における適用税率や消費税額等が，当該課税資産の譲渡等を受ける他の事業者に正しく伝達する手段となるように，課税事業者は適格請求書または適格簡易請求書を作成し，交付することで，他の事業者から受けた請求書等が適格請求書または適格簡易請求書に該当することを客観的に確認することができる。

　仕入税額控除制度の適用にあたり，原則として，適格請求書発行事業者から交付を受けた適格請求書または適格簡易請求書の保存が要求される（消税57条の2）。したがって，課税資産の譲渡等について，適格請求書を交付しようとする課税事業者は，納税地を所轄する税務署長に対し申請書を提出し，あらかじめ適格請求書発行事業者として登録を受ける必要がある（消税57条の2第1項・2項）。

　また，適格請求書発行事業者は，国内において課税資産の譲渡等を受ける免税事業者を除く他の事業者から求めがあったときは，原則として適格請求書を交付しなければならない（消税57条の4第1項）。

（5）インボイスの作成（記載事項）

　適格請求書の記載事項には，①適格請求書発行事業者の氏名または名称および登録番号，②課税資産の譲渡等を行った年月日，③課税資産の譲渡等に係る

6）財務省「平成28年度税制改正の解説」809頁，インボイス方式の導入については，水野1067～1068頁，インボイス方式の法的課題については，『田中治先生税法著作集〈第4巻〉』364～375頁。

資産または役務の内容，④課税資産の譲渡等に係る税抜価額または税込価額を税率の異なるごとに区分して合計した金額および適用税率，⑤消費税額等（消費税額および地方消費税額の合計額），⑥書類の交付を受ける事業者の氏名または名称とされる（消税57条の4）。なお，記載事項のうち適用税率に関しては，地方消費税相当分を含む10％（7.8％×100/78）または8％（6.24％×100/78）が記載される[7]。ただし，小売業，飲食店業，写真業，旅行業，タクシー業等のように不特定かつ多数の者に課税資産の譲渡等を行う一定の事業については，適格請求書に代えて「適格簡易請求書」を交付することができる（消税57条の4第2項）。

4　仕入税額控除の特例

（1）中小事業者の仕入れに係る消費税額控除の特例（簡易課税制度）

　前述のように，「消費税」は，帳簿および請求書等に基づいて課税売上高を計算し，それに税率を乗じた税額から課税仕入れに係る税額を控除して納付税額が算出される。課税仕入れに係る税額を算定するにあたり，事業者の事務負担に配慮して一定規模以下の事業者は，選択により簡易な課税方式である簡易課税制度の適用が認められている（消税37条1項，消税令57条）。

　簡易課税制度の適用を受けるためには，①課税事業者の課税期間に係る基準期間の課税売上高が5,000万円以下であること，②事業者がこの特例の適用を受けるための届出書を税務署長に対して提出していることの要件を満たすことが要求される。

　簡易課税制度は，課税期間の課税標準に対する消費税額（課税売上に係る消費税額）から控除の対象となる課税仕入れに係る消費税額を算出する方法であり，その事業者のその課税期間における課税標準額に対する消費税額に，その事業者の事業の種類ごとに定められた一定の率（以下「みなし仕入率」という）を乗じて算出した額を仕入税額控除の額とみなす制度であり，したがって，中小事業者の事務負担を考慮している。

（2）みなし仕入率

　簡易課税制度において適用される「みなし仕入率」は，事業者の事業の種類ごとにつぎのように定められている。①第一種事業（卸売業）100分の90，②

　7）なお，軽減税率の導入後，適格請求書等保存方式が適用されるまでの経過的軽減税率期間は，「区分記載請求書等保存方式」によるものとされる（平成28年改正法附則34条2項）。

第二種事業（小売業）100分の80，③第三種事業（製造業等）100分の70，④第四種事業（その他事業）100分の60，⑤第五種事業（サービス業等）100分の50，⑥第六種事業（不動産業）100分の40とされる（消税令57条1項・5項）。

　なお，事業者が2種類以上の複数の事業を営む場合で，その課税期間における課税売上高のうち，その事業のうち1種類あるいは2種類の事業の課税売上高が100分の75以上を占める場合には，その100分の75以上を占める事業のみなし仕入率を全体のみなし仕入率として適用できるものとされる（消税令57条3項）。

（3）複数税率に対応した仕入税額控除制度

　上述の適格請求書等保存方式の適用に併せて，仕入税額控除制度の抜本的な見直しが予定されている。すなわち，国内で行われる課税仕入れは，適格請求書を発行する事業者以外の者から仕入れる場合には，仕入税額控除制度の適用は認められない（消税30条7項〜9項）。

第8章

国際課税

第1節　国際的な租税回避への対応（BEPS）

1　はじめに

　1990年代に出現した国際水平分業というビジネスモデルは，世界各地の市場に所在する販売子会社や立地優位性のある国に所在する製造子会社の機能・リスクを限定し役務提供子会社とする構造変化をもたらした。この点について，2001年版通商白書は，ITを活用した業務および組織の改革，取引先の拡大，国際化といった経営革新を果たした欧米企業が，生産スピードと価格競争の優位性があるシンガポール企業等に委託生産を進めるなど国際水平分業を推し進めていると分析していた。

　多国籍展開する日本企業も，新製品の研究開発を親会社が担うだけでなく，消費者ニーズに応えることを目的として重要な外国の市場に研究開発拠点を設けるようになっている。立地優位性のある東南アジア・中国の製造子会社は親会社に対して購買調達を含む製品製造活動という役務を，米国・欧州等の市場地国に所在する販売子会社は親会社に対してマーケティング・販売・物流という役務を，研究開発拠点は受託研究開発という役務を，それぞれ日本の親会社に対して提供するという国際水平分業による国境を越えたグローバル・バリュー（サプライ）チェーンを採用している[1]。今日では，重要な市場の研究開発拠点のイニシアティブによる新技術や新製品の展開も見られるとされる。

　財務省は，多国籍企業が，各国の課税ルールの隙間やミスマッチを利用して税負担を軽減する問題について，つぎの認識を示している。

　「グローバル・サプライチェーンにおいて，多国籍企業は，各国に展開されたグループ企業に自由に機能を配分することが可能であり，とりわけ大きな付加価値を生み出す無形資産や資本については，容易にグローバル企業間を移動

1）赤松晃「BEPSをめぐる国際的な動き」税研173号59頁（2014年）参照。

させることが可能である。また，情報技術の発展により，物理的な移動を伴わずに提供されるサービスも増大している。その結果，多国籍企業は，価値創造の場ではなく軽課税国において所得を生み出すことが可能となっており，そのような多国籍企業の所得に対して伝統的な国際課税ルールを機械的に適用する場合，『二重非課税』や『価値創造の場と納税の場のかい離』が生ずるおそれがある。

このような伝統的な国際課税ルールでは対応しきれない『二重非課税』や『価値創造の場と納税の場のかい離』に対し，各国の税務当局は，これまで独自に対抗策を試みてきたが，一国のみでグローバルに展開する多国籍企業の租税回避を防止することには限界がある。そのため，新たな国際課税ルール（二重非課税の防止，価値創造の場に基づく課税権の配分）の必要性が高まっていた。」[2]

2 BEPSプロジェクト

各国の租税法は企業のグローバル化や電子経済（インターネットを活用することで顧客の物理的な所在地から離れた場所から商品やサービスを提供でき，無形資産の重要性および可動性を特徴とする）に追いついておらず，多国籍企業の人為的節税に利用できる税制の隙間が放置されているという「税源浸食と利益移転（BEPS：Base Erosion and Profit Shifting）」に対して，OECD/G20は，2013年以来，グローバルな協調の下，政治的にコミットメントしたタイムラインに従い，公正な競争条件（Level Playing Field）の確保という考えの下，国際的な経済活動に関する課税ルールに関するBEPSプロジェクトを展開してきた。2014年9月16日に第一弾報告書が提出され，2015年10月5日に最終報告書（2015年BEPS最終報告書）が公表された。2016年6月，OECD/G20はBEPSの合意事項の実施に向けて，BEPS包摂的枠組み（Inclusive framework on BEPS）を立ち上げ，参加国が大幅に拡大している（2021年10月現在140か国）。各国は，2015年BEPS最終報告書に基づき，国内法の整備およびBEPS防止措置実施条約による租税条約の改正を進めている。

3 BEPSの意義

OECDは，BEPSの意義について，つぎのように説明する[3]。

「グローバル化を背景として，多国籍企業が利益を海外に移すことで，納税

2）「特集　新たな国際課税ルールを策定『BEPSプロジェクト』の取組と概要」ファイナンス2015年11月号7〜8頁（取材・文／風間立信（株式会社表参道総合研究所））。

額を大幅に削減，場合によってはほぼゼロにする機会が生まれている。現行の時代遅れになった課税ルールの隙間やミスマッチにより，利益を税務上『消失』させたり，企業が経済活動をほとんど，あるいはまったく行っていない無税や低税率の国・地域へと移転したりすることが可能となっている。これらの活動は，税源浸食と利益移転（BEPS）とよばれる。さらに，経済に占めるサービスの重要性，およびインターネットを通じて提供されるデジタル商品・サービスの重要性が増していることも，BEPSをずっと容易なものとしている。大半の場合については，これらの戦略は合法的である。BEPSは，租税債務の総額を削減する機会を合法的に利用しているいくつかの特定企業により生み出されている問題ではない。一部のあからさまな濫用の場合は別として，問題は課税ルールそのものにある。国内の課税ルールと国際的な課税ルールの相互作用がもたらすこれらの予期せぬ効果は，深刻な問題を引き起こしている。納税者間の歪みを生み出し，租税制度の整合性に対する信頼に悪影響を及ぼしており，財政健全化と社会的困難の時代に特に重要な問題となっている。その結果，強靱で均衡の取れた成長を下支えするために投入できたはずの政府の収入が失われているのである。収入源の法人税依存度が総じて高い開発途上国の場合，潜在的な影響は特に甚大である。」

4　経済のデジタル化に伴う国際課税上の課題

　上記で言及されている国際的な経済活動に適用される課税ルールは，1920年代の国際連盟租税委員会による検討にはじまり，1946年のロンドン・モデル租税条約として結実し，今日のOECDモデル租税条約に継承され発展してきた，居住地国と源泉地国との間の，つぎの課税権の配分である（☞第4節1，第5節1）。

(1)　事業活動から生ずる所得については，源泉地国に恒久的施設（PE：Permanent Establishment）が所在する場合に，その恒久的施設に帰属する所得に対して源泉地国に優先的な課税権を認め，国家間の課税権の配分は独立企業原則による。

(2)　投資活動から生ずる所得については居住地国がもっぱら課税権を有するが，源泉地国に一定の課税権を認める。

　3）OECD/G20 Base Erosion and Profit Shifting INFORMATION BRIEF 2014 Deliverables「税源浸食と利益移転」（BEPS：Base Erosion and Profit Shifting）プロジェクトインフォーメーション・ブリーフ（仮訳）4頁。

(3)　国際二重課税の排除の方法として，居住地国における国外所得免除方式，また
は，全世界所得課税を前提とする外国税額控除方式を採用する。

　税制調査会答申『経済社会の構造変化を踏まえた令和時代の税制のあり方』
(令和元（2019）年9月）は，デジタル化に伴う国際課税上の課題について「経
済のデジタル化の進展に伴い，大量のデータや知的財産等の無形財産が新たな
付加価値を創出し，生産性を高め，グローバルな経済の成長をもたらす要素と
なっている。一方，物理的な拠点なく事業を行う外国企業に対して市場国が適
切な法人課税を行えないといった，現行の国際課税原則の問題が顕在化してい
る。『恒久的施設（PE：Permanent Establishment）なければ課税なし』との考
え方は，国家間の課税権配分を決定するための基本原則であるが，物理的拠点
を有さずに市場国で経済活動を行うビジネスモデルに対応しきれていない。ま
た，企業グループ内取引の国際課税上の利益配分を定める独立企業原則におい
ても，多国籍企業が移転の容易な無形資産によって超過利益を得ている場合や，
市場国における活動に係る機能・リスクを限定することで課税される利益が抑
えられているような場合，課税権の配分が適切になされるよう機能しているの
かについて疑義が生じている」[4]と整理する。

5　BEPSプロジェクトの展開

　2015年BEPS最終報告書は，(1)越境活動に影響を及ぼす国内ルールへの整合
性導入，(2)課税と経済活動および価値創出との一致を確保するための既存の国
際基準における実体要件の強化，ならびに，(3)企業・政府の透明性および確実
性の改善の三つを基本的な柱[5]とし，つぎのように電子経済の課税上の課題へ
の対応が検討されなければならない問題の良き事例であるとして冒頭に掲げ，
具体的行動を各論に列挙し展開された。

（行動1）電子経済の課税上の課題への対応
（行動2）ハイブリッド・ミスマッチ[6]の無効化
（行動3）外国子会社合算税制の強化

　4）税制調査会答申『経済社会の構造変化を踏まえた令和時代の税制のあり方』（令和元
　　（2019）年9月）16～17頁。
　5）2015年10月5日OECD東京センター「G20財務大臣会合の討議資料となるOECD/G20
　　BEPSプロジェクト成果文書を提示─多国籍企業による租税回避を防止するための国際
　　租税制度改革」
　6）金融商品や事業体に対する複数国間における税務上の取扱いの差異をいう。

（行動4）利子控除制限

（行動5）有害税制への対抗

（行動6）租税条約の濫用防止

（行動7）人為的な恒久的施設（PE）認定回避の防止

（行動8，9，10）移転価格税制と価値創造の一致

（行動11）BEPS関連のデータ収集・分析方法の確立

（行動12）タックス・プランニングの義務的開示

（行動13）多国籍企業情報の報告制度

（行動14）より効果的な紛争解決メカニズムの構築

（行動15）多数国間協定の開発

　　財務省は，2015年BEPS最終報告書の意義について，つぎのとおり要約する。
「今般とりまとめられた15の行動のうち，1つの行動の勧告内容を実施することによって，全てのBEPSに対応できるわけではなく，BEPSプロジェクトでは，包括的（holistic）アプローチをとることによって，効果的にBEPSに対応することが期待されている。例えば，資金提供等を行うが重要な経済活動等を行わない，いわゆる『Cash box』といわれる関連企業（図表1におけるX社）を軽課税国に置き，他の関連企業に資金提供を行った対価として多額の超過利潤を得るというBEPSの典型例について，BEPSプロジェクトでは図のように各行動の勧告内容が相互補完的に作用することにより効果的に対応されることとなる。」[7]

6　ポストBEPS

　　2051年BEPS最終報告書は，上述の国際的な経済活動に係る既存の課税ルールを変更しない一方で，人為的な利益移転を防ぎ，価値創造の場での課税のための具体的な施策を構築し，ポストBEPSについてつぎのように述べている[8]。

「BEPSパッケージの採択により，OECD加盟国及びG20諸国は，BEPSの策定に参加した全ての途上国とともに，経済活動と価値創造が生じた場所で課税

7）「特集　新たな国際課税ルールを策定『BEPSプロジェクト』の取組と概要」ファイナンス2015年11月号9頁（取材・文／風間立信（株式会社表参道総合研究所））。

8）*Explanatory Statement,* OECD/G20 Base Erosion and Profit Shifting Project, 2015 Final Reports. Paragraph 22.　日本語訳は財務省の「税源浸食と利益移転　解説文（仮訳）」による。本節の記述にあたっては，引用文献のほか，財務省資料を参考としている。

〔図表1：BEPSプロジェクトの包括的（holistic）アプローチ・Cash boxの例〕

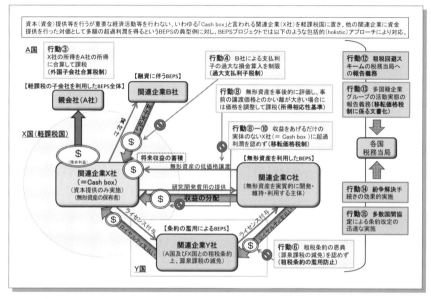

出典：税制調査会に提出の財務省資料（平成27.10.23際Ｄ6−1総24−1）「BEPSプロジェクトの最終報告について」

するという現代の国際課税の枠組みを築いていくことになる。今こそ，勧告された改正の整合的で一貫した実施の支援，二重課税・二重非課税への影響のモニタリング，そして，より多くの国・地域を巻き込んだ実施支援やモニタリングのための枠組みの策定といった新たな課題に焦点を当てるべき時である。」

　日本は，2015年BEPS最終報告書に基づく税制の見直しを，次のとおり進めてきている。

- 平成27（2015）年度税制改正：行動1，2，5への対応
- 平成28（2016）年度税制改正：行動13への対応
- 平成29（2017）年度税制改正：行動3への対応，BEPS防止措置実施条約（MLI）の署名による行動2，6，7，14，15への対応
- 平成30（2018）年度税制改正：行動7への対応
- 令和元（2019）年度税制改正：行動4，8〜10への対応

なお，行動12は法改正の要否も含め検討中である。

　国税庁は，ポストBEPSの国際課税の現状と今後の取組みについて，平成29

（2017）年12月19日に「国際戦略トータルプラン」を公表し，法定調書や情報交換による情報リソースの充実，体制整備による調査マンパワーの充実，二国間・多数国間の国際協調によるグローバルネットワークの強化を進めるとしている。

7　経済のデジタル化に対応する新たな法人課税ルールの国際合意の成立

　2021年10月8日，世界140か国から構成されるOECD/G20によるBEPSプロジェクトのBEPS包摂的枠組み（IF：Inclusive Framework）のうち136か国・地域は，2020年10月の「青写真」[9]で示された二つの柱をたたき台とする，2021年7月の大枠合意[10]を踏まえて，経済のデジタル化に対応する新たな法人課税ルールについて合意した[11]。その概要は，つぎのとおり要約される[12]。

　第1の柱（市場国に対する新たな課税権の配分）は，全世界売上が200億ユーロ（約2.6兆円）超かつ税引前利益率が10％超の大規模で高利益の多国籍企業（デジタル企業か否かを問わない）には，物理的な施設の有無にかかわらず，持続的かつ重要な事業を展開する国で課税することを目的とし，市場国での売上に課税の根拠（Nexus）を認め，一定の超過利益（全世界売上高税引前利益率10％超の金額の25％相当額）を対象とする定式配分に合意した。適用対象は，当面，全世界で100社程度と限定的に制度設計されている。2023年中の実施に向けて，各国は，2022年の早いうちにIFが示すモデル法に従い国内法を制定するとともに，実施に必要な多数国間条約を締結する。IFによる基礎的なマーケティングおよびディストリビューション機能に係る利益（Amount B）に関する作業は2022年末までに終了される。OECDは，市場国に再配分される利益は1,250億ドル（約1兆3,750億円）と推計する。

9）OECD/G20 Base Erosion and Profit Shifting Project, Inclusive Framework on BEPS, "Tax Challenges Arising from Digitalisation–Report on Pillar One Blueprint", 14 October 2020, "Tax Challenges Arising from Digitalisation–Report on Pillar Two Blueprint", 14 October 2020

10）OECD/G20 Base Erosion and Profit Shifting Project, "Statement on a Two-Pillar Solution to Address the Tax Challenges Arising from the Digitalisation of the Economy", 1 July 2021

11）OECD/G20 Base Erosion and Profit Shifting Project, "Statement on a Two-Pillar Solution to Address the Tax Challenges Arising from the Digitalisation of the Economy", 8 October 2021

12）OECD/G20 Base Erosion and Profit Shifting Project, Brochure: Two-Pillar Solution to Address the Tax Challenges Arising from the Digitalisation of the Economy, October 2021

　第2の柱（グローバル最低税率の導入）は，2015年BEPS最終報告書が示す包括的なアプローチにもかかわらず，なお残され得るBEPSへの対処として，全世界売上高が7億5,000万ユーロ（約1,000億円）超の多国籍企業に対する国際的な最低税率を15％と定め，子会社等の国別の実効税率が15％を下回る場合は，最終親会社等において最低税率まで上乗せ課税（Top-up Tax）することで，国際的に事業を展開する大企業が最低税率の法人税を確実に納税することに合意した。適用対象は，日本では平成28（2016）年度税制改正において，2015年BEPS最終報告書（行動13：多国籍企業情報の文書化）に基づき導入した3層構造の移転価格文書のうちの国別報告事項（CbCR）およびマスターファイルの報告義務のある最終親会社等と基本的に同じであることから（☞第7節6），相当数の日本企業に影響が見込まれる。2023年中の実施に向けて，各国はIFが2021年12月20日に示したモデル法[13]に従い国内法を制定し，OECDモデル租税条約の関連する条文の改訂，実施のための新たな多数国間条約が締結される。OECDは，15％の最低税率による新たな増収税額は全世界で年1,500億ドル（約1兆6,500億円）と推計する。

Column

BEPSプロジェクトと日本

　BEPSプロジェクトの展開を受けて，日本は，すでに平成27（2015）年度税制改正から，つぎのとおりの法整備を行ってきています。

（行動1）電子経済の課税上の課題への対応	（消費税） • 国内事業者向け電気通信利用役務の提供取引（B2B）について，リバース・チャージ方式（消税2条1項8号の4・5条1項・附則42条・44条2項） • 国内消費者向け電気通信利用役務の提供取引(B2C)について,申告納税方式(消税5条1項・附則38条1項但書) • 芸能・スポーツ等の特定役務についてリバース・チャージ方式（消税2条1項8号の5・5条1項，附則42条・44条2項）

---

13) OECD/G20 Base Erosion and Profit Shifting Project, Inclusive Framework on BEPS, "Tax Challenges Arising from the Digitalisation of the Economy-Global Anti-Base Erosion Model Rules (Pillar Two), 20 December 2021

	（所得税・法人税） • 倉庫，サーバーでも一定の要件の下で恒久的施設（PE）を認定できるようにPEの定義を拡大（所税2条1項8号の4，法税2条12号の19）
（行動2）ハイブリッド・ミスマッチの無効化	• 配当の支払地国で全部または一部が損金算入とされる配当を外国子会社配当益金不算入制度の対象外（法税23条の2第2項1号・3項）
（行動3）外国子会社合算税制の強化	• 「価値創造の場で税を支払うべき」というBEPSプロジェクトの基本的な考え方に基づき，日本企業の健全な海外展開を阻害することなく，より効果的に国際的な租税回避に対応する観点から見直しが行われ，トリガー税率などの外形把握から外国子会社の所得の種類に応じて合算対象を決定するアプローチへと改正（租特66条の6）
（行動4）利子控除制限	• 平成24（2012）年度税制改正で導入された過大支払利子税制を，2015年BEPS最終報告書を踏まえて見直しし，第三者への支払利子も含む純支払利子等の額に係る損金算入限度額を調整所得金額の20%に制限（租特66条の5の2第1項）
（行動5）有害税制への対抗	• CRS（共通報告基準）による非居住者に係る金融口座情報の自動的情報交換（実特法10条の5〜10条の9） • 企業と一方の当局間との事前合意であるルーリング（ユニラテラルAPAを含む）に関し租税条約等に基づく自発的情報交換で対処（実特法8条の2）
（行動6）租税条約の濫用防止	• 居住者の国外転出の時に一定の未実現の有価証券等の譲渡益を課税対象とする国外転出時課税制度を新設（所税60条の2〜60条の4） • 行動15によるBEPS防止措置実施条約（MLI）に署名・発効
（行動7）人為的な恒久的施設（PE）認定回避の防止	• 恒久的施設（PE）認定の人為的回避を防止するためのOECDモデル租税条約5条コメンタリーの改正に即した恒久的施設の定義規定の見直し（所税2条1項8号の4，法税2条12号の19） • 行動15によるBEPS防止措置実施条約（MLI）に署名・発効

（行動 8 ， 9 ， 10）移転価格税制と価値創造の一致	• 2015年BEPS最終報告書に基づく2017年のOECD移転価格ガイドラインの改訂を踏まえて，①独立企業間価格の算定方法にディスカウント・キャッシュ・フロー（DCF：Discounted Cash Flow）法を追加，②評価困難な無形資産取引（HTVI）に係る価格調整措置の導入，③移転価格税制上の無形資産の定義の明確化，④移転価格税制に係る更正決定等の期間制限（除斥期間）を 7 年に延長，⑤比較対象取引に係る差異調整の方法として統計的手法（四分位法）を規定（租特66条の 4 第 8 項〜15項・26項）
（行動13）多国籍企業情報の報告制度	• 国別報告事項（CbCR），事業概況報告事項（マスターファイル）の作成・提出を罰則規定とともに新設（租特66条の 4 の 4 ・66条の 4 の 5 ） • 国別報告事項（CbCR）は，租税条約等に基づく自動的情報交換を通じて，関係する外国税務当局に提供（実特法 8 条の 2 ） • 独立企業間価格を算定するために必要と認められる書類（ローカルファイル）の同時文書化を義務づけ（租特66条の 4 第 6 項・ 7 項）
（行動14）より効果的な紛争解決メカニズムの構築	• 非居住者および外国法人も，国税庁長官に対して，相互協議の申立て，仲裁要請ができるよう改正（実特則12条 1 項・ 3 項） • 行動15によるBEPS防止措置実施条約（MLI）に署名・発効
（行動15）多数国間協定の開発	• 2017年 6 月 7 日にBEPS防止措置実施条約（MLI）が，日本を含む68か国・地域により署名。2019年 1 月 1 日発効。 • 2022年 1 月 1 日現在，日本を除いて117か国・地域が署名。その内，日本が適用対象として選択している租税条約の相手国・地域は41か国・地域。

（注）行動12（タックス・プランニングの義務的開示）は法改正の要否も含め検討中。

第2節　納税義務者

1　所得課税に係る納税義務者の区分

　所得課税に関する日本の課税権は，納税者の類型により異なる。居住者または内国法人は全世界所得について納税義務を負う。これらの者を無制限納税義務者という。他方，非居住者または外国法人は国内に源泉がある所得（国内源泉所得）についてのみ納税義務を負う。これらの者を制限納税義務者という（☞第3節1）。

2　個人の所得課税に係る納税義務の範囲

（1）居住者

　居住者とは，国内に住所を有し，または現在まで引き続いて1年以上居所を有する個人をいう（所税2条1項3号）。非永住者以外の居住者は，すべての所得（全世界所得）について所得税の納税義務を負う（所税7条1項1号）。国内において継続して1年以上居住することを通常必要とする職業である場合には，日本に入国した日から国内に住所を有するものと推定され居住者として取り扱われるなど，国内または国外に居住することとなった個人の住所についての推定規定が定められている（所税3条1項・2項，所税令14条・15条）。

　「国内」とは法の施行地をいい[1]（所税2条1項1号，法税2条1号），「住所」とは民法22条に定める住所の借用概念[2]であり，各人の生活の本拠をいう。

（2）非永住者

　非永住者とは，居住者のうち，日本国籍を有しておらず，かつ，過去10年以内において国内に住所または居所を有していた期間（居住期間）の合計が5年以下の個人をいう（所税2条1項4号）。

　非永住者は，国外源泉所得以外の所得，および，国外源泉所得で国内払いまたは国内送金分に限り納税義務を負う（所税7条1項2号）。平成29（2017）年度税制改正により国外にある有価証券の譲渡により生ずる一定の所得については，国内払いまたは国内送金分を除き，非永住者の課税範囲から除外された（所税7条1項2号括弧書，所令17条）。

1）東京高判昭和59・3・14行集35巻3号231頁（オデコ大陸棚事件）。
2）借用概念について，金子126頁。

（3）非居住者

　非居住者とは，居住者以外の個人をいう（所税2条1項5号）。居住者である
か否かについて，国籍は直接的な関係を有しない。

　非居住者は，国内源泉所得についてのみ納税義務を負う（所税7条1項3
号・164条）。

　居住者，非永住者および非居住者の各々の所得税の納税義務の範囲について
は，図表2を参照。

〔図表2：個人の納税義務者の区分と課税所得の範囲〕

納税義務者の区分		課税所得の範囲
居住者	• 国内に住所を有する個人 または • 現在まで引き続き1年以上居所を有する個人（所税2条1項3号）	• すべての所得（全世界所得）（所税7条1項1号）
非永住者	• 日本国籍を有しておらず，過去10年以内において国内に住所または居所を有していた期間（居住期間）の合計が5年以下の個人（所税2条1項4号）	• 国外源泉所得以外の所得 • 国外源泉所得で国内払いまたは国内送金分（所税7条1項2号）
非居住者	• 居住者以外の個人（所税2条1項5号）	• 国内源泉所得（所税7条1項3号・164条）

Column

富裕層を対象とする課税情報の収集

　経済のグローバル化・ボーダレス化等に伴い，富裕層を対象とする課税情報の収集を目的とした，つぎの法整備がなされています。

① 　国外送金等調書：金融機関は1回につき100万円を超える国外受・送金等に関する調書の提出義務（国外送金等調書法4条）

② 　国外証券移管等調書：金融商品取引業者等はすべての国外証券移管等取引（国外証券移管・国内証券受入れ）に関する調書の提出義務（国外送金等調書法4条の3）

③ 　国外財産調書：居住者（非永住者を除く）は，その年の12月31日において有する5,000万円を超える国外財産の種類，数量および価額等に関する情報を記載した調書を，翌年の3月15日までに提出義務。インセンティブとして過少申告加算税または無申告加算税の加重・軽減の特則を規定（国外送金等調書法5条・6条)[3]

④ 　財産債務調書：所得税等の確定申告書を提出しなければならない者で，各種所得金額の合計額が2,000万円を超え，かつ，その年の12月31日において，その価額の合計額が3億円以上の財産またはその価額の合計額が1億円以上の国外転出特例対象財産を有する場合には，財産の種類，数量および価額等に係る情報を記載した調書を，翌年の3月15日までに提出義務（国外送金等調書法6条の2第1項）。インセンティブとして過少申告加算税または無申告加算税の加重・軽減の特則を規定（国外送金等調書法6条の2・6条の3）

　　令和4年度税制改正の大綱は，10億円以上の財産を有する居住者は所得がなくとも調書の提出義務を課す

⑤ 　外国親会社等ストック・オプション調書：外国親会社等が内国法人である子会社等の役員や従業員に対してストック・オプション等により直接付与した株式等の情報に関する子会社等の調書の提出義務（所税228条の3の2）

⑥ 　国外転出時課税制度：評価額1億円以上の有価証券等を有し，国外転出時前10年以内に国内に住所または居所を有していた期間の合計が5年を超える者は，

　3）平成元年分「国外財産調書」の提出総件数10,652件，総財産額4兆2,554億円。税務調査における加重措置475件，増差所得金額112億円。軽減措置214件，増差所得金額51億円（国税庁「令和元年分の国外財産調書の提出状況について」）。

その含み益に対して転出時に申告納税義務を負う。一定期間内に帰国した場合には，更正の請求により国外転出時課税がなかったものとして，その年分の所得税の再計算をする。なお，一定の手続を取ることにより納税の猶予を申請することができる。国外転出時課税制度は，居住者から非居住者への相続・贈与についても適用（所税60条の2〜60条の4・153条の2〜153条の4）

⑦ 非居住者の金融口座情報の共通報告基準（CRS：Common Reporting Standard）に基づく自動的情報交換：OECDが，外国の金融機関等を利用した国際的な脱税および租税回避に対処するため，非居住者に係る金融口座情報を税務当局間で自動的に交換するための国際基準として公表。国税庁は，平成30（2018）年以降，毎年4月末までに国内金融機関等から金融口座情報（氏名・住所，外国の納税者番号，口座残高，利子・配当等の年間受取総額など）の報告を受け（実特法10条の5〜10条の9，外国居住者等所得相互免除法41条の2），租税条約等に基づき，9月末までに関係する各国の税務当局へ情報提供を行うとともに，諸外国からもその国の金融機関等に保有されている日本居住者の金融口座情報の提供を受けている（令和2〔2020年〕年12月28日の報告対象国96カ国・地域）[4]

(注) 令和3（2021）年度税制改正において，経済のデジタル化によるボーダーレス・エコノミーの一層の展開に伴い，国内に恒久的施設（PE）を有しない非居住者または外国法人の日本における納税義務に関する税務調査に資するため，納税管理人の届出がない場合は，納税者に対し納税管理人の届出をすべきことを求め，納税者が求めに応じない場合は，国内便宜者に納税管理人となることを求め，国内便宜者が求めに応じない場合は，その国内便宜者を納税管理人に指定することができることとされた（税通117条1項・3項〜7項）。

---

4) 令和元（2019）事務年度の「CRSの自動的情報交換」に関し，国税庁は日本の居住者に係る金融口座情報約206万件を86か国・地域の外国税務当局から受領し，日本の非居住者に係る金融口座情報約47万件を65か国・地域に提供。CRSとは別に，非居住者等への支払い（利子，配当，不動産賃借料，無形資産の使用料，給与・報酬，株式の譲受対価等）に係る「法定調書情報の自動的情報交換」について，国税庁から外国税務当局に871千件提供し，157千件を受領（出典：国税庁「令和元事務年度における租税条約等に基づく情報交換事績の概要」）。

3　法人の所得課税に係る納税義務の範囲

（1）内国法人

内国法人とは，国内に本店または主たる事務所を有する法人をいい（法税2条3号），すべての所得（全世界所得）について法人税の納税義務を負う（法税4条1項）。

（2）外国法人

外国法人とは，内国法人以外の法人をいい（法税2条4号），国内源泉所得についてのみ法人税の納税義務を負う（法税4条3項）。

4　恒久的施設の意義

非居住者および外国法人の日本における恒久的施設（PE：Permanent Establishment）の認定は，事業から生ずる利得に対する所得源泉地国（日本）の課税管轄権を確定する。いわゆる「PEなければ課税なし」の原則である。

2015年BEPS最終報告書（行動7：人為的な恒久的施設（PE）認定回避の防止）は，①事業を行う一定の場所として恒久的施設（PE）認定されないように一体的な業務の一部として機能を細分化して各々別な法人格を有する企業に担当させたり，②建設PEの認定を受ける基準となる期間（日本は1年）を超えないように契約を分割したり，③代理人PEの要件に該当しない問屋（コミッショネア）契約を締結するなどに対処するための防止措置を勧告した（☞第1節5）。

2015年BEPS最終報告書を踏まえた2017年改訂OECDモデル租税条約5条（恒久的施設）に関するコメンタリーは，①いかなる活動も準備的または補助的

〔図表3：法人の納税義務者の区分と課税所得の範囲〕

納税義務者の区分		課税所得の範囲
内国法人	• 国内に本店または主たる事務所を有する法人（法税2条3号）	• すべての所得（全世界所得）（法税4条1項） • ただし，外国子会社配当益金不算入制度の適用を受ける配当については，その95%相当額を益金不算入（法税23条の2）
外国法人	• 内国法人以外の法人（法税2条4号）	• 国内源泉所得（法税4条3項）

な性格のものでない場合は恒久的施設（PE）認定の例外としないことおよび濫用防止規定を定め，②建設PEの認定に主要目的テスト（PPT：Principal Purpose Test）を導入し，③機能細分化への対応として企業と密接に関連する者の定義を新たに定めるなど，恒久的施設（PE）の定義の見直し・拡張を行っている（OECDモデル租税条約5条4項〜8項）。日本は，2017年改訂OECDモデル租税条約の内容を盛り込んだBEPS防止措置実施条約（MLI）に2017年6月に署名している（☞第4節1）。

　こうした経緯を踏まえて，平成30（2018）年度税制改正において，恒久的施設（PE）認定の人為的回避を防止するための措置を導入するなど，国内法を国際水準に合わせる改正が行われるとともに，租税条約（我が国が締結した所得に対する租税に関する二重課税の回避又は脱税の防止のための条約）に国内法と異なる定めがある場合には「その条約において恒久的施設と定められたもの（国内にあるものに限る）とする」（所税2条1項8号の4，法税2条12号の19但書）との読み替え規定を定めている。併せて，外国税額控除に関する規定についての国内法と租税条約の適用関係が整備されている（☞第5節）。

　恒久的施設（PE）の概念は同じであるので，以下では，外国法人について検討する。

　日本国内に恒久的施設（PE）を有するか否かの判定にあたっては，つぎのとおり，形式的に行うのでなく機能的な側面が重視される。

① 事業を行う一定の場所

　　外国法人の国内にある支店，工場，天然資源を採取する場所，その他事業を行う一定の場所（法税2条12号の19イ，法税令4条の4第1項）をいい，その他事業を行う一定の場所には，倉庫，サーバー，農園，養殖場，植林地，貸ビル等のほか，外国法人が国内においてその事業活動の拠点としているホテルの一室，展示即売場その他これらに類する場所が含まれる（法基通20-1-1）。

② 長期建設工事現場等（建設PE）

　　外国法人の国内にある建設もしくは据付けの工事またはこれらの指揮監督の役務の提供を行う場所その他これに準ずるもので国内にある1年を超えて行う長期建設工事現場等をいい，長期建設工事現場等に該当するか否かは主要目的テスト（PPT）により判断するので，正当な理由に基づいて契約を1年以下に分割したときを除き，分割された期間を合計して判定さ

れる（法税 2 条12号の19ロ，法税令 4 条の 4 第 2 項・ 3 項，法基通20－ 1 － 4 ）。
③　恒久的施設（PE）の例外としての準備的または補助的活動のみを行う
　　場所
　　　恒久的施設（PE）の認定の例外として，事業を行う一定の場所での活
　　動の全体が準備的または補助的な性格を有する場所は上記①または②の恒
　　久的施設（PE）に該当しない（法税令 4 条の 4 第 4 項）。準備的な性格のも
　　のとは，外国法人としての活動の本質的かつ重要な部分を構成する活動の
　　遂行を予定しその活動に先行して行われる活動をいい，活動期間の長短に
　　より判定されるものではない（法基通20－ 1 － 2 ）。補助的な性格のものと
　　は，外国法人としての活動の本質的かつ重要な部分を構成しない活動で，
　　その本質的かつ重要な部分を支援するために行われるものをいい，たとえ
　　ば，つぎの活動は補助的な性格のものとはされない（法基通20－ 1 － 3 ）。
　⑴　事業を行う一定の場所の事業目的がその外国法人の事業目的と同一で
　　　ある場合のその事業を行う一定の場所において行う活動
　⑵　その外国法人の資産または従業員の相当部分を必要とする活動
　⑶　顧客に販売した機械設備等の維持，修理等（その機械設備等の交換部品
　　　を引き渡すためだけの活動を除く）
　⑷　専門的な技能または知識を必要とする商品仕入れ
　⑸　地域統括拠点としての活動
　⑹　他の者に対して行う役務の提供
　　　また，各場所で行う事業上の活動が一体的な業務の一部として補完的な
　　機能を果たす場合等には，恒久的施設（PE）の例外としての準備的また
　　は補助的活動のみを行う場所とはされないと定め，活動の細分化を通じた
　　恒久的施設（PE）認定の人為的回避を防止する（法税令 4 条の 4 第 5 項・
　　6 項）。
④　契約締結代理人等（代理人PE）
　　　外国法人が国内に置く自己のために契約を締結する権限のある者その他
　　これに準ずる契約締結代理人等とは，国内において外国法人に代わって，
　　その外国法人の事業に関し反復してつぎの契約を締結し，または，その外
　　国法人によって重要な修正が行われることなく日常的につぎの契約の締結
　　のために反復して主要な役割を果たす者をいう（法税 2 条12号の19ハ，法税
　　令 4 条の 4 第 7 項，法基通20－ 1 － 5 ）。

 (ⅰ)　その外国法人の名において締結される契約

 (ⅱ)　その外国法人が所有し，または使用の権利を有する財産について，所有権を移転し，または使用の権利を与えるための契約

 (ⅲ)　その外国法人による役務の提供のための契約

　主要な役割を果たす者とは，契約が締結されるという結果をもたらす役割を果たす者をいい，たとえば，外国法人の商品について販売契約を成立させるために営業活動を行う者が該当する（法基通20−1−6）。なお，反復して外国法人に代わって行動する契約締結代理人等には，長期の代理契約に基づいて外国法人に代わって行動する者のほか，個々の代理契約は短期的であるが，2以上の代理契約に基づいて反復して一の外国法人に代わって行動する者が含まれる。一の外国法人に代わって行動する者は，特定の外国法人のみに代わって行動する者に限られない（法基通20−1−7）。

　⑤　PEとならない独立代理人（独立代理人）

　　国内において外国法人に代わって行動する者が，その事業に係る業務を，その外国法人に対して独立して行い，かつ，通常の方法により行う場合は，契約締結代理人等に含まれない（法税令4条の4第8項）。

　　独立代理人は，つぎの3要件をすべて満たす場合に限られる（法基通20−1−8）。

 (ⅰ)　代理人として業務を行う上で，詳細な指示や包括的な支配を受けず，十分な裁量権を有するなど本人である外国法人から法的に独立していること

 (ⅱ)　その業務に係る技能と知識の利用を通じてリスクを負担し，報酬を受領するなど本人である外国法人から経済的に独立していること

 (ⅲ)　代理人として業務を行う際に，代理人自らが通常行う業務の方法または過程において行うこと

　　しかしながら，専らまたは主として1または2以上の特殊の関係にある者（直接または間接に50％超の資本関係を有する者として定義）である関連企業に代わって行動する者は独立代理人から除かれる（法税令4条の4第9項）。

　　代理人についても，活動の細分化を通じた恒久的施設（PE）認定の人為的な回避を防止する規定が定められている（法税令4条の4第7項括弧書）。

第3節　国内源泉所得

1　国内源泉所得の範囲（ソース・ルール）の意義

平成26（2014）年度税制改正において，非居住者・外国法人に対する課税原則が，約半世紀ぶりに見直され，従来の「総合主義」からOECDモデル租税条約7条に定めるAOA（Authorized OECD Approach）にそった「帰属主義」に改められた。平成26（2014）年度税制改正の基本の考え方である2010年OECDモデル租税条約7条に定めるAOAによれば，本支店間の資産移管の事実のみで内部取引損益を認識するのではなく「現実のかつ認識可能な事象が発生し，かつ，資産に関連する機能の移転を伴う場合に限り，内部取引損益を認識し，または，恒久的施設による資産取得を認識する」のであるから，内部支払利子や内部使用料等は認識するが，内部債務保証取引および内部再保険は内部取引として認識されない（法税138条2項）。なお，内部取引は税務目的で擬制された取引であり，企業に対して実際の対価の収受は求められていないから，本支店間の内部利子等の内部取引に対して所得税の源泉徴収はされない（所税178条）[1]。

租税法に定める国内源泉所得の範囲（ソース・ルール）の意義は，国家の課税権を画定することにある。すなわち，非居住者または外国法人は，国内に源泉のある所得を有する場合に限り，所得税または法人税の納税義務を負う（所税5条2項1号・4項，法税4条3項）。国内に源泉のある所得は「国内源泉所得」として規定されている（所税161条，法税138条）。租税条約により，国家の課税権を画定する国内源泉所得の範囲は修正される（所税162条，法税139条）（☞第4節3）。

「帰属主義」では，非居住者または外国法人の日本における納税義務は，恒久的施設の有無およびその国内源泉所得が恒久的施設に帰せられるかどうかにより課税所得の範囲が異なる。すなわち，非居住者または外国法人が恒久的施設を通じて事業を行う場合に，①恒久的施設の果たす機能および事実関係に基づいて，外部取引，資産，リスク，資本を恒久的施設に帰属させ，②恒久的施設とその本店との内部取引（内部債務保証取引および内部再保険を除く）を認識

1）財務省主税局参事官「国際課税原則の総合主義（全所得主義）から帰属主義への見直し」（2013年10月）8〜11頁参照。

し，③内部取引が独立企業間価格で行われたものとして，④その恒久的施設に帰せられるべき所得（その恒久的施設の譲渡により生ずる所得を含む）を，課税の対象とする（所税2条1項8号の4・161条・162条・164条・165条，法税2条12号の19・138条・139条・141条・142条）。基本的な仕組みは同じであるので，以下では，外国法人について検討する。

2 外国法人の納税義務の範囲

外国法人の法人税の納税義務を画定する国内源泉所得に関する規定は，各種の国内源泉所得への該当性の重複を排除せず（法税138条1項），「恒久的施設帰属所得」と「恒久的施設帰属所得以外の国内源泉所得」の二区分とし，「恒久的施設帰属所得以外の国内源泉所得」の範囲から「恒久的施設帰属所得」に該当するものを除外する仕組みにより（法税141条1号イロ），「恒久的施設帰属所得」への該当性を優先させている[2]。

恒久的施設を有する外国法人の恒久的施設に帰属しない国内源泉所得と恒久的施設を有しない外国法人が法人税の納税義務を負う国内源泉所得は同一である（法税141条1号ロ・2号）。具体的には，国内にある資産の運用または保有による所得（所得税の源泉徴収の対象となる所得を除く）（法税138条1項2号），国内にある資産の譲渡による所得（法税138条1項3号），国内において行う人的役務の提供事業の対価（法税138条1項4号），国内不動産等の貸付料等（法税138条1項5号），および，その他その源泉が国内にある所得（法税138条1項6号）である。

なお，所得税の源泉徴収のみで課税関係が終了する国内源泉所得の区分は所得税法に定められている（所税161条・212条・213条）。具体的には，債券利子等，配当等，貸付金利子，使用料等，事業の広告宣伝のための賞金，生命保険契約等に基づく年金等，定期積金の給付補塡金等，匿名組合契約等に基づく利益の分配金である（所税161条1項4号〜11号・13号〜16号）。所得税の源泉徴収の対象とする国内源泉所得の範囲等については，帰属主義への見直しに伴う所得税法の関係条文の整備以外に変更はない[3]。

恒久的施設に帰属する債券利子等のように恒久的施設帰属所得という法人税

2）赤松晃「帰属主義による国際課税原則の見直しの意義と機能——半世紀ぶりに改正された外国法人課税を中心にして」一橋法学14巻2号387〜408頁（2015）およびその参考文献参照。

3）非居住者に固有の国内源泉所得として，勤務等に対する報酬等（所税161条1項12号）がある。

〔図表4：外国法人の納税義務の範囲〕

所得の種類	区分	PE帰属所得	PEに帰属しない国内源泉所得	PEを有しない外国法人	源泉徴収
(事業所得)		①PEに帰せられるべき所得	／	／	無（注1）
②国内にある資産の運用・保有（下記(7)～(14)に該当するものを除く。）	国債，地方債，内国法人発行の債券，約束手形		【法人税】	【法人税】	無（注2）
	居住者に対する貸付金債権で，当該居住者の行う事業に係るもの以外のもの				
	国内にある営業所を通じて契約した保険契約に基づき保険金を受ける権利				
③国内にある資産の譲渡（右のものに限る。）	国内にある不動産の譲渡				無（注3）
	国内にある不動産の上に存する権利等の譲渡				
	国内にある山林の伐採又は譲渡				
	買集めした内国法人株式の譲渡				無
	事業譲渡類似株式の譲渡				
	不動産関連法人株式の譲渡				
	国内ゴルフ場の所有・経営に係る法人の株式，利用権等の譲渡				
④国内において行う人的役務の提供事業の対価					20.42%
⑤国内不動産の賃借料等					20.42%
⑥その他の国内源泉所得	国内業務・国内資産に関し受ける保険金等 国内にある資産の贈与 国内で発見された埋蔵金等 国内で行う懸賞に係る懸賞金等 国内業務・国内資産に関し供与を受ける経済的利益	【法人税】			無
(7)内国法人の発行する債券利子等			【源泉徴収のみ】		15.315%
(8)内国法人から受ける配当等					20.42%（注4）
(9)国内業務に係る貸付金利子					20.42%
(10)国内業務に係る使用料等					20.42%
(11)国内事業の広告宣伝のための賞金					20.42%
(12)国内にある営業所を通じて契約した年金契約に基づく年金等					20.42%
(13)国内営業所が受入れた定期積金の給付補塡金等					15.315%
(14)国内において事業を行う者に対する出資に係る匿名組合契約等に基づく利益の分配金					20.42%
国 内 源 泉 所 得 以 外 の 所 得		課　税　対　象　外			無

（左端縦書き：国内源泉所得）

☞【法人税】の部分が，法人税の課税対象となる国内源泉所得。
　【源泉徴収のみ】の部分が，所得税の源泉徴収のみ行われれる（源泉分離課税となる）国内源泉所得。(7)から(14)の国内源泉所得の区分は所得税法上のものであり，法人税法にはこれらの国内源泉所得の区分は設けられていない。源泉徴収の欄の税率は，所得税と復

興特別所得税を合わせた合計税率（＝所得税率×102.1％）により表記。
（注1）　事業所得のうち，民法組合契約から生ずる利益の配分について20.42％。
（注2）　一定の割引債の償還差益について18.378％（一部のものは16.336％）（租特41条の
　　　　12・41条の12の2）。
（注3）　土地の譲渡対価に対して10.21％の源泉徴収。
（注4）　上場株式等の配当等について15.315％（租特9条の3・9条の3の2）。
出典：国税庁「国際課税原則の帰属主義への見直しに係る改正のあらまし」（平成27年10月）
　　　5頁に加筆・補充。

の申告の対象となる国内源泉所得としての属性（法税138条1項1号）と源泉徴
収の対象となる国内源泉所得としての属性（所税212条1項）との双方に該当す
るものについては，内国法人が得る利子等に対する課税関係と同様，利子等と
いう国内源泉所得の属性に基づいて源泉徴収の上，恒久的施設帰属所得という
国内源泉所得の属性に基づいて法人税の申告納税により税額を精算する仕組み
（恒久的施設帰属所得の優先該当性）の適用を受ける（法税141条・144条）[4]。なお，
一定の投資組合契約に基づいて恒久的施設を通じて事業を行う外国組合員（非
居住者または外国法人）の恒久的施設帰属所得に対する所得税および法人税は
非課税とされている（租特41条の21第1項・67条の16第1項）。

3　外国法人課税制度の仕組み

　半世紀ぶりに見直された平成26（2014）年度税制改正の「帰属主義」による
現行の外国法人課税制度は，以下に要約するとおり，支店または子会社という
日本市場への進出形態の違いにかかわらず税制中立性を可能な限り確保すると
ともに，国際二重課税・二重非課税を排除する仕組みを整備する。法的安定性
と予測可能性が高まり対日投資の一層の促進が期待されている。

①　外国法人の恒久的施設を通じた事業に帰属する所得（恒久的施設帰属所
　　得）および恒久的施設帰属所得以外の国内源泉所得について，内国法人と
　　同様に法人税の確定申告書の提出義務を負う（法税141条・143条・144条の
　　6）。恒久的施設帰属所得のうち第三国源泉所得（国外投融資等に係る所得）
　　に係る日本と第三国との国際二重課税排除のための外国税額控除制度を定
　　める（法税144条の2）。

②　恒久的施設帰属所得に係る所得は，内国法人の各事業年度の所得に対す
　　る法人税の課税標準およびその計算に関する規定に準じて計算するのであ

4）財務省主税局参事官「国際課税原則の総合主義（全所得主義）から帰属主義への見直
し」（2013年10月）7頁。

るが，独立企業原則に従った課税所得が算定されるよう別段の定めを規定
し（法税142条～142条の9），恒久的施設帰属外部取引，内部取引および本
店配賦経費について文書化を義務付ける（法税142条の7・146条の2，法税
則60条の10・62条の2・62条の3）[5]。外国法人の本店等と恒久的施設との間
の内部取引に関する恒久的施設帰属所得に係る所得の計算は移転価格税制
に準じて計算される（租特66条の4の3）（☞第7節6）。なお，日本と租税
条約を締結している国・地域の条約上の居住者（OECDモデル租税条約4
条）である外国法人に対する日本の課税が，その租税条約に定める事業利
得の規定（OECDモデル租税条約7条）に抵触する場合，日本の国内救済手
続（不服申立前置主義による行政事件訴訟）とは別に，租税条約に定める相
互協議の申立てを，日本またはその条約上の居住地国の権限のある当局に
することができる（☞第4節2）。

　　恒久的施設帰属所得のうち特定の投資所得は，徴収の確保の観点から支
払者に所得税の源泉徴収義務が課され，法人税の確定申告書の提出により
税額を精算する仕組みであるが，偽りその他不正の行為により所得税また
は法人税を免れたことがないことなど一定の要件を充足する場合は源泉所
得税が免除され（所税180条1項，所税令304条），キャッシュフローにおい
て内国法人と同等となる。

③　本店等[6]の「国内にある資産の運用又は保有による所得」のうち，国内
　　にある恒久的施設に帰属しないものは，所得税の源泉徴収で日本の課税関
　　係が終了することを原則とするが，所得の性質上，源泉徴収になじまない
　　ものを法人税法上の国内源泉所得と規定し法人税の申告対象とする（法税
　　138条1項2号括弧書・141条2号・144条の6第2項，法税令177条）。

④　本店等の「国内にある資産の譲渡による所得」のうち，国内にある恒久
　　的施設に帰属しなくとも法人税の申告対象となる国内源泉所得の範囲につ
　　いて国際租税原則と整合する規定[7]を定める（法税138条1項3号，法税令

5）文書化がされていない場合，内部取引については移転価格税制の推定課税規定が準用
　　され（租特66条の4の3第14項），本店配賦経費については損金算入が認められないの
　　であるが宥恕規定を定める（法税142条の7第1項・2項）。
6）本店等とは，その恒久的施設以外の外国法人のすべての構成部分を意味する（法税
　　138条1項1号，法税令176条）。
7）一定の不動産の譲渡対価の支払者に所得税の源泉徴収義務を課している（所税161条
　　1項5号・212条1項・213条1項2号）。

178条)。

⑤ 恒久的施設に帰属しない本店等による「国内において行う人的役務の提供事業の対価」および「国内不動産等の貸付料等」を法人税法上の国内源泉所得と規定し法人税の申告対象とする（法税138条1項4号・5号，法税令179条）[8]。

⑥ 外国法人のボーダレスに展開する先端的な投資活動等から生ずる所得に対する日本の課税権を適正に確保するため，法人税の申告対象となる国内源泉所得のcatch all clauseとして「前各号に掲げるもののほかその源泉が国内にある所得」を規定する（法税138条1項6号，法税令180条）。

⑦ 外国法人の日本における法人税の納税義務は，上記①のとおり，恒久的施設帰属所得とそれ以外の国内源泉所得の二区分から構成されるが，これらの所得を通算しないと規定することで損益操作の可能性を排除する（法税144条の6第1項1号・2号）。

⑧ 恒久的施設を有しない外国法人が恒久的施設を有することとなった場合，または，恒久的施設を有する外国法人が恒久的施設を有しないこととなった場合について，みなし事業年度を定める（法税14条1項23号〜25号）。なお，恒久的施設を有することとなった外国法人である普通法人の課税対象となる国内源泉所得に係る所得の金額の全部につき租税条約等の規定により法人税を課さないこととされる場合等には，外国普通法人となった旨の届出書の提出を要しない（法税149条1項但書）。

⑨ 国内源泉所得の範囲（ソース・ルール）に関し，国内法と租税条約の定めが異なる場合は租税条約の定めるところによるとの従前からの規定に加えて，帰属主義を受容した現行法と旧法の類型の租税条約との調整規定を新たに定め，国内法と租税条約のミスマッチを防止する（法税139条2項）。

⑩ 同一法人内部での機能，資産，リスクの帰属の操作による租税回避を包括的に防止する「外国法人の恒久的施設帰属所得に係る行為又は計算の否認」を規定する（法税147条の2）。

8）人的役務の提供事業の対価（所税161条1項6号・212条1項・213条1項1号・215条，法税144条，租特41条の22）および国内不動産等の貸付料等の支払者に所得税の源泉徴収義務を課している（所税161条1項7号・212条1項・213条1項1号）。

第4節　租税条約

1　租税条約の成立と意義

　国際取引に適用される租税法の総称である国際租税法には，国際二重課税の排除および国際的租税回避の防止という基本的な問題がある[1]。すなわち，居住者または内国法人は，進出先または投資先での所得に関し，その源泉地国の租税法に基づき課税を受けるとともに，居住地国の租税法に基づき課税を受けるという国際二重課税のリスクにさらされている。

　国際経済交流の促進のためには居住地国と源泉地国との国際二重課税を排除する必要があり，国家間の課税権の調整が望ましいという認識が，第二次世界大戦前の国際連盟財政委員会によるモデル租税条約草案の検討を促した。国際連盟財政委員会によるモデル租税条約草案の作成努力は，国際的に統一された租税原則としての多数国間条約の締結には至らなかったものの，1946年のロンドン・モデル租税条約として結実し，多くの二国間租税条約で採用され，OECDモデル租税条約に継受されている[2]。なお，経済，資本の流れが一方的である先進国と開発途上国との間には，OECDモデル租税条約をベースに修正を加えた国連モデル租税条約がある。こうした沿革から，租税条約は，租税条約の相手国の居住者である非居住者または外国法人に対する源泉地国の課税権を相互に制限する仕組みを通じて，国際二重課税の排除を達成してきたことが理解される。

> **Column**
>
> ### OECDモデル租税条約の主な内容
>
> 1. 課税関係の安定（法的安定性の確保）・二重課税の除去
>   - 源泉地国（所得が生ずる国）が課税できる所得の範囲の確定
>   　―事業利得に対しては，源泉地国に所在する支店等（恒久的施設）の活動に

1）国際租税法の基本原理について，水野忠恒『国際課税の制度と理論―国際租税法の基礎的考察―』1〜51頁（有斐閣，2000）（初出「国際租税法の基礎的考察」小嶋和司博士東北大学退職記念『憲法と行政法』（良書普及会，1987））参照。
2）赤松晃『国際租税原則と日本の国際租税法―国際的事業活動と独立企業原則を中心に』22〜154頁（税務研究会出版局，2001）。

　より得た利得のみに課税

―投資所得（配当，利子，使用料）に対しては，源泉地国での税率の上限（免税を含む）を設定

- 居住地国における二重課税の除去方法―国外所得免除方式または外国税額控除方式
- 税務当局間の相互協議（仲裁を含む）による条約に適合しない課税の解消

２．脱税および租税回避等への対応

- 税務当局間の納税者情報（銀行口座情報を含む）の交換
- 滞納租税に関する徴収の相互支援

　　　　　　　　　出典：税制調査会資料（令元・6・12　総23－1）

OECDモデル租税条約（2017年版）の構成

　1963年に草案が示され，1977年に正式に採択されたOECDの「所得と財産に対するモデル租税条約」（Model Tax Convention on Income and on Capital）は2017年版が最新です。その構成は次のとおりです。下線は2017年改訂の条文を示します。

条約の前文

第1章　「条約の範囲」

　第1条　（人的範囲），第2条（対象税目）

第2章　「定義」

　第3条　（一般的定義），第4条（居住者），第5条（恒久的施設）

第3章　「所得に対する課税」

　第6条　（不動産所得），第7条（事業利得），第8条（国際海上運送及び国際航空運送），第9条（特殊関連企業），第10条（配当），第11条（利子），第12条（使用料），第13条（譲渡収益），第14条（自由職業所得（2000年改訂により削除）），第15条（給与所得），第16条（役員報酬），第17条（芸能人及び運動家），第18条（退職年金），第19条（政府職員），第20条（学生），第21条（その他所得）

第4章　「財産に対する課税」

　第22条　（財産）

第5章　「二重課税排除の方法」

　第23条A（免除方式），第23条B（税額控除方式）

第６章「雑則」
　第24条（無差別取扱い），第25条（相互協議），第26条（情報交換），第27条
　（徴収共助），第28条（外交官），第29条（特典を受ける資格），第30条（適用地
　域の拡張）
第７章「最終規定」
　第31条（発効），第32条（終了）

（注）租税条約の基本構造について，小松芳明『租税条約の研究（新版）』（有斐閣，
　　1979）参照。

　今日では，租税条約の意義は，①投資交流の促進，②締約国間の課税権の配
分，③国際的な二重課税および二重非課税の排除，④税務当局間の国際協力
（相互協議，情報交換，徴収共助）にあると考えられており，条約濫用（treaty
shopping）の防止を目的として条約の特典を受けることができる者を適格居住
者や受益者に制限する。また，脱税および租税回避等への対応として納税者情
報に関する課税当局間の情報交換の国際標準化を進めるとともに，タックス・
ヘイブンをもカバーするネットワークの展開により，その実効性を高めている。
他方で，国際二重課税の排除を中心的課題として成立し発展してきた国際租税
原則の隙間をついた，国際二重非課税や利益の税務上の「消失」というような
行き過ぎた行動への租税条約を通じた対処が，喫緊の課題となってきた。
　2015年BEPS最終報告書（行動２：ハイブリッド・ミスマッチの無効化，行動
６：租税条約の濫用防止，行動７：人為的な恒久的施設（PE）認定回避の防止，行
動14：より効果的な紛争解決メカニズムの構築）に基づく改正を主とする2017年
改訂OECDモデル租税条約が，平成29（2017）年11月に，OECD理事会におい
て承認された。これに先立つ同年６月に，同報告書（行動15：多数国間協定の開
発）を受けて，日本を含む67カ国・地域が，「税源浸食及び利益移転を防止す
るための租税条約関連措置を実施するための多数国間条約」（BEPS防止措置実
施条約：MLI＝Multilateral Instrument：Multilateral Convention to Implement Tax
Treaty Related Measures to Prevent Base Erosion and Profit Shifting）に署名し
た[3]。日本においては平成31（2019）年１月１日に発効している。

　３）2022年１月１日現在，日本を除いて117か国・地域がBEPS防止措置実施条約に署名。
　　日本はBEPS防止措置実施条約の適用対象として41か国・地域を選択。

　BEPS防止措置実施条約は，その前文に定めるとおり，2015年BEPS最終報告書の，（行動2）ハイブリッド・ミスマッチの無効化，（行動6）租税条約の濫用防止，（行動7）人為的な恒久的施設（PE）認定回避の防止，および，（行動14）より効果的な紛争解決メカニズムの構築，に対する租税条約上の措置を，およそ3,000本あるとされる既存の租税条約について「二国間で再交渉することなく，合意された変更を同時に，かつ，効率的な方法によって」導入することを目的とする多数国間租税条約である。(☞第1節5)

　BEPS防止措置実施条約の構成は，次のとおりであり，多国籍企業がどのようにしてBEPSを実行してきたかが，第2部，第3部および第4部に規定されている各条文の標題から容易にイメージできる。

BEPS防止措置実施条約

前文

第1部　適用範囲及び用語の解釈

　第1条（条約の適用範囲），第2条（用語の解釈）

第2部　ハイブリッド・ミスマッチ

　第3条（課税上存在しない団体），第4条（双方居住者に該当する団体），第5条（二重課税の除去のための方法の適用）

第3部　条約の濫用

　第6条（対象租税協定の目的），第7条（条約の濫用の防止），第8条（配当を移転する取引），第9条（主として不動産から価値が構成される団体の株式又は持分の譲渡から生ずる収益），第10条（当事国以外の国又は地域の内に存在する恒久的施設に関する濫用を防止する規則），第11条（自国の居住者に対して租税を課する締約国の権利を制限する租税協定の適用）

第4部　恒久的施設の地位の回避

　第12条（問屋契約及びこれに類する方策を通じた恒久的施設の地位の人為的な回避），第13条（特定の活動に関する除外を利用した恒久的施設の地位の人為的な回避），第14条（契約の分割），第15条（企業と密接に関連する者の定義）

第5部　紛争解決の改善

　第16条（相互協議手続），第17条（対応的調整）

第6部　仲裁

第18条（第6部の規定の適用の選択），第19条（義務的かつ拘束力を有する仲裁），第20条（仲裁のための委員会の構成員の任命），第21条（仲裁手続の秘密），第22条（仲裁決定に先立つ事案の解決），第23条（仲裁手続の種類），第24条（異なる解決についての合意），第25条（仲裁手続の費用），第26条（第6部の規定の適用対象）

第7部　最終規定

第27条（署名及び批准，受諾又は承認），第28条（留保），第29条（通告），第30条（対象租税協定の修正後の改正），第31条（締約国会議），第32条（解釈及び実施），第33条（改正），第34条（効力発生），第35条（適用の開始），第36条（第6部の規定の適用の開始），第37条（脱退），第38条（議定書との関係），第39条（寄託者）

　BEPS防止措置実施条約の締約国は，①自国のどの租税条約をBEPS防止措置実施条約の対象とするか，および，②BEPS防止措置実施条約に規定されている措置のどれを適用するかを選択でき，各締約国の選択が一致した租税条約の規定についてのみ適用されるという各国が自らの意思に反してBEPS防止措置実施条約の適用を受けることのない仕組みが採用されている[4]。

2　日本の租税条約

（1）概　要

　日本は，昭和29（1954）年に米国と締結した第一次日米租税条約を嚆矢として，それ以後，積極的に租税条約網を拡大し，令和4（2022）年1月1日現在では，二重課税の回避，脱税および租税回避等への対応を主たる内容とするいわゆる租税条約は69本，76か国・地域（旧ソ連等との条約が継承されているため条約数と適用国・地域の数が一致しない）に適用されている。日本の租税条約の対象税目は，もっぱら所得税および法人税であるが，情報交換については税目の制限がないものが多い。日台民間租税取決めである「所得に対する租税に関する二重課税の回避及び脱税の防止のための公益財団法人交流協会と亜東関係協会との間の取決め」（日台民間租税取決め）は，日本国の国際約束（条約・協定等）にあたらないが，規定された内容を日本国内で実施する租税条約に相当する枠組みが，「外国居住者等の所得に対する相互主義による所得税等の非課

　4）詳細については財務省主税局参事官補佐中澤弘治「BEPS防止措置実施条約について」租税研究820号（2018年2月号）156頁以下参照。

税等に関する法律」（外国居住者等所得相互免除法）第2章により構築されている。

　平成31（2019）年1月1日に発効したBEPS防止措置実施条約の規定は，各租税条約の全ての締約国（二国間条約の場合は，その両締約国）がその規定を適用することを選択した場合にのみその租税条約について適用され，各租税条約のいずれかの締約国がその規定を適用することを選択しない場合には，その規定はその租税条約については適用されない。BEPS防止措置条約の規定が既存の租税条約について適用される場合には，既存の租税条約に規定されている同様の規定に代わって，または，既存の租税条約に同様の規定がない場合にはその租税条約の規定に加えて，適用される。日本はBEPS防止措置実施条約3条・4条・6条・7条（主要目的テスト）・9条・10条・12条・13条・16条・17条・第6部の適用を選択し，5条・7条（特典制限）・8条・11条・14条は適用を選択していない（財務省Web資料）。日本がBEPS防止措置実施条約の適用対象として選択している国・地域は41か国（2021年9月30日現在）である。

　国際運輸業については，租税条約とは別に相互免除の国際慣行が成立しており，現在，アメリカ，オランダ，アルゼンチン（租税条約が発効すると効力を失う），レバノン，イランとの間で国際運輸業に係る二重課税を除去することなどを目的として，所得税法，法人税法その他の国税関係法律および地方税法の特例等を外国居住者等所得相互免除法第3章に定めている。

（2）情報交換・徴収共助等

　日本は，近時，条約改正や新条約の締結において，銀行機密の否定や自国の課税上の利益にならない情報をも対象とする国際水準に従った情報交換規定を定める。さらに，タックス・ヘイブンとの政府間の行政取決めである租税情報交換協定（英領バージン諸島，ガーンジー，ケイマン諸島，サモア，ジャージー，パナマ，バハマ，バミューダ，マカオ，マン島，リヒテンシュタイン）の締結に積極的である。

　平成25（2013）年10月1日に，国際的な脱税および租税回避行為等に適切に対処するために必要とされる租税に関するさまざまな行政支援（情報交換，徴収共助，送達共助）を相互に行うことを規定する日本にとって初めての多数国間租税条約である「租税に関する相互行政支援に関する条約」（税務行政執行共助条約）が発効し，日本と二国間の租税条約の締結がない国との間においても情報交換，徴収共助および送達共助が可能となっている。

　平成27（2015）年度税制改正により，国内に所在する金融機関等は，平成30（2018）年以後，外国の金融機関等を利用した国際的な脱税および租税回避に対処するためにOECDが定めた共通報告基準（CRS：Common Reporting Standard）に基づく非居住者に係る金融口座情報（氏名・住所，外国の納税者番号，口座残高，利子・配当等の年間受取総額）を所轄税務署長に報告し（実特法10条の5〜10条の9），報告された金融口座情報は，租税条約等の情報交換規定に基づき，関係する各国税務当局と自動的に交換される（☞第2節Column富裕層を対象とする課税情報の収集）。

　平成28（2016）年度税制改正により移転価格税制に導入された国別報告事項（CbCR）は，租税条約等に基づく自動的情報交換を通じて，関係する外国税務当局に提供される[5]（租特66条の4の4，実特法8条の2）（☞第7節6）。

　情報交換の執行実務については，国税庁「租税条約等に基づく相手国等との情報交換及び送達共助手続について（事務運営指針）」（最終改正　令和3年6月24日）を参照。

　令和2（2020）年度税制改正において，その準備に通常要する日数を勘案して60日を超えない範囲内で調査官が指定する日までに国外取引または国外財産に関する書類等の提示または提出がなかったことを理由（納税者の責めに帰すべき事由がない場合を除く）として，租税条約等に基づく「要請に基づく情報交換」[6]が行われ，提供を受けた情報に照らし非違があると認められるときは，（その要請が更正決定等の期間制限の到来する日の6月前の日以後にされた場合を除き，その要請をした旨の納税者への通知がその要請をした日から3月以内にされた場合に限る）情報提供要請に係る書面が発せられた日から3年間は更正決定等をすることができることとされた（税通71条1項4号，実特法2条2号）。

　国税通則法の上記改正を受けて，移転価格税制における更正決定等の期間制限である7年（令和2（2020）年4月1日以後に開始する事業年度について適用さ

5）令和元（2019）事務年度において，国税庁は，44カ国・地域の外国税務当局から1,751社分のCbCRを受領する一方で，844社分のCbCRを52カ国・地域に提供（出典：国税庁「令和元事務年度における租税条約等に基づく情報交換事績の概要」）。

6）令和元（2019）事務年度において，個別の納税者に対する調査に必要な情報に関する「要請に基づく情報交換」は，国税庁から外国税務当局に対し613件を要請し，外国税務当局から233件の要請を受けている。また，国際協力等の観点からの「自発的情報交換」は，国税庁から外国税務当局に106件を提供し，外国税務当局から394件の提供を受けている（出典：国税庁「令和元事務年度における租税条約等に基づく情報交換事績の概要」）。

れ，同日前に開始した事業年度については 6 年）について国外取引等の課税に係る更正決定等の期間制限の特例が読み替えて適用される（租特66条の 4 第27項）。

　令和 3 （2021）年度税制改正において，徴収共助の要請が可能な国に財産を所有する滞納者が行う徴収回避行為への対応として，①滞納処分免脱罪の適用対象に，納税者等が徴収共助の要請による徴収を免れる目的でその財産の隠蔽等の行為をした場合を加え（税徴187条 1 項〜 5 項），②第二次納税義務の適用対象に，滞納者の国税につき徴収共助の要請をした場合に徴収をしてもなお徴収不足であると認められる場合において，その徴収不足がその国税の法定納期限の 1 年前の日以後に滞納者がその財産につき行った無償譲渡等に基因すると認められるときは，その無償譲渡等の譲受人等を加える（税徴39条）こととされた。

（3）相互協議

　租税条約の締約国は，条約を遵守し誠実に執行する国際法上の義務を負うのであるが（条約法に関するウィーン条約26条），条約の解釈の相違等から条約に適合しない課税が行われる可能性がある。そこで，条約の規定に適合しない課税を受けまたは受けることになると認められる場合において，その条約に適合しない課税を排除するため，条約締結国の税務当局間で解決を図るための条約上の救済手段が相互協議（MAP：Mutual Agreement Procedure）である（OECDモデル租税条約25条）。日本が締結している二重課税の回避，脱税および租税回避等への対処を主たる内容とするいわゆる租税条約のすべてに，相互協議に関する規定が置かれている（執行実務については，国税庁「相互協議の手続について（事務運営指針）」（最終改正 令和元年 5 月 7 日）を参照）。

　租税条約に定める相互協議は，合意努力義務規定にとどまり，両国の権限のある当局に合意を義務づけるものではなく，納税者にとっては合意の保証がないという基本的な問題を有する。OECDモデル租税条約は，権限のある当局が 2 年以内に相互協議申立て事案を解決できない場合は，納税者の要請に基づく第三者機関である仲裁委員会による拘束力のある仲裁手続（強制仲裁）を定める（OECDモデル租税条約25条 5 項）[7]。日本は，アイスランド，アイルランド※，アメリカ，イギリス，ウルグアイ，エストニア，オーストラリア※，オーストリア，オランダ，カナダ※，ジャマイカ，シンガポール※，スウェーデン，ス

7）赤松晃「移転価格課税に係る紛争の処理―租税条約に基づく相互協議における仲裁手続を中心に」日税研論集64号235〜302頁（2013）。

ペイン，スロベニア，チリ，デンマーク，ドイツ，ニュージーランド，ハンガリー※，フィンランド※，フランス，ベルギー，ポルトガル，香港，ラトビア，ルクセンブルク※との間で強制仲裁を導入している（※はBEPS防止措置実施条約によるものを示す）。2015年BEPS最終報告書は，BEPSプロジェクトにより各国が導入する変更が一定の不確実性をもたらし，短期的に二重課税や相互協議における紛争を増大させ得るとの認識に基づき，租税条約に関する税務紛争の解決のメカニズムとして強制仲裁を含む相互協議の効果的実施のためのミニマム・スタンダードやモニタリング・メカニズムの構築を勧告（行動14：より効果的な紛争解決メカニズムの構築）。日本は，平成29（2017）年度税制改正により，従来の居住者および内国法人に加えて，非居住者および外国法人も国税庁長官に対して，相互協議の申立ておよび仲裁要請ができるようにしている（実特則12条1項・3項）。

　2015年BEPS最終報告書（行動14：より効果的な紛争解決メカニズムの構築）の勧告および日本に対するピア・レビュー（第1次）の報告書の内容等を踏まえて相互協議手続に関する事務運営指針が令和元（2019）年5月7日付で改正され，つぎの取扱いが明示的に規定されている。

①　内国法人とその国外関連者との取引に関し，相手国等において日本の修正申告書の提出に相当する行為を行うことにより生ずる二重課税の排除を目的とする相互協議の申立て

②　居住者または内国法人が，租税条約または国内法の濫用防止規定の適用により，日本または相手国等において租税条約の規定に適合しない課税を受けまたは受けるに至ると認められることを理由とする相互協議の申立て

③　相互協議を継続しても，相手国等の法令および行政上の慣行により相互協議の合意の内容の実施を確保することが困難であると認められる場合など，適切な解決に至ることができないと認められる場合における相互協議手続の終了

3　法源としての租税条約

　条約の定めは，日本では憲法98条2項により国内法の規定に優先するのであるが，国家間の課税権の振分けに関する恒久的施設の定義および国内源泉所得の範囲（ソース・ルール）を修正する租税条約の定めについては，明文の規定により租税条約の優先を確認している（所税2条1項8号の4・162条，法税2条12号の19・139条）。国内法規としての強制力を有しない，いわゆるソフトロー

〔図表 5：日本の租税条約のネットワーク〕

欧州（46）	
アイスランド	ノルウェー
アイルランド	ハンガリー
イギリス	フィンランド
イタリア	フランス
エストニア	ブルガリア
オーストリア	ベルギー
オランダ	ポルトガル
クロアチア	ポーランド
スイス	ラトビア
スウェーデン	リトアニア
スペイン	ルクセンブルク
スロバキア	ルーマニア
スロベニア	ガーンジー（※）
チェコ	ジャージー（※）
デンマーク	マン島（※）
ドイツ	リヒテンシュタイン（※）
（執行共助条約のみ）	
アルバニア	ジブラルタル
アンドラ	セルビア
北マケドニア	フェロー諸島
キプロス	マルタ
ギリシャ	ボスニア・ヘルツェゴビナ
グリーンランド	モナコ
サンマリノ	モンテネグロ

アフリカ（18）	
エジプト	南アフリカ
ザンビア	
（執行共助条約のみ）	
ウガンダ	セネガル
エスワティニ	チュニジア
ガーナ	ナイジェリア
カーボベルデ	ナミビア
カメルーン	ボツワナ
ケニア	モーリシャス
セーシェル	モロッコ
	リベリア

中東（10）	
アラブ首長国連邦	クウェート
イスラエル	サウジアラビア
オマーン	トルコ
カタール	
（執行共助条約のみ）	
バーレーン	レバノン
ヨルダン	

（注1）税務行政執行共助条約が多数国間条約であること，及び，旧ソ連・旧チェコスロバキアとの条約が複数国へ承継されていることから，条約等の数と国・地域数が一致しない。

（注2）条約等の数及び国・地域数の内訳は以下のとおり。
・租税条約（二重課税の除去並びに脱税及び租税回避の防止を主たる内容とする条約）：69本，77か国・地域
・情報交換協定（租税に関する情報交換を主たる内容とする条約）：11本，11か国・地域（図中，（※）で表示）
・税務行政執行共助条約：締約国は我が国を除いて117か国（図中，国名に下線）。適用拡

出典：財務省 Web 資料「我が国の租税条約のネットワーク」

《81条約等，149か国・地域適用／2022年1月1日現在》(注1)(注2)

ロシア・NIS諸国 (12)

アゼルバイジャン	ウズベキスタン	ジョージア	ベラルーシ
アルメニア	カザフスタン	タジキスタン	モルドバ
ウクライナ	キルギス	トルクメニスタン	ロシア

北米・中南米 (35)

アメリカ
ウルグアイ
エクアドル
カナダ
ジャマイカ
チリ
ブラジル
ペルー
メキシコ
ケイマン諸島（※）
英領バージン諸島（※）
パナマ（※）
バハマ（※）
バミューダ（※）

(執行共助条約のみ)
アルゼンチン
アルバ
アンギラ
アンティグア・バーブーダ
エルサルバドル
キュラソー
グアテマラ
グレナダ
コスタリカ
コロンビア
セントクリストファー・ネービス
セントビンセント及びグレナディーン諸島
セントマーティン
セントルシア
タークス・カイコス諸島
ドミニカ共和国
ドミニカ国
パラグアイ
バルバトス
ベリーズ
モンセラット

● 租税条約
● 情報交換協定
● 税務行政執行共助条約のみ
● 日台民間租税取決め

アジア・大洋州 (28)

インド	韓国	タイ	パキスタン	フィリピン	香港	マカオ（※）
インドネシア	シンガポール	中国	バングラデシュ	ブルネイ	マレーシア	台湾（注3）
オーストラリア	スリランカ	ニュージーランド	フィジー	ベトナム	サモア（※）	

(執行共助条約のみ)

クック諸島	ナウル	ニウエ	ニューカレドニア	バヌアツ	マーシャル諸島	モルディブ	モンゴル

張により135か国・地域に適用（図中，適用拡張地域名に点線）。このうち我が国と二国
間条約を締結していない国・地域は60か国・地域
　・日台民間租税取決め：1本，1地域
(注3) 台湾については，公益財団法人交流協会（日本側）と亜東関係協会（台湾側）との間
　　の民間租税取決め及びその内容を日本国内で実施するための法令によって，全体として租
　　税条約に相当する枠組みを構築（現在，両協会は，公益財団法人日本台湾交流協会（日本
　　側）及び台湾日本関係協会（台湾側）にそれぞれ改称されている。）。

であるOECDモデル租税条約の解釈指針であるコメンタリーは，日本の裁判例においても，個別の租税条約の解釈について疑義が生じた場合に，条約法に関するウィーン条約32条にいう「解釈の補足的な手段」として参照されるべきと判示されている[8]。

> ### Column
>
> #### 国内法と租税条約の関係
>
> 　国内法と租税条約の適用関係についてのリーディングケースであるガイダント事件（東京高判平成19・6・28判時1985号23頁，判タ1275号127頁）において，裁判所はつぎのとおり判示しています。
>
> 　「外国法人は，法人税法138条に規定する国内源泉所得を有するときは法人税を納める義務がある…しかし，租税条約において国内源泉所得について同条と異なる定めがある場合には，租税条約が優先する（法人税法139条）…従って，租税条約において日本での課税の要件が満たされない限り，法人税を課することはできない…これに対し，5条の恒久的施設の条項は，恒久的施設の定義等を定めたいわば総則的な規定であり，同条は課税関係を定めたものではない。恒久的施設基準は，国際的二重課税条約において，ある特定の種類の所得（事業利得―引用者注）に対してその源泉地において租税が課されるべきかどうかを決定するために一般に用いられているものである…従って，租税条約の適用に当たり，第一に検討すべきは，当該問題となっている所得（利益）が…租税条約のいずれの所得に該当するかということである。」

第5節　国際二重課税の排除

1　国際二重課税と排除方法

　居住者または内国法人は，その全世界所得につき日本に納税義務を有する。したがって，国外で取得した所得に対して源泉地国で課税を受ける場合には，

8）最判平成21・10・29民集63巻8号1881頁（グラクソ事件）。

居住地国である日本での課税と源泉地国である外国での課税による国際二重課税が生ずる。居住地国における国際二重課税の一方的緩和措置として，①国家中立性（National Neutrality）による外国税額の損金算入，②資本輸入の中立性（Capital Import Neutrality）による国外所得免除制度，または，③資本輸出の中立性（Capital Export Neutrality）による外国税額控除制度がある[1]。

　全世界所得課税制度を採用している日本は外国税額控除制度を採用している。外国税額控除制度は，全世界所得課税制度を採用する米国において，居住地国における国際二重課税の緩和措置として1918年に導入され，1921年に控除限度額管理を採用するなどの整備がなされ，国際連盟財政委員会1928年モデル租税条約草案を経て1946年ロンドン・モデル租税条約で国際租税原則として確立し，OECDモデル租税条約23条Bに継受されている。日本では，昭和29（1954）年の第一次日米租税条約の締結のために昭和28（1953）年に初めて導入された。平成26（2014）年度税制改正における「帰属主義」による非居住者および外国法人の課税制度の見直しに伴い，従前の居住者および内国法人だけでなく，非居住者および外国法人の恒久的施設帰属所得のうち第三国源泉所得（国外投融資等に係る所得）の外国税額控除が認められている（所税95条・165条の6，法税69条・144条の2）。考え方の基本は同じであるので，以下では，内国法人について検討する。

2　外国税額控除制度の仕組み

　日本の外国税額控除制度は，納付すべき外国法人税のうち，国外所得金額に対応する部分を控除限度額としており，外国法人税の全部が控除されるわけではない（法税69条1項）。

　外国税額控除の種類には，直接外国税額控除（法税69条1項），租税条約に定めるみなし外国税額控除（タックス・スペアリング・クレジット）[2]，外国子会社合算税制の適用がある場合の外国税額控除（租特66条の7第1項）およびコーポレート・インバージョン対策合算税制の適用がある場合の外国税額控除（租特66条の9の3第1項）があるが，おのおの別の制度として存在するのでなく，直接外国税額控除制度に乗せて，外国法人税，控除限度額，控除対象外国法人

1）水野忠恒『国際課税の制度と理論―国際租税法の基礎的考察』53～80頁（有斐閣，2000）（初出「国際租税法の基礎的考察」小嶋和司博士東北大学退職記念『憲法と行政法』（良書普及会，1987））。
2）日本は，特定の開発途上国との租税条約において，開発途上国に対する投資の促進を目的とする一種の租税特別措置として認めてきたが，縮減の方向にある。

税の計算がなされる。

　直接外国税額控除とは，内国法人の国外事業所等（国外PE）を通じて取得する「国外事業所等帰属所得」およびその内国法人の本店が直接的に取得する利子，配当，使用料などの投資所得である「その他の国外源泉所得」に関し，その内国法人が自ら納付する外国法人税を，その内国法人の法人税から税額控除することをいう（法税69条1項，法税令141条の2）。

　平成30（2018）年度税制改正において，2015年BEPS最終報告書に基づく2017年改訂OECDモデル租税条約を踏まえて，国内法に定める国際二重課税の排除規定である外国税額控除制度は，他方の締約国が所得源泉地国または居住地国として課税する場合に限るとし，租税条約の濫用防止のため，租税条約の規定により恒久的施設の定義や国内源泉所得の範囲が修正されている場合には，その修正により他方の締約国において課税がなされている場合に限ることを明示的に規定している（法税69条4項15号・6項・7項・144条の2第5項）。

　直接外国税額控除の対象となる金額は，控除対象外国法人税と下記の計算式で示す外国税額控除限度額のいずれか小さい金額である（法税69条1項）。

$$外国税額控除限度額＝全世界所得金額に対する法人税 \times \frac{国外所得金額}{全世界所得金額}$$

$$＝（全世界所得金額 \times 法人税率）\times \frac{国外所得金額}{全世界所得金額}$$

$$＝法人税率 \times 国外所得金額$$

　計算式から，日本の外国税額控除制度における控除限度額管理は全世界所得による一括控除限度額方式であり，控除限度額計算を通じて，国内源泉所得について日本の課税権をフルに確保しつつ，国外源泉所得については日本の法人税率を限度（控除限度額）として外国税額控除を認める構造が確認される。

　平成26（2014）年度税制改正において，日本の国際課税制度が約半世紀ぶりに見直され「帰属主義」が採用されたことに伴い（☞第3節3），外国税額控除制度における控除限度額の計算における国外所得金額は「国外事業所等帰属所得」に係る所得と日本の本店が直接に海外投資から得た「国外事業所等帰属所得以外の国外源泉所得」に係る所得の合計額とされた（法税69条4項，法税令141条の2）。「国外事業所等帰属所得」に係る所得の金額は，内国法人の国外

〔図表6：内国法人の外国税額控除における国外源泉所得の範囲〕

区分／国外源泉所得の種類		国外PEを有する内国法人		国外PEを有しない内国法人
		国外PE帰属所得	国外PEに帰属しない所得	
（事業所得）		① 国外PEに帰せられるべき所得	国外PEに帰属しない国外源泉所得	国外PEに帰属しない国外源泉所得
②国外にある資産の運用・保有	外国の国債又は地方債，外国法人発行の債券等の運用・保有			
	非居住者に対する貸付金債権で，当該非居住者の行う業務に係るもの以外のものの運用・保有			
	国外にある営業所を通じて契約した保険契約に基づく保険金を受ける権利の運用・保有			
③国外にある資産の譲渡（右のものに限る。）	国外にある不動産の譲渡			
	国外にある不動産の上に存する権利等の譲渡			
	国外にある山林の伐採又は譲渡			
	事業譲渡類似株式に相当する株式の譲渡			
	不動産関連法人株式に相当する株式の譲渡			
	国外のゴルフ場の所有・経営に係る法人の株式の譲渡			
	国外にあるゴルフ場等の利用権の譲渡			
④国外において行う人的役務提供事業の対価				
⑤国外にある不動産等の貸付けによる対価				
⑥外国法人の発行する債券の利子等				
⑦外国法人から受ける配当等				
⑧国外業務に係る貸付金利子				
⑨国外業務に係る使用料				
⑩国外業務の広告宣伝のための賞金				
⑪国外にある営業所を通じて締結した年金契約に基づいて受ける年金				
⑫国外営業所が受け入れた定期積金に係る給付補塡金等				
⑬国外において事業を行う者に対する出資につき，匿名組合契約に類する契約に基づいて受ける利益の分配				
⑮租税条約の規定によりその租税条約の相手国等において租税を課することができることとされる所得のうち，その相手国等において外国法人税を課されるもの				
⑯その他の国外源泉所得	国外業務・国外資産に関し受ける保険金等			
	国外にある資産の贈与			
	国外で発見された埋蔵物等			
	国外で行う懸賞に係る懸賞金等			
	国外業務・国外資産に関し供与を受ける経済的利益			
⑭国際運輸業に係る所得のうち国外業務につき生ずべき所得		（注）		

（注）　国外PE帰属所得からは，⑭の国際運輸業所得は除かれている。

出典：国税庁「国際課税原則の帰属主義への見直しに係る改正のあらまし」（平成27年10月）8頁。

事業所等を通じて行う事業に係る益金の額から損金の額を控除した金額であり，内国法人の各事業年度の所得に対する課税標準およびその計算に関する規定に準じて計算されるのであるが，独立企業原則に従った「国外事業所等帰属所得」が算定されるよう別段の定めを規定する（法税令141条の3～141条の7）。内国法人の本店等と国外事業所等との間の内部取引に係る「国外事業所等帰属所得」に係る所得は移転価格税制に準じて計算される（租特67条の18）（☞第7節）。「国外事業所等帰属所得以外の国外源泉所得」に係る所得の金額は，その国外源泉所得に係る所得のみについて法人税を課するものとした場合に課税標準となるべき所得の金額に相当する金額である（法税令141条の8）。国外事業所等帰属所得（＝国外事業所等帰属収益－国外事業所等帰属費用）がマイナスの金額の場合，国外事業所等帰属所得はそのマイナスの金額である（法税令141条の3）。外国税額控除限度額の計算における国外所得金額は「国外事業所等帰属所得」および「その他の国外源泉所得」の合計額であるが，その合計額がマイナスの場合，国外所得金額はゼロである（法税令141条の2）。

　国外事業所等帰属外部取引，内部取引および内外共通費用の配分に関する文書化を義務付ける（法税69条19項・20項，法税令141条の3第7項・141条の8第3項，法税則28条の5・28条の11）。

　外国税額控除の適用を受けることができる外国の租税（控除対象外国法人税）は法人の所得またはこれに代わるものに対して課される税をいい，その納付の方法が申告納税によるものか，賦課徴収されるか，または，源泉徴収されるものであるかを問わないが，外国税額控除制度の目的から，そもそも外国法人税にあたらないもの，外国法人税にあたるものの控除対象外国法人税に含まないものは除かれる（法税69条1項，法税令141条・142条の2）。

　平成29（2017）年度税制改正において，税務署長が特別の事情があると認める場合には，申告添付要件にかかわらず，外国税額控除ができる旨が規定された（法税69条15項）。

　法人税および地方法人税の控除限度額を超える控除対象外国法人税は，地方税の控除限度額の範囲内で，道府県民税および市町村民税（都民税を含む）の法人税割額から控除することができる。日本の租税法に基づく国外所得の発生年度の認識と源泉地国における外国法人税の確定時期の違いの調整を目的とする控除余裕額の繰越使用および控除限度超過額の繰越控除はおのおの3年間である（法税69条2項・3項，地方法人税12条1項，地税53条26項・321条の8第26

項・734条3項)。

外国税額控除の適用に代えて外国法人税を損金に算入できるが，一部の外国法人税について外国税額控除を選択している場合には，外国法人税のすべてについて損金算入されない（法税41条・142条2項）。

3　外国子会社配当益金不算入制度の仕組み

平成21（2009）年度税制改正前は，外国子会社からの受取配当等（外国孫会社からの受取配当等を原資とする配当等を含む）について，一定の要件を満たす外国子会社および外国孫会社が納付した外国法人税のうち，外国子会社から受ける剰余金の配当等に対応する部分を親会社である内国法人が自ら納付する外国法人税とみなして，その内国法人の法人税額から税額控除する間接外国税額控除が認められていたが，①企業が海外市場で獲得する利益を必要な時期に必要な金額だけ戻すという企業の配当政策の決定に対する中立性，②適切な二重課税の排除を維持しつつ制度を簡素化する，③国内に還流する利益が，設備投資，研究開発，雇用等幅広く多様な分野で我が国経済の活力向上のために用いられることが期待される（税制調査会「平成21年度の税制改正に関する答申」）として外国子会社配当益金不算入制度が導入されたことに伴い，廃止された。

外国子会社配当益金不算入制度は，内国法人が外国子会社（内国法人が外国法人の発行済株式等の25％以上を剰余金の配当等の額の支払義務が確定する日以前6月以上引き続き直接に有している場合の，その外国法人をいう）から受ける剰余金の配当等の額の95％相当額を益金不算入とする。剰余金の配当等の額の5％相当額は，その配当にかかるみなし費用を相殺するものとして課税所得に含める（法税23条の2第1項）。なお，外国法人の所得に課された外国法人税を内国法人の納付する法人税から控除する旨（間接外国税額控除）を定める租税条約の規定により内国法人の外国法人に対する持株割合について異なる割合が定められている場合の適用対象となる外国子会社の判定は，その割合により行う（法税令22条の4第7項）。

外国子会社配当益金不算入制度は，国外所得免除制度の導入というものでなく，政策税制として評価すべきものといえる。

平成27（2015）年度税制改正において，2015年BEPS最終報告書の行動2（ハイブリッド・ミスマッチの無効化）に関して，子会社の所在地国で一部または全部の損金算入が認められる配当（オーストラリアの優先株式に係る配当等）の益金算入を定める（法税23条の2第2項1号・3項）（☞第1節6）。

　なお，外国子会社配当益金不算入の対象外とされる配当に係る部分の外国源泉税は，二重課税排除の観点から，外国税額控除の対象である（法税令142条の2第7項3号）。

　令和2（2020）年度税制改正において，子会社からの配当と子会社株式の譲渡を組み合わせた国際的な租税回避（①外国子会社株式を取得した後に，②その外国子会社から外国子会社受取配当益金不算入制度の適用を受ける配当を受け，③配当の支払により価値が下落した外国子会社株式を譲渡して譲渡損失を認識）への対応として，子会社株式簿価減額特例が新設された。具体的には，法人が，一定の支配関係にある外国子会社等（一定の内国法人を含む）から受ける配当等の額（みなし配当の額を含む）がある場合において，その配当等の額がその配当等の額に係る株式の帳簿価額の10%相当額を超える場合には，一定の適用除外要件に該当する場合を除き，その配当等の額に係る株式等の帳簿価額から，その配当等の額のうち益金の額に算入されなかった金額に相当する金額（益金不算入相当額）を減算する（法税令119条の3第7項～10項・119条の4第1項・3項）。併せて，子会社株式簿価減額特例の適用回避を防止を目的とする，関係法人の組織再編や孫会社から関係法人への配当が行われた場合などの取扱いに関する規定も定められている（法税令119条の3第11項・12項）。

Column

租税回避と租税法律主義

　外国税額控除余裕額の利用を目的とした仕組取引に係る最高裁判決（最判平成17・12・19民集59巻10号2964頁）に関して，担当裁判官であった滝井繁男弁護士は租税回避と租税法律主義についてつぎのように述べています。

　「…最高裁は，租税の賦課は法律の根拠に基づかなければならないとする租税法律主義の趣旨は，私人が予測不可能な課税をされることは許されないというものであって，法がある賦課徴収をなす趣旨であること，あるいは減免を認める趣旨でないことが国民に明らかであるにもかかわらず，技術上の工夫をこらしたり法文上の不備をついたりして課税を免れようとするものに対して課税をすることは租税法律主義に反するものではないという見解に立つものだと思われる」（滝井繁男『最高裁判所は変わったか―裁判官の自己検証』132頁（岩波書店，2009））

（注）平成13（2001）年度および平成14（2002）年度税制改正により，「仕組取
　　引」に係る外国法人税を外国税額控除の対象としないことが明示的に規定
　　されている（法税69条1項括弧書，法税令142条の2第5項）。

第6節　外国子会社合算税制

1　外国子会社合算税制の意義

　外国子会社合算税制は，昭和53（1978）年度税制改正において，いわゆるタックス・ヘイブンを利用した国際的な租税回避を防止する制度として導入された（租特40条の4第1項・66条の6第1項）。具体的には，子会社・孫会社等の外国関係会社を利用することで海外に留保した所得を，その持分に応じて，居住者（雑所得）または内国法人の所得に合算して課税する制度である。考え方の基本は同じであるので，以下では，内国法人について検討する。

　外国子会社合算税制は，日本の法人税法が本店所在地主義を制度として採用していることに由来する。すなわち無制限納税義務を負う内国法人とは「国内に本店又は主たる事務所を有する」と定義され（法税2条3号），内国法人以外の法人として定義される外国法人は国内源泉所得を有しない限り課税されない（法税2条4号・4条3項）（☞第2節3）。そうすると，内国法人が税負担がないか，または著しく低い国・地域に外国関係会社を設立し，①その外国関係会社との取引を通じて利益を移転し，あるいは，②その外国関係会社に資産運用をさせてその会社に利益を留保すれば，内国法人に対して配当等を実施するまで法人税課税を繰り延べることができることになる（つぎに述べる平成21（2009）年度税制改正前の状況）。このように軽課税国に設立した外国関係会社を利用した租税回避の問題とは「課税の繰延べ（tax deferral）」にあると認識され，かつてはタックス・ヘイブン対策税制と呼称されていた。居住地国が，自国の居住者が支配する条約相手国の外国関係会社を利用した課税の繰延べや租税回避の防止のために行う国内立法措置は，条約相手国における租税負担が自国の租税負担に匹敵する程度でない限り，自国の課税ベースの侵食防止のために容認されている[1]。

　平成21（2009）年度税制改正による外国子会社配当益金不算入制度の導入に

より，外国子会社合算税制の意義は「課税の繰延べ」の防止から，「課税権からの離脱」の防止へと再定義され，資産運用的な所得を外国関係会社に付け替える租税回避行為を一層的確に防止する観点から，資産性所得合算課税（部分課税対象金額の益金算入）が導入された（平成29（2017）年度税制改正で受動的所得の部分合算課税として改組）（☞第6節2（4））。

　平成29（2017）年度税制改正において，外国関係会社の経済実態に即して課税すべきとの2015年BEPS最終報告書（行動3：外国子会社合算課税の強化）の基本的な考え方を踏まえ（☞第1節5），会社全体の租税負担率（無税国または一定のトリガー税率）や会社としての実態の有無という外形把握の方法から，所得の性質など個々の活動の内容を見て，いわゆる受動的所得を合算課税とする一方で，経済活動基準として定める四つのテストをすべて充足して経済実態のあるとされた事業からの所得であれば，外国関係会社の租税負担率にかかわらず合算対象外とする抜本改正が行われた[2]。

　具体的には，

① 外国関係会社で(i)活動の実体がない「ペーパーカンパニー」，(ii)総資産に比して受動的所得の占める割合が高い「事実上のキャッシュボックス」，または，(iii)財務大臣が指定する情報交換に関する国際的な取組みへの協力が著しく不十分な国等に所在する「ブラックリストカンパニー」である特定外国関係会社（租特66条の6第2項2号）は，会社単位で合算課税の対象（租税負担割合が30％以上は適用免除）。令和元（2019）年度税制改正において，「ペーパーカンパニー」の範囲から，①持株会社である一定の外国関係会社（外国子会社の株式等の保有を主たる事業），②持株会社である一定の外国関係会社（特定子会社の株式等の保有を主たる事業），および，③不動産保有・資源開発等プロジェクトに係る一定の外国関係会社が除かれている（租特66条の6第2項2号イ(3)(4)(5)）（☞第6節2（3））。

② 外国関係会社（特定外国関係会社を除く）で経済活動基準のいずれかを充足しない対象外国関係会社（租特66条の6第2項3号）は，会社単位で合算課税の対象（租税負担割合が20％以上は適用免除）。（☞第6節2（3））

1）最判平成21・10・29民集63巻8号1881頁（グラクソ事件）。OECDモデル租税条約コメンタリー1条パラグラフ23。
2）平成29（2017）年度の外国子会社合算課税制度の抜本改正の意義および内容については，財務省主税局参事官補佐山田博志「平成29年度の国際課税（含む政省令事項）に関する改正について」租税研究813号（2017年7月号）120頁以下が詳細である。

③　外国関係会社（特定外国関係会社を除く）で経済活動基準のすべてを充足するが，会社単位での租税負担割合が20％未満の部分対象外国関係会社（租特66条の6第2項6号）は，所得種類別アプローチによる一定の受動的所得について合算課税（受動的所得の部分合算課税）の対象（一定の少額免除適用がある）。部分対象外国関係会社のうち一定の銀行・保険等の金融業については外国金融子会社等（租特66条の6第2項7号）として特例が定められている（☞第6節2（4））。

外国子会社合算税制の適用に伴う二重課税の排除に関する規定として，外国関係会社に対して課された外国法人税について内国法人が納付したものとみなして行う外国税額控除（租特66条の7第1項），内国法人が外国関係会社から配当を受けた場合の二重課税調整（租特66条の8）に加えて，平成29（2017）年度税制改正において，合算対象となる外国関係会社の所得に日本の所得税等（所得税，復興特別所得税，法人税，地方法人税および法人住民税）が課されている場合には，その所得税等のうち，合算対象金額に対応する部分の金額について，その内国法人の法人税，地方法人税および法人住民税法人税割の額から控除する仕組みが導入（外国税額控除制度と異なり控除しきれなかった金額は還付されない）された（租特66条の7第5項）。

2015年BEPS最終報告書が示す包括的なアプローチにもかかわらず，なお生じ得るBEPSへの対処として，2021年10月8日，140か国から成るBEPS包摂的枠組み（IF）のうち136か国（当時）は，国際的に事業を展開する一定の大企業が15％の最低税率まで確実に納税する（合算課税とは異なる）上乗せ課税（Top-up Tax）に国際合意した（いわゆる第2の柱）。2023年中の実施に向けて，各国は，OECD/G20のBEPS包摂的枠組み（IF）が2021年12月20日に示したモデル法に従い国内法を制定し，OECDモデル租税条約の関連する条文の改訂，実施のための新たな多数国間条約が締結される。OECDは，15％の最低税率による新たな増収税額は全世界で年1,500億ドル（約1兆6,500億円）と推計する（☞第1節7）。

2　外国子会社合算税制の仕組み

（1）概　要

外国関係会社が，特定外国関係会社（ペーパーカンパニー，事実上のキャッシュボックスまたはブラックリスト国所在）または対象外国関係会社（経済活動基準のいずれかを満たさない外国関係会社）の場合には，その外国関係会社の所得に

相当する金額について，内国法人の所得とみなして会社単位での合算課税の対象となる（租特66条の6第1項・2項3号，租特令39条の14）。ただし，租税負担割合が30％以上の特定外国関係会社，および，租税負担割合が20％以上の対象外国関係会社は合算課税の適用が免除されている（租特66条の6第5項1号・2号）[3]。したがって，旧法では外国子会社合算税制の適用対象外であった租税負担割合が20％以上30％未満の特定外国関係会社は会社単位での合算課税の対象とされる。租税負担割合は，法定税率ではなく，その事業年度の実効税率による（租特令39条の17の2）。

　外国関係会社が経済活動基準をすべて満たす場合であっても，租税負担割合が20％未満の部分対象外国関係会社は，一定の受動的所得について合算課税の対象となる（☞第6節2（4））。

　外国関係会社とは，①居住者等株主等（居住者・内国法人・特殊関係非居住者・実質支配関係にある外国法人）の外国法人に係る直接または間接（連鎖方式）の持株割合等が50％を超える場合におけるその外国法人（実質支配関係にある外国法人を除く），または，②居住者または内国法人（居住者等）との間に実質支配関係にある外国法人をいう。具体的には，居住者等株主等と外国法人との間，および，その外国法人と別の外国法人との間に，それぞれ50％を超える株式等の持株割合等（実質支配関係を含む）の連鎖がある場合には外国関係会社に該当する。直接または間接の株式等保有割合（実質支配関係を含む）は，株式等の数・金額，議決権の数，株式等の請求権に基づき受けることができる剰余金の配当等の額に基づき計算される（租特66条の6第1項・2項1号，租特令39条の14）。

　実質支配関係とは，居住者等が①外国法人の残余財産のおおむね全部についての分配を請求する権利を有するかまたは②外国法人の財産の処分の方針のおおむね全部を決定することができる契約その他の取り決めが存在する場合，その他これらに類する事実が存在する場合の居住者等とその外国法人の関係をいう。ただし，その外国法人の行う事業から生ずる利益のおおむね全部が剰余金の配当等としてその居住者等（その居住者等と特殊の関係のある者を含む）以外

3）現在，租税負担割合が20％未満の国または地域として，イギリス，シンガポール，香港，ケイマン諸島などがあり，旧法ではいわゆるペーパーカンパニー等であっても適用除外とされた20％以上30％未満の国または地域として，アメリカ，オランダ，タイ，ベトナムなどがある。イギリスは，新型コロナ禍への財政対応を踏まえ，2023年4月から現行の19％から25％に引き上げることを決定したと報道されている。

〔図表7：外国子会社合算税制の概要〕

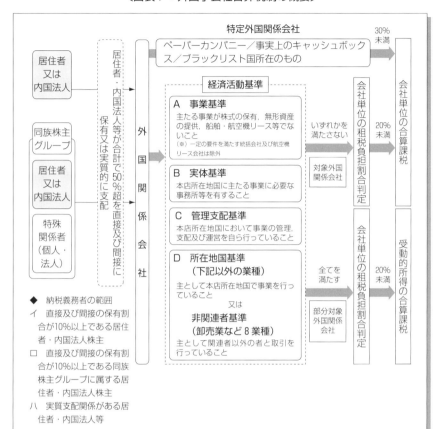

(注)　特定外国関係会社（租特66条の6第2項2号イロハ）

● ペーパーカンパニーは，実体基準および管理支配基準の双方を満たさない外国関係会社を
いう。調査にあたり調査官が定める期限までに双方の基準を満たすことを明らかにする書
類等の提示または提出がないときにはペーパーカンパニーとして推定される（租特66条の
6第3項）。

● 事実上のキャッシュボックスは，総資産に占める一定の受動的所得の割合が30％を超える
外国関係会社をいう。ただし，総資産に占める一定の有価証券・貸付金等の割合が50％を
超える場合に限る。

● ブラックリスト国は，租税に関する情報交換に関する国際的な取組みへの協力が著しく不
十分な国または地域として財務大臣により指定（告示）される（現在のところ告示されて
いない）。

出典：国税庁「外国子会社合算税制に関するQ＆A（平成29年度改正関係等）（情報）」（令和
元年6月20日）6頁に加筆。

の者に対して交付されることとなっている場合（居住者等が外国法人を投資ビークルとして組成したファンドなど）は実質支配関係にあるとはされない。なお，実質支配関係を考慮しないで外国関係会社の判定をした場合に，居住者等株主等とその外国法人との間に株式等保有割合が50％超の関係がある場合には，実質支配関係はないものとされる（租特66条の6第2項5号，租特令39条の16）。

　外国子会社合算税制の納税義務者は，特定外国関係会社または対象外国関係会社に対する株式等保有割合（実質支配を含む）が直接および間接（掛け算方式）に10％以上を単独または同族株主グループと共同で保有する居住者および内国法人であり，その特定外国関係会社または対象外国関係会社の適用対象金額のうち各事業年度終了の時における請求権等勘案合算割合（実質支配関係の場合は100％）に相当する金額（課税対象金額）を，その特定外国関係会社または対象外国関係会社の事業年度終了の日の翌日から2カ月を経過する日を含むその内国法人の各事業年度の収益の額とみなして，その内国法人の所得の金額の計算にあたり，益金の額に算入する（租特66条の6第1項，租特令39条の14）。

　外国関係会社のうち，つぎの（2）で検討する経済活動基準のすべてを充足するので会社単位での合算課税の対象外となる場合であっても，その会社単位での租税負担割合が20％未満の場合（部分対象外国関係会社）は，一定の受動的所得について合算課税（受動的所得の部分合算課税）される（☞第6節2（4））。

　法人税確定申告書に，租税負担割合が20％未満の外国関係会社（特定外国関係会社を除き，経済活動基準を充足しているか否かを問わない）および租税負担割合が30％未満の特定外国関係会社の貸借対照表および損益計算書等を添付する義務が課されている（租特66条の6第11項）。

（2）経済活動基準

　外国関係会社（特定外国関係会社を除く。以下（2）において同じ）が会社単位でいわゆる能動的所得を得るために必要な経済活動の実態を備えているか否かを判定するためのつぎの四つの経済活動基準をすべて充足する場合には，その事業年度において，会社単位での合算課税の対象とされない（租特66条の6第2項3号）。判定は各事業年度末の現況により，調査にあたり調査官が定める期限までに経済活動基準を満たすことを明らかにする書類その他の資料の提示または提出（文書化要件）がないときには，経済活動基準を満たさないもの（対象外国関係会社）と推定されるから（租特66条の6第4項），経済活動基準の

充足性に関する同時文書化が実質的に課されている。

①　事業基準

外国関係会社の行う主たる事業が，株式等・債券の保有，工業所有権等・著作権等の提供または船舶・航空機の裸用船（機）の貸付けではないこと。ただし，株式等の保有を主たる事業とする外国関係会社のうち一定の統括業務を行う統括会社，外国金融子会社等に該当するもの，または，一定の要件を満たす航空機の貸付け（リース）を主たる事業とするものは，事業基準を満たす（租特66条の6第2項3号イ）。外国関係会社が2以上の事業を営んでいるときは，そのいずれが主たる事業であるかは，それぞれの事業に属する収入金額または所得金額の状況，使用人の数，固定施設の状況等を総合的に勘案して判定する（租特通66の6－5）[4]。

②　実体基準

外国関係会社が，その本店または主たる事務所の所在する国または地域において，その主たる事業を行うに必要と認められる事務所，店舗，工場その他の固定施設を有していること（租特66条の6第2項3号ロ）。固定施設とは，単なる物的設備でなく，外国関係会社の事業活動を伴った物的設備をいい，賃借による使用を含む（租特通66の6－6）。

③　管理支配基準

外国関係会社が，本店または主たる事務所の所在する国または地域において，その事業の管理，支配および運営を自ら行っていること（租特66条の6第2項3号ロ）。この基準の判定にあたっては，株主総会および取締役会等の開催，事業計画等の策定等，役員としての職務執行，会計帳簿の作成および保管等が行われている場所ならびにその他の状況を勘案する（租特通66の6－8）[5]。具体的には，外国関係会社が事業計画の策定等を行い，その事業計画等に従い裁量をもって事業を執行し，これらの行為に係る結果および責任がその外国関係会社に帰属していることをいう。判定にあたって，①外国関係会社の役員が他社の役員等を兼務している，②外国関係会社の事業計画の策定等にあたり，親会社等と協議し，その意見を求めている，③その事業計画等に基づき，その外国関係会社の業務の一部を委託しているとしても，その事実のみをもって，こ

4）最判平成29・10・24民集71巻8号1522頁，税資267号13082（デンソー事件）。
5）東京地判平成2・9・19行集41巻9号1497頁。東京高判平成25・5・29税資263号順号12220。

の基準を満たさないことにはならない（租特通66の6－7）。

　④　所在地国基準または非関連者基準

ａ）所在地国基準　　外国関係会社の行う主たる事業が，つぎに述べる非関連者基準の適用を受ける特定の業種以外の業種，たとえば，製造業，小売業，建設業，サービス業，農林業または鉱業などに適用される基準であり，その事業を主として本店または主たる事務所の所在する国または地域（内水，領海，排他的経済水域，大陸棚を含む）において行っていること（租特66条の6第2項3号ハ(2)，租特令39条の14の3第31項）[6]。

ｂ）非関連者基準　　外国関係会社の行う主たる事業が卸売業，銀行業，信託業，金融商品取引業，保険業，水運業，航空運送業または物品賃貸業（航空機の貸付けを主たる事業とするものに限る）である場合に適用され，外国関係会社が非関連者との間で主として（50％超）取引を行っていること（租特66条の6第2項3号ハ(1)，租特令39条の14の3第28項）。

　卸売業のうち地域経済圏に展開するグループ企業の商流を合理化するいわゆる物流統括会社の活用がグループ企業の収益の向上に寄与している実状にかんがみ，外国法人である被統括会社との取引を関連者取引から除外した場合の非関連者との販売取扱金額または仕入取扱金額が50％超である統括会社は非関連者基準を充足することとされ，非関連者基準の判定における関連者は実質支配関係を含み，非関連者基準の充足の有無は第三者介在取引におけるみなし関連取引を含めて判断する（租特令39条の14の3第30項）。

（3）外国関係会社単位の合算課税

　外国関係会社単位の合算課税の対象となる課税対象金額は，特定外国関係会社または対象外国関係会社（以下（3）において「特定外国関係会社等」という）の各事業年度の決算に基づく利益金額に対して，①日本の法令に準じて計算する方法，または，②特定外国子会社等の本店所在地国の法令に準じて計算する方法，のいずれかにより算出される金額から，控除対象配当等（他の特定外国関係会社等から受ける配当等），化石燃料を採取する場所を有している等の一定の子会社配当等，および，平成30（2018）年度税制改正により導入された海外

6）積極的経済合理性のある企業活動に対してまでも外国子会社合算課税を適用するオーバー・インクルージョンの問題（たとえば，大阪高判平成24・7・20税資262号順号12006（来料加工事件））は，平成29（2017）年度税制改正により立法的に解決されたとする。

M&A等により取得したペーパーカンパニー等の整理に伴う一定の株式譲渡益，を控除して基準所得金額を算出する（租特66条の6第2項4号，租特令39条の15第1項・2項・3項）。基準所得金額の計算に係る準拠法令の選択は継続適用を原則とし，変更する場合にはあらかじめ所轄税務署長の承認を受けなければならない（租特令39条の15第10項）。

　基準所得金額から，その特定外国関係会社等の各事業年度開始の日前7年以内に開始した事業年度の繰越欠損金（特定外国関係会社等に該当しなかった事業年度の欠損金を除く），および，その事業年度において納付が確定した法人所得税額を控除して適用対象金額が算出される。繰越欠損金額は，その特定外国関係会社等が該当する類型（特定外国関係会社または対象外国関係会社）において7年間の繰越控除が認められている（租特66条の6第2項4号，租特令39条の15第5項）。基準所得金額や適用対象金額は，特定外国関係会社等ごとに計算するので，その特定外国関係会社等に欠損が生じた場合に，その欠損金額と内国法人の所得金額との通算[7]または特定外国関係会社等の相互間での所得金額と欠損金額との通算は認められていない[8]。

　適用対象金額に対する請求権等勘案合算割合（実質支配関係の場合は100％）の金額が合算対象となる課税対象金額である（租特令39条の14）。

（4）受動的所得の部分合算課税

　部分対象外国関係会社（外国関係会社（特定外国関係会社を除く）で経済活動基準のすべてを充足するが会社単位での租税負担割合が20％未満）は，一定の受動的所得に係る部分適用対象金額について，会社単位での所得の状況にかかわらず，部分合算課税の適用を受ける。部分適用対象金額に対する各事業年度終了の時における請求権等勘案合算割合（実質支配関係の場合は100％）の金額が部分課税対象金額である（租特66条の6第2項6号・6項・7項，租特令39条の17の3）。なお，部分適用対象金額が一定の少額（2,000万円以下または税引き前当期利益金額の5％以下）の場合は，少額免除の適用がある（租特66条の6第10項，租特令39条の17の5）。

　部分対象外国関係会社のうち一定の銀行・保険等の外国金融機関および外国金融持株会社等については，外国金融子会社等として受動的所得の部分合算課税の特例が定められている（租特66条の6第2項7号・8項，租特令39条の17・

7）最判平成19・9・28民集61巻6号2486頁。
8）大阪高判平成5・7・22判タ855号284頁。

39条の17の4）。

第7節　移転価格税制

1　移転価格税制の意義

　移転価格税制は，法人（内国法人または外国法人の日本支店）が海外にある親会社または子会社等の関係会社（国外関連者）と取引（国外関連取引）を行うにあたって，独立の第三者との間で成立したであろう取引価格（独立企業間価格：Arm's Length Price）と異なる価格を用いたことにより所得が減少している場合，その取引価格を独立企業間価格に引き直して日本における課税所得を再計算する制度である（租特66条の4）。いわゆる独立企業原則（OECDモデル租税条約9条）を定めているのであるが，日本の課税所得を増額する必要がある場合に限り適用があるとしているところに特徴がある。諸外国にも同様の制度があり，日本は昭和61（1986）年度税制改正において導入した（執行実務については，国税庁「移転価格事務運営要領の制定について（事務運営指針）」（最終改正　令和元年6月28日）を参照）。

　2015年BEPS最終報告書（行動13：多国籍企業情報の報告制度）は，①多国籍企業による租税回避を防止するため，国際的な協調のもと，税務当局が多国籍企業の実態を把握できるようにする制度の構築，および，②多国籍企業が関係する各国に対して，納税者のコンプライアンス・コストに配意した共通様式による関係国間での所得のグローバルな配分の状況，経済活動や納税額などの企業情報の文書化制度の構築を勧告した（☞第1節5）。

　日本は，平成28（2016）年度税制改正において，2015年BEPS最終報告書に即して，①国別報告事項（CbCR：Country by Country Report），②事業概況報告事項（マスターファイル）および③独立企業間価格を算定するために必要と認められる書類（ローカルファイル）という，いわゆる3層構造の移転価格文書化制度を定めている（☞第7節6）。

2　移転価格税制の仕組み

　たとえば，日本の会社が外国の関係会社に対して独立企業間価格と比べて低い価格で製品を輸出している場合は，その分だけ日本の会社の所得が低く，外国の関係会社の所得が増大する。日本の会社が外国の関係会社から製品を独立企業間価格と比べて高い価格で輸入する場合は，その分だけ日本の会社の所得

が低く，外国の関係会社の所得が増大する。このような関係会社間との取引価格に基づき過少申告となっている日本の会社に対して，独立企業間価格に基づいて所得を再計算し増額更正するというのが移転価格税制である。移転価格税制の対象となる国外関連取引は，資産（無形資産を含む）の移転等のほか，金銭の貸付け，保険，信用の保証等のほか，役務提供（サービス）取引を含む国外関連者とのすべての取引である（租特66条の4第1項）。

移転価格税制に基づく調査に関する更正，決定および更正の請求の期間制限は，通常の5年から7年に延長されている（租特66条の4第26項・27項）。

令和2（2020）年度税制改正において導入された国外取引等の課税に係る更正決定等の期間制限の特例の適用に関する移転価格税制の読み替えにより（税通71条1項4号，租特66条の4第27項），その準備に通常要する日数を勘案して60日を超えない範囲内で調査官が指定する日までに，たとえば，独立企業間価格の算定に必要な書類または独立企業間価格の算定に重要な書類の提示または提出がなかったことを理由（納税者の責めに帰すべき事由がない場合を除く）として，租税条約等の規定に基づく「要請に基づく情報交換」が行われ，提供を受けた情報に照らし非違があると認められるときは，情報提供要請に係る書面が発せられた日から3年間は更正決定等をすることができる（その要請が更正決定等の期間制限の到来する日の6月前の日以後にされた場合を除き，その要請をした旨の納税者への通知がその要請をした日から3月以内にされた場合に限る）（☞第4節2）。

なお，個人（居住者，非居住者）について移転価格税制の適用はない。

日本の税務当局の移転価格課税により所得移転金額とされた金額は，すでに国外関連者の所得を構成しているから国際二重課税が生ずることになる。その国外関連取引に係る国外関連者の条約上の居住地国と日本との間に租税条約が締結されている場合には，国内救済手続とは別に，租税条約の定めに従い，両国の権限のある当局による相互協議の申立て（強制仲裁を含む）をすることができる（☞第4節2）。

相互協議の申立てがあった場合，租税条約に基づく相互協議による解決が図られるまでの間について，納税の猶予および延滞税免除の特例が定められている。平成29（2017）年度税制改正において，2015年BEPS最終報告書（行動14：より効果的な紛争解決メカニズムの構築）を踏まえ，国税庁長官または相手国等の権限のある当局に対し相互協議の申立てをした内国法人および外国法人

のいずれもが申請できる（租特66条の4の2第1項）（☞第4節2）。

3 国外関連者の意義

国外関連者とは，法人との間に，つぎのいずれかの関係（特殊関係）がある外国法人をいう（租特66条の4第1項，租特令39条の12第1項）。

---

① 株式保有関係：直接または間接に50%以上の発行済株式等を保有することによる支配従属関係

② 実質支配関係：役員の派遣・取引依存関係・資金依存関係等による実質的な支配従属関係

③ 連鎖関係：株式保有関係および実質支配関係が連鎖することによる支配従属関係

一般に，50%の対等出資の場合は，両株主が利害相反関係にあることから，JV（ジョイント・ベンチャー）と一方の株主の取引は，両株主が独立企業原則に基づいて交渉して成立する。したがって，50%の対等出資関係が形式的には株式保有関係に該当するとしても，実質支配関係が適用される状況にない限り，ただちに移転価格税制の適用対象となるわけではない（移転価格事務運営指針3－2(3)）。

4 独立企業間価格の算定

独立企業間価格（Arm's Length Price）は，その国外関連取引の内容および当事者が果たす機能その他の事情を勘案して，その国外関連取引が独立の事業者の間で通常の取引の条件に従って行われるとした場合に支払われるべき対価の額を算定するために，法令で定める独立企業間価格の算定方法（図表8参照）のうちから「最も適切な方法」により算定する（租特66条の4第2項，租特通66の4の3(1)－1）。

2015年BEPS最終報告書（行動8，9，10：移転価格税制と価値創造の一致）に基づく2017年のOECD移転価格ガイドラインの改訂を踏まえて，令和元（2019）年度税制改正は，①評価困難な無形資産取引（HTVI：Hard-to-Value Intangible）に係る事後的な価格調整措置（特定無形資産国外関連取引に係る価格調整措置）を創設し（租特66条の4第8項～10項），その前提として，②移転価格税制上の無形資産の定義を明確化するとともに（租特令39条の12第14項），③独立企業間価格の算定方法にDCF（Discounted Cash Flow）法[1]を追加した

〔図表8：独立企業間価格の算定方法〕

	棚卸資産の売買取引	棚卸資産の売買取引以外の取引	備　考
①	基本三法 ● 独立価格比準法 ● 再販売価格基準法 ● 原価基準法	基本三法と同等の方法 ● 独立価格比準法と同等の方法 ● 再販売価格基準法と同等の方法 ● 原価基準法と同等の方法	
②	基本三法に準ずる方法 ● 独立価格比準法に準ずる方法 ● 再販売価格基準法に準ずる方法 ● 原価基準法に準ずる方法	基本三法に準ずる方法と同等の方法 ● 独立価格比準法に準ずる方法と同等の方法 ● 再販売価格基準法に準ずる方法と同等の方法 ● 原価基準法に準ずる方法と同等の方法	①～③のうち，最も適切な方法
③	その他政令で定める方法 ● 利益分割法 （比較利益分割法，寄与度利益分割法，残余利益分割法） ● 取引単位営業利益法 ● DCF法 ● 上記のいずれかの方法に準ずる方法	その他政令で定める方法と同等の方法 ● 利益分割法と同等の方法 （比較利益分割法，寄与度利益分割法，残余利益分割法のいずれかと同等の方法） ● 取引単位営業利益法と同等の方法 ● DCF法と同等の方法 ● 上記のいずれかの方法に準ずる方法と同等の方法	

（注）最も適切な方法の選定にあたり勘案すべき事項については移転価格事務運営指針別冊「参考事例集（事例1）」の解説（参考1）を参照。

（租特令39条の12第8項6号）。（☞第7節7）

　独立企業間価格はもともと「幅をもった観念」[2]であるから国外関連取引の価格等が独立企業間価格幅（レンジ）の中にある場合には移転価格税制上の問

1）DCF法は，国外関連取引に係る資産（たとえば，無形資産）の使用その他の行為による利益が生ずることが予測される期間内の日を含む各事業年度の予測利益の金額（その資産の販売または購入の時に予測される金額をいう）について，合理的と認められる割引率を用いることにより，その国外関連取引が行われた時の現在価値として割り引いた金額の合計額を用いて独立企業間価格を算定する方法である（租特令39条の12第8項6号，租特通66の4⑺-1）。DCF法は，たとえば，国外関連取引に係る比較対象取引を見いだすことが困難な場合で，国外関連取引の形態やその内容等から利益分割法を適用できないときに有用となり得る算定方法であるとされる。しかしながら，予測利益の金額のような不確実な要素を用いて独立企業間価格を算定する方法であるので，最も適切な方法の候補がDCF法を含めて複数ある場合には，DCF法以外の候補である算定方法の中から最も適切な方法を選定することになる（移転価格事務運営指針4-3）。

2）金子宏「移転価格税制の法理論的検討―わが国の制度を素材として」同『所得課税の法と政策』387頁（有斐閣，1996）（初出 芦部信喜先生古稀祝賀『現代立憲主義の展開（下）』（有斐閣，1993））。

題はないとされる（租特通66の4(3)-4）。したがって，独立企業間価格の算定
は，具体的には，①国外関連取引の取引単位を決定し，②その取引単位を構成
する国外関連取引に係る比較対象取引を選定し，③その国外関連取引と比較対
象取引との差異について必要な調整を実施したうえで，④最も適切な独立企業
間価格の算定方法を決定し，⑤その利益水準指標による独立企業間価格幅（レ
ンジ）の算定となる。

　国外関連取引に係る価格が独立企業間価格と異なる（レンジの外にある）場
合は，独立企業間価格で行われたものとみなされるから，法人が売手の場合は
独立企業間価格に満たない部分が否認され，買手の場合は独立企業間価格を超
える部分が否認されるというように所得の増額だけが規定され，申告調整によ
り所得を減算することは認められていない（租特66条の4第1項・4項，租特通
66の4(10)-1・(10)-2）。

　国外関連者に移転されたとみなされる所得の金額は，その全部または一部を，
その国外関連者から返還を受けるかどうかにかかわらず，利益の社外流出とし
て取り扱われる（租特通66の4(11)-1）。返還を受ける場合には，事前に「国外
所得移転金額の返還に関する届出書」を提出することを条件として，返還を受
けた日の属する事業年度における益金とされない（租特通66の4(11)-2）。

5　比較対象取引

　比較対象取引とは，国外関連取引との類似性の程度が十分な非関連者取引を
いう。したがって，国外関連取引と比較対象取引に差異があり，その差異が対
価の額や通常の利益率等に影響を及ぼすことが客観的に明らかである場合には，
差異を調整しなければならない（租特66条の4第2項，租特令39条の12第6項〜
8項，租特通66の4(3)-1）。

　国外関連取引に係る比較対象取引の選定に関し，法人，国外関連者および非
関連者の事業の内容等，棚卸資産の種類・役務の内容等，売手または買手の果
たす機能，契約条件，市場の状況，売手または買手の事業戦略が，比較対象取
引の選定にあたって検討すべき諸要素として定められている（租特通66の4(3)
-3）。なお，法人または国外関連者が無形資産の使用を伴う国外関連取引を
行っている場合には，比較対象取引の選定にあたり，無形資産の種類，対象範
囲，利用態様等の類似性について検討する（移転価格事務運営指針4-7）。

　令和元（2019）年度税制改正において，国外関連取引と比較対象取引との間
の差異（調整対象差異）について統計的手法による差異調整が法制化された。

旧法では，国外関連取引と比較対象取引との間の差異（調整対象差異）について必要な差異調整ができない取引は比較対象取引に該当しないとされていたが，改正法では，通常の利益率等の算定に影響を及ぼすことが客観的に明らかな差異の調整を行ってもなお定量的に把握することが困難な差異が存在する場合であっても，その差異が，その差異以外の調整対象差異につき必要な調整を加えるものとした場合に計算される割合（調整済割合）におよぼす影響が軽微と認められるときには，四分位法（比較対象取引は4以上）により独立企業間価格を算定することができるとされた（租特66条の4第2項，租特令39条の12第6項〜8項，租特則22条の10第2項〜5項，租特通66の4(3)−1，移転価格事務運営指針4−4〜4−6，4−8）。

　具体的には，選定された比較対象取引の候補に差異調整が必要とされる場合において，①差異の定量化により差異調整ができる場合は差異調整後の利益率を用いて算定されるフルレンジが，②差異の定量化による差異調整をしてもなお定量的に把握することが困難な差異が存在するものの調整済割合におよぼす影響が軽微であり四分位法が適用できると認められる場合は，差異調整後の通常の利益率等に対して四分位法による差異調整を加えたインタークォータイルレンジが，それぞれ独立企業間価格幅（レンジ）となる。なお，③差異の定量化による差異調整をしてもなお定量的に把握することが困難な差異が存在し，かつ，調整済割合におよぼす影響が軽微でない場合は，選定された比較対象取引の候補に差異調整ができないことから，そもそも比較対象取引とならない[3]。

　検証対象取引の利益率等の実績値が，上記のフルレンジまたはインタークォータイルレンジの外にあり国外移転所得が生じていると認められるときは，原則として平均値までの金額が移転価格課税処分の対象とされる。ただし，中央値など，比較対象利益率等の分布状況等に応じた合理的な値が他に認められる場合は，中央値までの金額が移転価格課税処分の対象とされる（移転価格事務運営指針4−8）。

3）移転価格税制に係る訴訟事件で国の敗訴が確定した次の三つの事件は，旧法のもと，いずれも国外関連取引との差異調整をすることができない取引を比較対象取引としたと裁判所に認定された。改正法が定める統計的手法による差異調整を検討しても，差異の定量化による差異調整をしてもなお定量的に把握することが困難な差異が存在し，かつ，調整済割合におよぼす影響が軽微でない場合に該当すると考えられる。
- 東京高判平成20・10・30税資258号順号11061（アドビ事件）
- 東京高判平成27・5・13税資265号順号12659（ホンダ ブラジル・マナウス事件）
- 東京地判平成29・4・11税資267号順号13005（ワールド・ファミリー事件）

IGS（Intra Group Services：企業グループ内役務提供）については，2017年OECD移転価格ガイドラインの改訂を踏まえ，IGSとして請求すべきか否かの判断基準を明確化するとともに，一定の低付加価値の支援的なIGS取引については簡便法（関係コスト＋5％マークアップ利益）の適用が文書化を条件に認められている（移転価格事務運営指針3－9～3－11）。(☞第7節9)

6　移転価格文書化

日本は，平成28（2016）年度税制改正において，2015年BEPS最終報告書（行動13：多国籍企業情報の報告制度）に即して，①国別報告事項（CbCR：Country by Country Report），②事業概況報告事項（マスターファイル）および③独立企業間価格を算定するために必要と認められる書類（ローカルファイル）という，3層構造の移転価格文書化制度を，図表9のとおり定めている。

3層構造の移転価格文書のうち国別報告事項および事業概況報告事項は，2以上の国または地域において構成会社等または恒久的施設もしくはこれに相当するものを通じて事業活動を行う多国籍企業グループのうち，直前会計年度の連結総収入金額1,000億円以上の特定多国籍企業グループの構成会社等である内国法人および恒久的施設を有する外国法人を対象とする。特定多国籍企業グループには，最終親会社等届出事項，国別報告事項および事業概況報告事項を日本の税務当局に国税電子申告・納税システム（e-Tax）で提供する義務が課されている（租特66条の4の4・66条の4の5）。国別報告事項の自動的情報交換は，適格当局間合意（CbC MCAA：The Multilateral Competent Authority Agreement on the Exchange of CbC Reports）により実施される[4]（租特令39条の12の4第1項2号）。(☞第4節2)

独立企業間価格を算定するために必要と認められる書類（ローカルファイル）については，平成28（2016）年度税制改正において，同時文書化対象国外関連取引（一の国外関連者との取引において，前事業年度の(i)国外関連取引（(ii)の取引を含む）の合計金額が50億円以上，または(ii)無形資産取引の合計金額が3億円以上）について，その事業年度の確定申告書の提出期限までに作成または取得し国内保管する同時文書化が義務付けられている（租特66条の4第6項・7項，租特則22条の10第6項）。同時文書化対象国外関連取引および上記の一定の取引規模に

4）令和元事務年度において，国税庁は44か国・地域の外国税務当局から1,751社分のCbCRを受領する一方で，844社分のCbCRを52か国・地域に提供（出典：国税庁「令和元事務年度における租税条約等に基づく情報交換事績の概要」）。

満たない同時文書化免除国外関連取引について，税務調査において調査官が指定する一定の日までに提出義務が定められており（租特66条の 4 第12項・14項），提出がない場合は同業者調査権および推定課税の適用がある。（☞第 7 節 8 ）

7　特定無形資産国外関連取引に係る価格調整措置

（1）概　要

令和元（2019）年度税制改正において，2015年BEPS最終報告書（行動 8，9，10：移転価格税制と価値創造の一致）に基づく2017年のOECD移転価格ガイドラインの改訂を踏まえて（☞第 1 節 5 ），評価困難な無形資産取引（HTVI：Hard-to-Value Intangible）に係る課税当局による事後的な価格調整措置（特定無形資産国外関連取引に係る価格調整措置）が創設された[5]。基本的な考え方は，HTVIの譲渡・貸付け等の対価をDCF法で算定するのにあたって，その取引の時点での客観的な事実に基づき通常用いられる計算方法で行ったことを文書化していれば， 5 年経過後において予測利益の額と実際利益の額との乖離が20％を超えていても価格調整措置の適用を免除するというものである。調査官の指定する一定の日までに文書の提出がない場合には，税務当局は事後的に価格調整措置をすることができる。ただし，実績値と予測値に開差が生じたという結果に基づく後知恵の課税は認められていない。

課税当局が事後の結果を勘案して行う価格調整措置の対象となる特定無形資産とは，移転価格税制上の無形資産のうち，①固有の性質を有し，かつ，高い付加価値を創出するために使用されるものであること，②予測利益の額を基礎として算定するものであること，および，③予測利益の額その他の独立企業間価格を算定するための前提となる事項の内容が著しく不確実な要素を有していると認められるものであること，の 3 要件をすべて満たすものをいう（租特66条の 4 第 8 項，租特令39条の12第14項，租特通66の 4 (9)－ 1 ～66の 4 (9)－ 3 ）。特定無形資産に該当する可能性があるものとして，たとえば，(i)支払対価の総額が確定されて譲渡されたもの，(ii)研究開発段階にあるもの，(iii)取引後一定の期間

---

5 ）移転価格税制上の無形資産とは，2017年版OECD移転価格ガイドライン第 6 章の無形資産の定義にそったものであり，有形資産および金融資産以外の資産で，独立の事業者の間で通常の取引の条件に従って譲渡もしくは貸付けまたはこれらに類する取引（譲渡または貸付け等）が行われるとした場合に対価の額が支払われるべきものである。具体的には，特許権，実用新案権等の法的権利だけでなく，顧客リストおよび販売網，ノウハウおよび営業上の秘密，商号およびブランド，無形資産の使用許諾または使用許諾に相当する取引により設定された権利，その他の契約上の権利などである（租特66条の 4 第 7 項 2 号，租特令39条の12第13項，租特通66の 4 (8)－ 2 ）。

において商業的に使用される見込みがないもの，(iv)新たな方法で使用されることが見込まれるもので，その無形資産に類似するものの開発または使用の実績がないもの，がある（移転価格事務運営指針4－15(1)）。

（2）価格調整措置の仕組み

　価格調整措置は，評価困難な無形資産取引に係る国外関連取引（特定無形資産国外関連取引）の譲渡または貸付け等の取引後において，その特定無形資産国外関連取引の対価の額を算定するための前提となった事項（その特定無形資産国外関連取引を行った時にその法人が予測したもの限る）についてその内容と相違する事実が判明したときに，当初の特定無形資産国外関連取引の対価の額が適切に算定されていないとの推定が働き，課税当局が再評価を行うことができる仕組みである[6]。具体的には，その特定無形資産国外関連取引の内容およびその特定無形資産国外関連取引の当事者が果たす機能その他の事情（その相違する事実およびその相違することとなった事由の発生の可能性（客観的事実に基づき，通常用いられる方法により計算されたものに限る）を含む）を勘案して，その特定無形資産国外関連取引が独立企業原則に従って行われるとした場合に，その特定無形資産国外関連取引につき支払われるべき最も適切な方法により算定した金額が，納税者が行った取引価格の20％を超えて相違する場合に限り，独立企業間価格とみなして更正決定等をすることができると定める。なお，たんに事後の結果を用いて更正決定等をすることは法令上認められていない（租特66条の4第8項，租特令39条の12第15項・16項，移転価格事務運営指針4－15(2)）。

　法人が特定無形資産国外関連取引を行った事業年度の確定申告書の別表17(4)（国外関連者に関する明細書）にその特定無形資産国外関連取引に係る事項を記載していることを要件として，つぎに述べる文書化要件または収益乖離要件を充足しているときは，価格調整措置の適用は免除される。

　①文書化要件とは，特定無形資産国外関連取引の対価の額を算定するための前提となった事項（その特定無形資産国外関連取引を行った時に法人が予測したものに限る）の内容を記載した書類，特定無形資産国外関連取引の対価の額を算定するための前提となった事項との相違事由（災害や経済事情・規制環境・市場

6）特定無形資産国外関連取引に係る価格調整措置に係る法令の詳細については，財務省主税局参事官室主税調査官山田博志「平成31年度の国際課税（含む政省令事項）に関する改正について」租税研究837号（2019年7月）85頁以下，執行上の取扱いについては，国税庁調査査察部調査課企画専門官飯田淳一「移転価格事務運営要領等の改正」租税研究842号（2019年12月）54頁以下を参照。

環境の著しい変化など）に照らして特定無形資産国外関連取引の時にその発生を予測することが困難であったことを証する書類，および，その相違する事実およびその相違することとなった事由の発生の可能性（客観的事実に基づき，通常用いられる方法により計算されたものに限る）を適切に勘案して対価の額を算定したことを証する書類を作成または取得していることをいう（租特66条の4第9項，租特令39条の12第17項，租特通66の4⑼－4）。

②収益乖離要件とは，特定無形資産の使用等により生ずる非関連者収入が最初に生じた日を含む事業年度開始の日から5年を経過する日までの期間の通常用いられる方法による予測利益の額と実際利益の額との相違が20％を超えていないことを証する書類を作成していることをいう（租特66条の4第10項，租特令39条の12第18項）。

文書化要件または収益乖離要件を充足することを明らかにする書類が60日（つぎに検討する同時文書化対象国外関連取引に係る書類である場合は45日）以内の調査官の指定する日までに提示または提出されないときは，価格調整措置の適用がある（租特66条の4第11項）。

8　推定課税

平成28（2016）年度税制改正において，推定課税の適用要件が具体的に定められた。すなわち，上述の3層構造の移転価格文書化のうち，同時文書化対象国外関連取引に係る独立企業間価格を算定するために必要と認められる書類は法人税確定申告書の提出期限までに作成または取得し（同時文書化義務），7年間（欠損の場合は10年間）の国内保存が義務づけられており，法令が定める調査官の指定する一定の日（独立企業間価格を算定するために必要と認められる書類については45日以内，調査において追加的に提出を求められる独立企業間価格を算定するために重要と認められる書類については60日以内の調査官の指定する日）までに提示または提出がない場合，調査官に同業者調査権および推定課税が認められている（租特66条の4第6項・12項・17項）。同時文書化免除国外関連取引についても，60日以内の調査官の指定する日までに提示または提出がない場合，調査官に同業者調査権および推定課税が認められている（租特66条の4第7項・14項・18項）。（☞第7節6）

推定課税が適法になされたことが立証された場合には，国外関連者との取引価格が独立企業間価格であることの立証責任は納税者に転換される[7]。

〔図表 9 ：移転価格税制等に係る文書化制度〕

	独立企業間価格を算定するために 必要と認められる書類（ローカルファイル）
根拠規定	租特66条の 4 第 6 項・ 8 項～12項・14項・17項・18項
目的・文書化 すべき内容等	● 個々の国外関連者間取引に関する詳細な情報の提供。たとえば，組織図，経営戦略，主要な競合他社，主要な関連者間取引と取引背景，財務諸表等に関する情報など ● 特定の取引に関する財務情報，比較可能性分析，最適な移転価格算定手法の選定および適用に関する情報など ● 使用言語は特段指定なし （2015年BEPS最終報告書（行動13）別添 2 を受容）
提供義務者・ 提供の態様・ 提供期限など	● 調査対象法人である内国法人または日本に恒久的施設を有する外国法人が，確定申告書の提出期限までに作成または取得し（同時文書化義務），原則として 7 年間（欠損の場合は10年）国内保存する ● 法令が定める調査官の指定する一定の日までに提出義務（下記の文書化の実効担保策を参照） ● 提出方法は紙（電磁的記録を含む）
適用免除規定	次の①および②を充足する国外関連取引について同時文書化義務を免除（同時文書化免除取引） ① 一の国外関連者との間の前事業年度の取引金額（受払合計）が50億円未満，かつ， ② 一の国外関連者との間の前事業年度の無形資産取引金額（受払合計）が 3 億円未満
文書化の実効 担保策	● 調査官の指定する一定の日までに提示または提出がない場合，同業者調査および推定課税の適用がある ① 同時化文書対象国外関連取引の場合 　独立企業間価格を算定するために必要と認められる書類は45日以内の調査官の指定する日 　独立企業間価格を算定するために重要と認められる書類は60日以内の調査官の指定する日 ② 同時化文書免除国外関連取引の場合 　ローカルファイルに相当する書類その他の書類について60日以内の調査官の指定する日 ● 特定無形資産国外関連取引の場合，文書化要件，収益乖離要件を各々充足することを明らかにする書類が60日（同時文書化対象国外関連取引に係る書類である場合は45日）以内の調査官の指定する日までに提示または提出がない場合は，価格調整措置の適用がある。

（注）財務省 Web 資料「平成28年度税制改正の解説」566頁に掲載の「移転価格税制等に係る文書

国別報告事項 （CbCR）	事業概況報告事項 （マスターファイル）
租特66条の4の4，租特則22条の10の4	租特66条の4の5，租特則22条の10の5
• ハイレベルな移転価格リスク評価に有用な情報を提供 • 多国籍企業グループの事業が行われる国・地域ごとに①収入金額・税引前当期利益額・納付税額・発生税額，資本金額・出資金額，利益剰余金額，従業員数，有形資産額，②構成会社等の名称，構成会社等の居住地国と本店所在地国が異なる場合のその本店所在地国の名称，構成会社等の主たる事業内容，③これらの事項について参考となるべき事項 • 使用言語は英語 （2015年BEPS最終報告書（行動13）別添3を受容）	• 税務当局が重要な移転価格リスクを特定できるよう多国籍企業グループのグローバルな事業活動の全体像に関する情報（青写真）を提供 • 多国籍企業グループの組織構造，事業概況，無形資産の概要，グループ内金融活動の状況，財務情報および税務上のポジション（既存のユニラテラルAPAやルーリングの概要）に関する情報を含む • 使用言語は日本語または英語 （2015年BEPS最終報告書（行動13）別添1を受容）
• 多国籍企業グループの構成会社等である内国法人または恒久的施設を有する外国法人が，最終親会社等の会計年度終了後1年以内に提供（電子データ（e-Tax）による） • なお，最終親会社等が外国法人の場合は原則として内国法人等には提供義務なし。自動的情報交換により入手する（条約方式） • ただし，外国法人の居住地国の税務当局から提供されない場合，在日子会社または日本に恒久的施設を有する外国法人に提出義務（子会社方式）	• 多国籍企業グループの構成会社等である内国法人または日本に恒久的施設を有する外国法人が，最終親会社等の会計年度終了後1年以内に提供（電子データ（e-Tax）による）
多国籍企業グループの直前会計年度の連結総収入金額が1,000億円未満	多国籍企業グループの直前会計年度の連結総収入金額が1,000億円未満
正当な理由なく提供期限までに提供しない場合，30万円以下の罰金	正当な理由なく提供期限までに提供しない場合，30万円以下の罰金

化制度の整備の概要」に，その後の関連する法令の改正に基づき加筆・補充。

9 国外関連者に対する寄附金課税

国外関連者に対する経済的利益の供与（贈与，低廉譲渡，債務免除等）は寄附金（法税37条7項）として，その全額が損金の額に算入されない（租特66条の4第3項）。寄附金課税の場合は，OECDモデル租税条約25条に定める相互協議の要件である「条約の規定に適合しない課税」にあたらないから，原則として，相互協議の対象とならないというのが，国税庁の基本的立場である。その場合は，国内救済手続によりその寄附金課税処分が取り消されない限り，国際二重課税は排除されない。なお，移転価格としてのIGS（企業グループ内役務提供）と寄附金課税との区別の判断は，納税者の「役務提供の内容等が記載された書類」の検討によるとされ，実質的に同時文書化が要請されている（移転価格事務運営指針3－10(5)）。(☞第7節5)

10 事前確認（APA）

移転価格問題を解決する方法として，納税者が申し出た独立企業間価格の算定方法等について，税務当局がその合理性を検証し確認を与えた場合には，納税者がその内容に基づき申告を行っている限り移転価格課税は行わないというのが事前確認（APA：Advance Pricing Arrangement）である（移転価格事務運営指針第6章（事前確認））。APAには，取引に関係する複数の国の内の1カ国の税務当局のAPA制度に基づき確認を得る片務的なユニラテラルAPAと，取引に関係する2カ国の税務当局と租税条約に定める相互協議（MAP（Mutual Agreement Procedures：相互協議手続））を通じて確認を得る双務的なバイラテラルAPA（BAPA：二国間事前確認）との2種類がある。

日本の税務当局が外国税務当局との相互協議を行わずに独立企業間価格の算定方法等について確認するユニラテラルAPAは，国外関連者が外国税務当局により移転価格課税されるリスクの回避までは保証しないが，相互協議を伴わないので，通常，早期に確認が得られるとされる。これに対しバイラテラルAPAは，関係する双方の税務当局から法的安定性を得ることができる。バイラテラルAPAは，租税条約に基づく相互協議を要するために相対的に長期の時間とコスト負担となるものの，二重課税リスクを未然に回避するニーズの高まりとともに，相互協議申立件数の約74%[8]を占めている（☞第4節2）。

2015年BEPS最終報告書（行動14：より効果的な紛争解決メカニズムの構築）に

7）東京地判平成23・12・1税資261号順号11823（推定課税事件）。
8）国税庁「令和元事務年度の『相互協議の状況』について」（令和2年10月）。

基づき，事前確認の手続・審査に関する第6章（事前確認）を中心とする移転価格事務運営指針の改正が平成30（2018）年2月16日付で行われている。

　令和元年5月7日付「相互協議の手続について」（事務運営指針）の改正は，相互協議手続の終了（18. 29）に関し，相互協議を継続しても適切な解決に至ることができないと認められる場合を例示し，日本が相手国に対してバイラテラルAPAに係る相互協議の終了（打切り）を通知する要件を明確化している。

第8節　　支払利子規制税制

1　支払利子規制税制の意義

　資本構成（資金調達）を決定する要因としては，①事業の危険をどれだけ負担するか，②事業活動の収益にどれだけ参加するか，③事業の運営の支配をどう見るかという三つがあり，資金調達の方法には証券（資本）または負債（借入）が選択される。事業活動を行うにあたって必要な資金を資本（equity）で調達するか，あるいは負債（debt）で調達するかは経営判断（私的自治）の問題[1]であるものの，2015年BEPS最終報告書において，大要，つぎが指摘された[2]。

① 利子はタックス・プランニングに利用できる最も簡単な手法の一つであること
② 多国籍企業グループによる利子の支払を通じたタックス・プランニングは，国内企業との競争上のゆがみや税収等に影響すると考えられること
③ 関連者間の取引だけではなく，第三者からの借入れを使った場合でも多国籍企業グループにおいて，あえて税率の高い国の企業が借入れを行い，これをより税率の低い国の企業に出資すること等により，税率の高い国から低い国へ税源が流出する可能性があること

　税法上，一般に，企業の調達資金コストである資本に対する配当は利益処分とされるのに対して，借入に対する支払利子は損金の額に算入される。そこで，外資系企業グループ間の資金調達構成において負債形式を不当に利用し，支払利子を通じて資金の提供を受ける法人の法人税を減少させる一方で，国外に支払われる利子は所得税の源泉徴収をもって日本における課税関係が終了し，さ

1）資本構成について，水野642～646頁。
2）財務省Web資料「令和元年度税制改正の解説」565頁参照。

らに租税条約により源泉所得税の税率が減免されることにより，法人税の減少と源泉所得税の減免分の合計額について日本での租税を回避することができる。

　こうした外資系日本子会社および外国法人の日本支店による課税ベースの浸食を図る過大な支払利子に対する規制税制は，つぎのとおり展開されてきている。

---

① 昭和61（1986）年度税制改正：過大な利率による支払利子を規制する移転価格税制（租特66条の4）

② 平成4（1992）年度税制改正：資本金額に比して過大な負債に係る支払利子を規制する過少資本税制（租特66条の5）

③ 平成24（2012）年度税制改正：所得金額に比して過大な支払利子を規制する過大支払利子税制（租特66条の5の2）

④ 平成26（2014）年度税制改正：外国法人の恒久的施設帰属資本に対応する負債の利子の損金不算入（法税142条の4）

⑤ 令和元（2019）年度税制改正：平成24（2012）年度税制改正で導入された過大支払利子税制を，2015年BEPS最終報告書（行動4：利子控除制限）を踏まえて見直しし，第三者への支払利子も含む純支払利子等の額に係る損金算入限度額を調整所得金額の20％に制限（租特66条の5の2第1項）

　以下では，第7節で検討した移転価格税制を除き，過少資本税制（租特66条の5），過大支払利子税制（租特66条の5の2）および外国法人の恒久的施設帰属資本に対応する負債の利子の損金不算入制度（法税142条の4）を概観する。

2　過少資本税制の仕組み

　過少資本税制は，法人税の課税所得の計算にあたり，配当は課税後の利益処分であり損金とならないが，借入れに係る支払利子は損金に算入となることを利用した，いわゆる過少資本による国際的な租税回避行為を防止する制度である。

　内国法人の各事業年度の国外支配株主等および資金供与者等に対する平均負債残高（国内の資金供与者等に対する平均負債残高を除く）が，その国外支配株主等のその内国法人に対する資本持分の3倍を超える場合には，その事業年度の国外支配株主等および資金供与者等に対する負債の利子等の額のうち，その超過額に対応する部分の金額は損金の額に算入されない（租特66条の5第1

項・4項)。ただし，各事業年度の負債の総額に係る平均負債残高がその事業年度の自己資本の額に相当する額の3倍以内（全社ベース）である場合は適用がない（租特66条の5第1項但書）。

　なお，その内国法人が，類似内国法人の借入・自己資本比率に照らし妥当な比率を示した場合には，3倍に代えて，その倍率を用いることができるとする独立企業原則を定めていることから（租特66条の5第3項），外資系日本子会社を対象とする無差別取扱い（OECDモデル租税条約24条）に抵触しない。

　過少資本税制に基づく支払利子等の損金不算入額は，内国法人の課税所得の計算にあたっては社外流出（損金不算入の利子等の支払先である国外支配株主等または資金供与者等からの返還を要しない）とされる。過少資本税制は，利子の算定に係る適用金利が独立企業原則に従っていても，支払利子の総量規制を目的として適用される。なお，所得税の源泉徴収にあたって利子として取り扱われることに変わりはなく，租税条約の適用がある場合は限度税率の適用がある。

3　過大支払利子税制の仕組み

　過大支払利子税制は，関連者間で過大な利子等を支払うことを通じて日本の課税ベースを侵食するという租税回避の防止を目的とするから，支払利子等を受ける個人または法人に対して日本の課税権が確保されている場合は過大支払利子税制の適用対象としない。したがって，過大支払利子の対象は，実質的に，日本に納税義務を有しない外国法人等からの負債に係る利子等である。

　平成24（2012）年度税制改正で導入された日本の過大支払利子税制は，2015年BEPS最終報告書（行動4：利子控除制限）と同様の考え方による制度であるが，対象とする利子の範囲，調整所得金額の定義，および，基準値が異なっていた。

　そこで，令和元（2019）年度税制改正において，つぎの改正が行われた（租特66条の5の2）。

(i)　過大支払利子税制の対象となる純支払利子等の範囲の見直し（関連者等に対する支払利子等のほか，第三者への支払利子等で日本で課税されないものを対象に追加）

(ii)　損金算入限度額の計算の基礎となる調整所得金額から（旧法では調整所得金額に含まれていた）国内外の受取配当等の益金不算入額を除外

(iii)　調整所得金額に乗じる基準値を50％から20％に引下げ

　具体的には，対象純支払利子等の額（法人の関連者および第三者に対する支払

利子等の額（利子等の受領者側で日本の課税標準となるべき所得を除く）から，こ
れに対応する受取利子等の額を控除した残額をいう）が調整所得金額（法人のその
事業年度の所得金額に対象純支払利子等の額，減価償却費および貸倒損失等の加算
調整などを行った金額）の20％を超える場合に，その超える部分の金額を損金
に算入しない（租特66条の5の2第1項・2項）。少額の対象純支払利子等の額
（2,000万円以下）および日本における企業グループを単位とする適用免除規定
が宥恕規定とともに定められている（租特66条の5の2第3項～5項）。過大支
払利子税制による損金不算入額は，翌期以後7年間繰り越して，一定の限度額
（控除枠）の範囲内で損金算入することができる（租特66条の5の3第1項）。な
お，過大支払利子税制と過少資本税制の双方の適用があり得る場合には，損金
不算入額の大きいいずれか一方の制度が適用される（租特66条の5第4項，66条
の5の2第6項）。

4 外国法人の恒久的施設帰属資本に対応する負債の利子の損金不算入制度の仕組み

外国法人の恒久的施設帰属所得に係る所得の算定にあたり（☞第3節3），外
国法人の恒久的施設が本店等から分離・独立した企業であるとした場合に帰せ
られるべき資本（恒久的施設帰属資本）を恒久的施設に配賦する。外国法人の
恒久的施設の自己資本相当額が恒久的施設帰属資本の額に満たない場合には，
外国法人の恒久的施設における支払利子総額（外国法人の恒久的施設から本店等
への内部支払利子および本店等から外国法人の恒久的施設に費用配賦された利子を
含む）のうち，その満たない部分に対応する金額について，恒久的施設帰属所
得の計算にあたり損金の額に算入しない（法税142条の4）。外国保険会社の支
店および外国銀行の支店には別途特則が定められている（法税142条の3・142
条の5）。なお，非居住者の恒久的施設に帰属する所得に係る所得の計算にあ
たっても，資本の額に対応するものとして純資産の額を用いた同様の制度が導
入されている（所税165条の3）。

付　録
情報入手について

　本書を読み進め，さらに理解を深めるために以下のような参考文献や情報入手方法があります。

　なお，注意すべきは各租税法規の改正の頻繁さです。

　他の民法などと異なり，所得税法や法人税法などの租税法規は基本的に毎年改正が行われます。したがって，参考文献はできる限り最新のものを利用し，常に情報の入手に努める必要があることになります。

（1）　入門書および体系書等

　主な租税法に関する入門書は以下のとおりです。

- 金子宏・清永敬次・宮谷俊胤・畠山武道『税法入門（第7版）』（有斐閣，2016）：新書サイズのコンパクトな入門書です。
- 佐藤英明『プレップ租税法（第4版）』（弘文堂，2021）：会話調の読みやすい文体で記載されています。
- 増井良啓『租税法入門（第2版）』（有斐閣，2018）：雑誌「法学教室」で連載をまとめ加筆された入門書です。
- 三木義一編『よくわかる税法入門（第15版)』（有斐閣，2021）：こちらも会話調で記載されています。

　また，大学のゼミや大学院で本格的に租税法を勉強する人には以下のような基本書・体系書があり，網羅的に学習が可能です。

- 水野忠恒『大系租税法（第3版）』（中央経済社，2021）：本書はこの本を中心に構成されています。
- 金子宏『租税法（第24版)』（弘文堂，2021）：租税法における代表的な体系書です。
- 中里実・弘中聡浩・渕圭吾・伊藤剛志・吉村政穂編『租税法概説（第3版)』（有斐閣，2018）：研究者と実務家が共同で執筆した体系書です。

　そして，体系書とは異なるのですが，租税法の条文を参照する上での法学的な基礎知識について扱った下記文献があります。法律の条文に記載された専門

用語の意味や解釈方法の作法など，これも大学院等で研究する上での必須の知識となるものです。

- 伊藤義一『税法の読み方　判例の見方』（TKC出版，2014）

加えて，重要な租税判例を集約したものとして以下が挙げられます。

- 中里実・佐藤英明・増井良啓・渋谷雅弘・淵圭吾編『租税判例百選（第7版）』（有斐閣，2021）

（2）六　法

租税法も法学の一分野ですから，その勉強には，常に手許において六法による法の条文参照が必須となります。しかしながら，非常に改正が多いことと，技術的な規定がその大部分を占めるため，一般の六法では通常，租税法に関する条文を掲載しているケースはほとんどありません。したがって，通常は，下記専門の六法を使用することになります。

- 中里実・増井良啓・淵圭吾編『租税法判例六法（第5版）』（有斐閣，2021）：条文に加えて重要な判例の要旨が追記されています。

他に実務の世界でも用いられているのは，以下の2冊が主流です。

- 税務六法（ぎょうせい）
- 税法六法（新日本法規）

（3）web資料

近年は論文，判例や条文が，データベースで入手するのが当たり前の時代です。租税法に関しても以下のようなデータベースやその他関係機関のウェブサイトの情報が重要です。とくに租税法規の改正の頻度を考慮するとweb経由での情報の入手は必須ともいえます。

① 法令データ提供システム

（http：//law.e gov.go.jp/cgi-bin/idxsearch.cgi）

現在わが国で施行されている法を検索することができます。速報性も高く，現行の法律条文は網羅されているので，法令の検索はこちらを使用することになります。また，圧縮データも用意されているので，六法を購入する代わりに，このデータを取り込んでおけば，十分な資料となります。

② 財務省HP・国税庁HP

（http://www.nta.go.jp/，http://www.mof.go.jp/）

租税関係省庁のHPです。財務省HPでは，税制HPとして，各種税制の動きや立法動向の資料・各国比較が掲載され，租税条約など国際租税に関

する情報が豊富です。とくに税制改正の内容を解説した「税制改正の要旨」、「税制改正の解説」は立案担当者による解説であり制度理解の参考となります。また、国税庁HPでは、租税法研究・実務には欠かせない通達や事務運営指針・ガイドライン、質疑応答事例等の情報も記載されています。

③　税制調査会（http://www.cao.go.jp/zei-cho/index.html）

租税法を改正する際の委員会が出す答申や各種下部組織が報告する議論内容の非常に重要な資料が参照可能です。

④　税務大学校（http://www.nta.go.jp/ntc/）

国税庁内部に設置された研修機関兼研究機関です。基本的な理解には無料で入手可能な研修用のテキストである税大講本が参考となります。また、税務に関する判決をまとめた税務訴訟資料集が閲覧できます。

⑤　国税不服審判所（http://www.kfs.go.jp/）

不服審判所が公開した裁決が検索できます。争点ごとにキーワード検索が可能です。

⑥　最高裁判所HP（http://www.courts.go.jp）

最新の租税事件に関する下級審ならびに最高裁の判決の全文が参照できます。

他にも租税法に関する資料は非常に多くあります（特に近年は多数の書籍が出版されています）が、まずは以上のような資料[1]を活用して有意義な租税法の勉強・研究を！

〔濱田　洋〕

1）インターネット等を活用した、基本的な資料の入手に関しては髙橋創『税務ビギナーのための税法・判例リサーチナビ』（中央経済社、2016）が参考となります。

事項索引

判例索引

国税不服審判所

執筆者・執筆分担一覧

〔編者〕
水野　忠恒（巻末編者略歴参照）

〔執筆者（50音順）〕
赤松　晃（駒澤大学法学部教授）
阿部　雪子（中央大学商学部教授）
加藤　友佳（東北学院大学法学部准教授）
小泉　めぐみ（税理士・東京税理士会所属，町田市監査委員）
坂巻　綾望（岡山商科大学法学部准教授）
芳賀　真一（福岡大学法学部准教授）
濱田　洋（兵庫県立大学国際商経学部准教授）
水野　惠子（前・愛知学院大学法学部教授）

〔執筆分担〕
第1章　第1節　小泉
　　　　第2節・第3節　芳賀
　　　　第4節　濱田
第2章・第3章　水野（忠）
第4章　第1節・第5節　小泉
　　　　第2節・第4節・第7節　芳賀
　　　　第3節・第6節・第8節　坂巻
　　　　第9節　加藤
第5章　第1節～第3節　水野（惠）
　　　　第4節・第6節　濱田
　　　　〔なお，第4節1（6），3（3），5（4）（9），6は，水野（惠）〕
　　　　第5節　芳賀
第6章　加藤
第7章　阿部
第8章　赤松

〈編者略歴〉

水野　忠恒（みずの　ただつね）

1951年6月　　東京生まれ
1975年3月　　東京大学法学部第1類（私法コース）卒業
　　　　　　　東京大学法学部助手を経て
1978年11月　　東北大学法学部助教授
1992年4月　　東北大学法学部教授
1994年4月　　早稲田大学法学部教授
1994年12月　　東京大学博士（法学）（博士論文「アメリカ法人税の法的構造」）
1997年4月　　一橋大学法学部教授
1999年4月　　一橋大学大学院法学研究科教授（改組による）
　　　　　　　一橋大学大学院法務研究科（法科大学院）教授兼務
2010年11月　　紫綬褒章
2012年4月　　明治大学経営学部教授
　　　　　　　これまで政府税制調査会委員（法人課税小委員会委員長，非営利法人課税ワーキング
　　　　　　　グループ座長），関税等不服審査会会長，国税審議会委員等を歴任
2015年4月　　一橋大学名誉教授

【主著】
アメリカ法人税の法的構造—法人取引の課税理論（有斐閣，1988）
消費税の制度と理論（弘文堂，1989）
国際課税の制度と理論—国際租税法の基礎的考察（有斐閣，2000）
所得税の制度と理論—「租税法と私法」論の再検討（有斐閣，2006）
租税行政の制度と理論（有斐閣，2011）
租税法（第1版～第5版：有斐閣，2003～2011）
大系租税法（第1版～第3版：中央経済社，2015～2021）

テキストブック租税法（第3版）

2016年4月15日　第1版第1刷発行
2018年5月20日　第1版第5刷発行
2018年10月1日　第2版第1刷発行
2021年6月5日　第2版第6刷発行
2022年3月31日　第3版第1刷発行

編　者　水　野　忠　恒
発行者　山　本　　継
発行所　㈱中央経済社
発売元　㈱中央経済グループ
　　　　パブリッシング

〒101-0051　東京都千代田区神田神保町1-31-2
電　話　03(3293)3371（編集代表）
　　　　03(3293)3381（営業代表）
https://www.chuokeizai.co.jp
印刷／㈱堀内印刷所
製本／誠　製　本　㈱

© 2022
Printed in Japan

※頁の「欠落」や「順序違い」などがありましたらお取り替えいた
しますので発売元までご送付ください。（送料小社負担）
ISBN978-4-502-40531-0　C3032

●実務・受験に愛用されている読みやすく正確な内容のロングセラー！

定評ある税の法規・通達集シリーズ

所得税法規集
日本税理士会連合会
中央経済社 編

❶所得税法 ❷同施行令・同施行規則・同関係告示 ❸租税特別措置法（抄） ❹同施行令・同施行規則・同関係告示（抄） ❺震災特例法・同施行令・同施行規則（抄） ❻復興財源確保法（抄） ❼復興特別所得税に関する政令・同省令 ❽災害減免法・同施行令（抄） ❾新型コロナ税特法・同施行令・同施行規則 ❿国外送金等調書提出法・同施行令・同施行規則・同関係告示

所得税取扱通達集
日本税理士会連合会
中央経済社 編

❶所得税取扱通達（基本通達／個別通達） ❷租税特別措置法関係通達 ❸国外送金等調書提出法関係通達 ❹災害減免法関係通達 ❺震災特例法関係通達 ❻新型コロナウイルス感染症関係通達 ❼索引

法人税法規集
日本税理士会連合会
中央経済社 編

❶法人税法 ❷同施行令・同施行規則・法人税申告書一覧表 ❸減価償却耐用年数省令 ❹法人税法関係告示 ❺地方法人税法・同施行令・同施行規則 ❻租税特別措置法（抄） ❼同施行令・同施行規則・同関係告示 ❽震災特例法・同施行令・同施行規則（抄） ❾復興財源確保法（抄） ❿復興特別法人税に関する政令・同省令 ⓫新型コロナ税特法・同施行令・同施行規則 ⓬租特透明化法・同施行令・同施行規則

法人税取扱通達集
日本税理士会連合会
中央経済社 編

❶法人税取扱通達（基本通達／個別通達） ❷租税特別措置法関係通達（法人税編） ❸連結納税基本通達 ❹租税特別措置法関係通達（連結納税編） ❺減価償却耐用年数省令 ❻機械装置の細目と個別年数 ❼耐用年数の適用等に関する取扱通達 ❽震災特例法関係通達 ❾復興特別法人税関係通達 ❿索引

相続税法規通達集
日本税理士会連合会
中央経済社 編

❶相続税法 ❷同施行令・同施行規則・同関係告示 ❸土地評価審議会令・同省令 ❹相続税法基本通達 ❺財産評価基本通達 ❻相続税法関係個別通達 ❼租税特別措置法（抄） ❽同施行令・同施行規則（抄）・同関係告示 ❾租税特別措置法（相続税法の特例）関係通達 ❿震災特例法・同施行令・同施行規則（抄）・同関係告示 ⓫震災特例法関係通達 ⓬災害減免法・同施行令（抄） ⓭国外送金等調書提出法・同施行令・同施行規則・同関係通達 ⓮民法（抄）

国税通則・徴収法規集
日本税理士会連合会
中央経済社 編

❶国税通則法 ❷同施行令・同施行規則・同関係告示 ❸租税特別措置法・同施行令・同施行規則（抄） ❹新型コロナ税特法・令 ❺国税徴収法 ❻同施行令・同施行規則・同告示 ❼滞調法・同施行令・同施行規則 ❽税理士法・同施行令・同施行規則・同関係告示 ❾電子帳簿保存法・同施行令・同施行規則・同関係告示・同関係通達 ❿行政手続オンライン化法・同国税関係法令に関する省令・同関係告示 ⓫行政手続法 ⓬行政不服審査法 ⓭行政事件訴訟法（抄） ⓮組織的犯罪処罰法（抄） ⓯没収保全と滞納処分との調整令 ⓰犯罪収益規則（抄） ⓱麻薬特例法（抄）

消費税法規通達集
日本税理士会連合会
中央経済社 編

❶消費税法 ❷同別表第三等に関する法令 ❸同施行令・同施行規則・同関係告示 ❹消費税法基本通達 ❺消費税申告書様式等 ❻消費税法等関係取扱通達等 ❼租税特別措置法（抄） ❽同施行令・同施行規則（抄）・同関係告示 ❾消費税転嫁対策法・同ガイドライン ❿震災特例法・同施行令（抄）・同関係告示 ⓫震災特例法関係通達 ⓬新型コロナ税特法・同施行令・同施行規則・同関係告示・同関係通達 ⓭税制改革法等 ⓮地方税法（抄） ⓯同施行令・同施行規則（抄） ⓰所得税・法人税政令省令（抄） ⓱輸徴法令 ⓲関税法令（抄） ⓳関税定率法令（抄）

登録免許税・印紙税法規集
日本税理士会連合会
中央経済社 編

❶登録免許税法 ❷同施行令・同施行規則 ❸租税特別措置法・同施行令・同施行規則（抄） ❹震災特例法・同施行令・同施行規則（抄） ❺印紙税法 ❻同施行令・同施行規則 ❼印紙税法基本通達 ❽租税特別措置法・同施行令・同施行規則（抄） ❾印紙税額一覧表 ❿震災特例法・同施行令・同施行規則（抄） ⓫震災特例法関係通達等

中央経済社